| 湖南科技大学学术著作出版基金资助

Media Competition for the Human Selection,
Survival of the Fittest: Paul Levinson's Media Evolutionary Theory

媒介竞人择　适人需者存
保罗·莱文森的媒介进化论研究

陈功 ⊙ 著

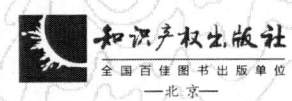

知识产权出版社
全国百佳图书出版单位
—北京—

图书在版编目（CIP）数据

媒介竞人择　适人需者存：保罗·莱文森的媒介进化论研究 / 陈功著 . —北京：知识产权出版社，2020.8
ISBN 978-7-5130-6711-9

Ⅰ.①媒…　Ⅱ.①陈…　Ⅲ.①传播媒介—研究　Ⅳ.① G206.2

中国版本图书馆 CIP 数据核字（2019）第 290815 号

内容简介

本书是对北美媒介环境学第三代领军人保罗·莱文森媒介理论整体性研究的成果。以莱文森的媒介进化理论谱系为研究对象，详尽追溯了媒介进化论的理论渊源，即进化理论、媒介环境学的理论和莱文森的媒介实践，特别是研究了莱文森对麦克卢汉思想的天才解读；在此基础上，全面考量和评析了人性化趋势理论、媒介进化三阶段理论、补救性媒介理论和"地球村"新说、新新媒介说、媒介之媒介说等媒介进化论的次生理论；同时从其自身以及它与媒介情景理论的比较中对媒介进化论进行了总体反思，整体把握了媒介进化论的理论贡献和局限性，突显媒介进化论的价值和意义。

责任编辑：彭喜英　　　　　　　责任印制：孙婷婷

媒介竞人择　适人需者存——保罗·莱文森的媒介进化论研究
MEIJIE JING REN ZE　SHI REN XU ZHE CUN——
BAOLUO·LAIWENSEN DE MEIJIE JINHUALUN YANJIU

陈　功　著

出版发行：知识产权出版社有限责任公司	网　址：http://www.ipph.cn
电　话：010-82004826	http://www.laichushu.com
社　址：北京市海淀区气象路 50 号院	邮　编：100081
责编电话：010-82000860 转 8539	责编邮箱：pengxiying@cnipr.com
发行电话：010-82000860 转 8101	发行传真：010-82000893
印　刷：北京中献拓方科技发展有限公司	经　销：各大网上书店、新华书店及相关专业书店
开　本：720mm×1000mm　1/16	印　张：15.5
版　次：2020 年 8 月第 1 版	印　次：2020 年 8 月第 1 次印刷
字　数：287 千字	定　价：79.00 元
ISBN 978-7-5130-6711-9	

出版权专有　侵权必究
如有印装质量问题，本社负责调换。

序

　　1978年，我在博士论文《人类历程回放：媒介进化理论》中写下"媒介的无线、便携式发展应继续向所有人提供从地球上任何地方，室内和室外访问地球所有信息的权限，当然，随着通信扩展到太阳系和宇宙之外，它甚至可以提供访问地球本身以外信息的权限"的时候，我确信这一切都将发生。但是，在2007年，当苹果手机开始把互联网和海量信息带给全世界的时候，我不再如从前般笃定，但仍感到高兴。

　　回溯1978年，我也希望，但不太确定的是，有朝一日世界上某个地方的一些学者会写一本关于我作品的书。陈功的《媒介竞人择　适人需者存：保罗·莱文森的媒介进化论研究》是世界上第一本关于我的媒介进化"人性化趋势"理论的专著，且该理论由我在1978年首次提出。因此，我有一种独特的满足感和荣誉感。

　　然而，《媒介竞人择　适人需者存：保罗·莱文森的媒介进化论研究》所做的工作更加深入。陈功的专著包含了一部关于我生活和工作的综合型知识性传记，它甚至包括了我在1972年发行的音乐专辑《两唱同韵》。最近这张专辑总浮现在我脑海中，因为我在2020年将发行新专辑《欢迎：时空之歌》，这将是继1972年我发布第一张专辑之后的又一张专辑。陈功在他的著作中也提到了我所创作的科幻小说，并深入研究了我在博士论文完成后所作的关于马歇尔·麦克卢汉的作品，以及我对因特网的评价（我认为因特网是媒介之媒介，因为我们可以通过网页进入各种媒体）和我对社交媒体的评价（我认为社交媒体是"新新媒介"，因为每一次我们发推特或者上传照片时，它让我们既是生产者，也是消费者）。

　　但最重要的是，陈功理解并强调了我作品中的人本主义精神，以及所有技术促进和提高我们人类利益的重要途径。媒体和技术的众多批评者认为我们的许多发明阻碍和破坏了人类核心，但我不这样认为，我们的发明逐渐满足了人类需要，从而使我们能够作为有情感的人去发掘自己的潜能。实际上，技术使我们更人性化，我希望在未来这种情况能延续下去并变得更好。

　　说到未来，中国是书写、出版和阅读这样一本关于我作品的专著的理想之地。无论是在数字技术还是太空旅行方面，中国都已成为世界的领导者之一。而《媒介竞人择　适人需者存：保罗·莱文森的媒介进化论研究》将在中国出版，这使我特别高兴。第一本关于我的作品的学术著作将在中国出版，我想不到比这更恰当的地方了。

保罗·莱文森于纽约市
2019年10月

Preface

When I wrote in my doctoral dissertation "Human Replay: A Theory of the Evolution of Media" in 1978 that "the wireless, portable evolution of media should continue to the point of providing any individual with access to all the information of the planet, from any place on the planet, indoors and outdoors, and of course even beyond the planet itself as communication extends into the solar system and cosmos beyond," I was sure that would happen. But I was less certain exactly when, and was pleased when the iPhone started bringing the Internet and its cornucopia of information to people anywhere and everywhere on this planet in 2007.

Back in 1978, I was also hopeful but far less sure that someday, some scholar in some part of the world would write a book about my work. It thus is a truly unique satisfaction and honor to learn of Chen Gong's *Media competition for the human selection, survival of the fittest: Paul Levinson's Media Evolution Theory*, the very first book, anywhere in the world, to be written about my "anthropotropic" (anthro=human, tropic=towards) theory of the evolution of media, which I first presented back in 1978.

But *Media competition for the human selection, survival of the fittest* goes much further. Chen Gong has included a comprehensive intellectual biography of my life and work, which even includes my album *Twice Upon a Rhyme* which was released in 1972. That album has been especially on my mind lately, since my new album *Welcome Up: Songs of Space and Time*, will be released in 2020, my first music album since 1972. And *Media competition for the human selection, survival of the fittest* also mentions my science fiction, and delves deeply into my work on Marshall McLuhan, done after my dissertation, as well as my assessment of the Internet (which I consider the "medium of media," because we can access all kinds of media on the Web) and social media (which I consider to be "new new media," because social media allow us to be producers – every time we Tweet or upload a photograph – as well as consumers).

But most importantly, Chen Gong understands and highlights the essential humanism of my work, and the crucial way in which all technology furthers and enhances our human interests. Unlike the legion critics of media and technology, who see many of our inventions as obstructing and damaging our human core, I see our inventions as progressively fulfilling our human needs, and thereby allowing us to reach our potential as sentient beings. In effect, technologies make us more human, and I expect this to continue and accelerate in the future.

And speaking of the future, China is the ideal place for a book about my work to be written, published, and read. Whether in digital technology or space travel, China has become one of the leaders of the world. This makes me especially happy that *Media competition for the human selection, survival of the fittest* will be published in China. I can't think of a more appropriate place for the first scholarly book about my work.

Paul Levinson, New York City,
October 2019

目 录

第一章　导言 / 001

一、莱文森小传 / 002

二、研究现状综述 / 004

三、研究莱文森媒介进化理论的意义 / 018

四、研究方法和创新之处 / 020

第二章　莱文森对麦克卢汉媒介思想的天才解读和超越 / 022

第一节　莱文森与麦克卢汉 / 023

一、麦克卢汉及其媒介理论著作 / 023

二、麦克卢汉的主要媒介思想 / 026

三、莱文森与麦克卢汉的友谊 / 039

第二节　莱文森对麦克卢汉媒介理论的天才解读 / 042

一、对麦克卢汉媒介立场认识的逐渐转变 / 042

二、在数字化媒介语境中把握麦克卢汉的媒介思想 / 047

第三节　莱文森对麦克卢汉媒介思想的超越 / 059

一、修正对麦克卢汉媒介立场的判断，提出软媒介决定论 / 060

二、写作方法上的超越 / 061

三、放眼数字化媒介语境，完善媒介进化理论 / 065

第三章　莱文森媒介进化理论的渊源 / 068

第一节　媒介进化理论的主要基石：进化学说 / 069

一、达尔文的自然选择学说 / 069

二、波普尔的系统认识论 / 073
三、坎贝尔的进化认识论 / 078
第二节 媒介进化理论的理论源泉：媒介环境学 / 082
一、媒介环境学的影响 / 082
二、独个媒介环境学学者理论的助益 / 092
第三节 媒介进化理论的其他来源 / 100
一、莱文森的媒介实践 / 100
二、媒介进化理论的其他跨学科源泉 / 104

第四章 莱文森的媒介进化理论（上） / 110

第一节 莱文森媒介进化理论的发展轨迹 / 110
一、媒介进化理论创说时期（1963—1979年） / 110
二、媒介进化理论成熟时期（1980—1999年） / 113
三、媒介进化理论丰富和运用时期（2000年至今） / 115
第二节 媒介进化的主要原理 / 116
一、媒介进化总原理：适人需者存 / 117
二、媒介进化基本原理 / 121
三、人类媒介进化简史 / 128
第三节 人性化趋势的媒介进化理论 / 131
一、媒介人性化的界定 / 131
二、媒介进化人性化趋势理论的内容 / 141
三、意外的后果：媒介进化的非人性化 / 148

第五章 莱文森的媒介进化理论（下） / 153

第一节 补救性媒介理论 / 153
一、媒介补救性的主题 / 154
二、媒介形态变化理论与补救性媒介理论 / 158
三、补救性媒介的类型 / 161

第二节　媒介进化三阶段理论 / 165
　　一、媒介进化三阶段理论的要点 / 166
　　二、媒介进化三阶段理论的整体把握 / 173
第三节　媒介进化理论的次生理论 / 174
　　一、三种"地球村"新说 / 175
　　二、新新媒介说 / 180
　　三、媒介之媒介说 / 187

第六章　媒介进化理论与媒介情景理论之比较 / 192

第一节　梅罗维茨的媒介情景理论 / 193
　　一、媒介情景理论的主要观点 / 193
　　二、媒介情景理论的评析 / 199
第二节　媒介情景理论与媒介进化理论的异同 / 202
　　一、理论基石 / 202
　　二、理论阐释方式 / 203
　　三、对待媒介与人类和社会发展关系的立场 / 204
　　四、理论切入视角与研究方法 / 207

第七章　莱文森媒介进化理论的总体反思 / 209

第一节　媒介进化理论的贡献 / 209
　　一、强化了动态的媒介整体观 / 210
　　二、构建了人性化的媒介进化观 / 215
　　三、确立了软媒介决定论 / 220
第二节　媒介进化理论的局限性 / 222
　　一、坚持以人为中心的媒介立场不彻底 / 222
　　二、某些结论的主观臆断性 / 227
第三节　媒介进化理论的意义 / 229
　　一、媒介进化理论在媒介环境学理论谱系中的地位 / 230

二、理论意义：为媒介研究提供了新维度 / 231

三、现实意义：为数字化时代的媒介研究提供标尺 / 232

结语 / 235

后记 / 238

第一章　导言

保罗·莱文森（Paul Levinson，1947— ），现为纽约福德汉姆大学（Fordham University）传播与媒介研究中心教授，媒介环境学❶纽约学派的主要代表之一。其媒介理论著作主要有九部：《思想无羁：技术时代的认识论》（Mind at Large: Knowing in the Technological Age，1988）、《学习赛博空间：新型教育和媒介进化论文选》（Learning Cyberspace: Essays on the Evolution of Media and the New Education，1995）、《软边缘：信息革命的历史与未来》❷

---

❶ 1998年8月4日，媒介环境学会（Media Ecology Association）在纽约成立，由北美多伦多学派和纽约学派两个学派组成。媒介环境学被认为是与经验学派、批判学派抗衡的第三大传播学研究学派。这个学派所彰显出的共性是对媒介的研究。国内学者张咏华称为"媒介分析"，李明伟称为"媒介形态理论"，胡翼青称为"媒介技术主义"范式，国外学者约书亚·梅罗维兹（Joshua Meyrowitz）等学者则将其直接命名为"媒介理论"。尼克·史蒂文森（Nick Stevenson）在著作《认识媒介文化：社会理论与大众传播》中虽然没有对其命名，但已把它视为与批判研究、受众研究并列的三大大众传播研究的范式之一。为了研究和撰写的方便，本书中统一采用"媒介环境学"，其研究取向称为"媒介研究"。

根据深圳大学传播学翻译专家何道宽教授的梳理，媒介环境学已经历了三代人的历程：第一代代表人物有埃里克·阿尔弗雷德·哈弗洛克（Eric Alfred Havelock）、哈罗德·伊尼斯（Harold Innis）、马歇尔·麦克卢汉（Marshall McLuhan）、埃德蒙·卡彭特（Edmund Carpenter）、路易斯·福斯戴尔（Louis Forsdale）、伊丽莎白·爱森斯坦（Elizabeth Eisenstein）和约翰·卡尔金（John Culkin）。第二代代表人物有尼尔·波斯曼（Neil Postman）、沃尔特·翁（Walter Ong）、詹姆斯·凯瑞（James Carey）和唐纳德·F.特沃尔（Donald F. Theall）。第三代代表人物有保罗·莱文森、梅罗维兹、兰斯·斯特雷特（Lance Strate）、林文刚（Casey Man Kong Lum）、埃里克·麦克卢汉（Eric McLuhan）等。帕特里克·格迪斯（Patrick Geddes）、刘易斯·芒福德（Lewis Mumford）、本杰明·李·沃尔夫（Benjamin Lee Whorf）、苏珊·朗格（Susanne K.Langer）等。他们是媒介环境学派的先驱和奠基人。参见：何道宽.媒介环境学辨析［J］.国际新闻界，2007（1）.

❷ 何道宽重译此书，书名被译为《软利器：信息革命的自然历史与未来》，于2011年5月由复旦大学出版社出版。熊澄宇教授将作者译为"利文森"。在本书注释和参考文献中，关于该著作的引文均采用熊澄宇译本，同时参照何道宽译本；而作者则统一使用何道宽的译名："莱文森"。

（*The Soft Edge*：*A Natural History and Future of the Information*，1997）、《数字麦克卢汉：信息化新纪元指南》（*Digital McLuhan*：*A Guid to the Information Millennium*，1999）、《真实空间：飞天梦解析》（*Realspace*：*The Fate of Physical Presence in the Digital Age*，*on and off Planet*，2003）、《手机：挡不住的呼唤》（*Cellphone*：*The Story of the World's Most Mobile Medium and How It Has Transformed Everything!*，2004）、《捍卫第一修正案》（*The Flouting of the First Amendment*，2005）、《莱文森精粹》（*The Essential Levinson*，2006）、《新新媒介》（*New New Media*，2009）。1979年，莱文森博士毕业，其学位论文《人类历程回放：媒介进化理论》（*Human Replay*：*A Theory of the Evolution of Media*）运用媒介直观和史学的研究方法对人类媒介进化史及媒介未来走向做出考察和预测，并以达尔文等人的进化论为理论预设，探究媒介进化规律，彰显媒介进化过程中媒介与媒介之间、媒介与人类之间的相互关系；特别是第一次突出了媒介进化中的"人性化"趋势。媒介进化的人性化趋势理论是莱文森特色的媒介进化理论主体之一。《人类历程回放：媒介进化理论》确立了莱文森媒介进化理论在传播学研究领域的影响和地位。

莱文森不仅是学院型传播理论学家，也是新媒介的积极践行者。他对新媒介怀有满腔热情和浓厚兴趣，积极运用和体验新媒介带来的好处，并分析其弊端。他不仅沿着媒介研究的路径继续媒介进化理论研究，也紧扣数字化时代媒介的急遽变化，实践新媒介。20世纪80年代互联网教育端倪初现时，他就毫不犹豫地投身网上远程教育这个新型的教育模式。进入21世纪以来，互联网中新媒介如雨后春笋，莱文森凭着媒介学者的敏感和对新生事物的兴趣积极体验它们；同时从理论的高度进行把握，把新媒介、媒介新现象放入媒介进化理论的框架中阐释；推衍出"补救性媒介""新新媒介"等理论，在实践中不断完成媒介进化理论体系的建构。2009年出版的《新新媒介》正是他践行新媒介的理论升华。书中列举的九种"新新媒介"，莱文森都是最早的体验者。正因为具有学院与实践的双重身份，莱文森的媒介进化理论脱去了纯学院派的晦涩艰奥而显得通俗易懂，也绝非纯实践者浅表的言论而不失理论高度和思想深度。

一、莱文森小传

莱文森1947年出生于美国纽约市最北端的布朗克斯区（Bronx）。纽约，是莱文森学习和学术研究的主要活动区，他的所有学业在这座城市里完成。

童年和中学时光都是在布朗克斯区度过的。那个时候，莱文森经常观看露天电影，体验到媒介带给人类的巨大魔力。高中就读于克里斯多佛哥伦布中学（Christopher Columbus High School）。1963—1967年，莱文森的大学就读于纽约城市学院（City College of New York）。在这里，他首次接触到马歇尔·麦克卢汉（Marshall McLuhan）的媒介思想。1967—1974年，大学毕业后这段时间，莱文森做过业余歌手，写过歌曲、出过唱片。据相关介绍，莱文森写过100余首歌曲。1971年，他还出版音乐专辑《两唱同韵》（*Twice Upon a Rhyme*）。后来莱文森多次请麦克卢汉夫妇欣赏自己谱写的歌曲，并送给他们专辑。❶这段经历增强了莱文森对媒介给予人类巨大影响的体悟和深层认识。

1974年，莱文森重新回到学校，考入福德汉姆大学，进入社会研究新型学院（New School for Social Research）攻读媒介研究方向的硕士研究生，在导师约翰·卡尔金（John Culkin）的指导下接受学术系统训练，整体把握了麦克卢汉的媒介思想。1975年，取得新闻学专业硕士学位。1976年，到纽约大学攻读"媒介环境学"博士学位，师从尼尔·波兹曼（Neil Postman），批判地接受了波兹曼的媒介思想。

1979年博士毕业后，莱文森在费尔莱·迪金森大学（Fairleigh Dickinson University）、纽约大学理工学院（Polytechnic University of New York）、圣约翰大学（St. John's University）、西部行为科学研究所（Western Behavioral Sciences Institute）、福德汉姆大学（Fordham University）、霍夫斯特拉大学（Hofstra University）、奥德利·寇荷恩学院（Audrey Cohen College）等高校任教。从教30多年，主要教授传播理论。1985年，莱文森和妻子蒂娜·沃齐克（Tina Vozick）一道创办"联合教育公司"（Connected Education Inc.），进行网上远程教育和研究生学位教育，自己担任网络教育公司总裁。如今，莱文森从事的网上远程教育的规模已经比较大，学员来自全球20多个国家，教员也散布全球各国。

1977—1979年，他担任《等等》杂志的副主编，1990—2000年，担任《社会和进化体系》杂志的主编。2004年，莱文森获得福德汉姆大学研究生协会颁发的"教师年度冠军"奖。2005年，获得由媒介环境学会颁发的"尼尔·波兹曼杰出公共知识分子"奖。

莱文森也是一位活跃的媒介理论实践者、社会批评家、媒介评论家。一

---

❶ 保罗·莱文森. 数字麦克卢汉：信息化新纪元指南［M］. 何道宽，译. 北京：社会科学文献出版社，2001：276.

直以来,他出现在世界各大知名的电台、报社以及其他媒体,接受美国、加拿大、英国、意大利、澳大利亚等国的电台、电视台的访谈或参与其媒介讨论500余次。理论与实践的结合使莱文森的媒介理论不同于一般学院型学者的理论,其视野开阔、语言易懂,散发着浓厚的人文气息和乐观主义情绪。莱文森还是一位科幻小说家,目前已创作科幻小说20余部,其中长篇小说就有6部:《丝绸密码》《记忆的丧失》《松鼠炸弹》《出入银河系》和《拯救苏格拉底》。其中多部作品获得过星云奖、斯特津奖或雨果奖等美国和世界级科幻小说大奖提名奖。1998—2001年,他曾担任美国科幻文学研究会会长。

二、研究现状综述

据笔者目前获知的资料来看,莱文森媒介进化理论的研究尚处于译介和阐释阶段。国内外均没有研究深入的专著出版或博士学位论文;不过,他的不少媒介理论著作被翻译成多国文字,如《手机:挡不住的呼唤》被翻译成中文、俄文和波兰文,《数字麦克卢汉:信息化新纪元指南》被译成日文、中文、韩文、克罗地亚文、罗马尼亚文等多种文字,《软边缘:信息革命的历史与未来》被译成葡萄牙文、波兰文、土耳其文和中文。除《捍卫第一修正案》《学习赛博空间:新型教育和媒介进化论文选》外,其余都被翻译成中文。

(一)国外研究现状

总的来说,国外对莱文森的媒介进化理论研究不多。它们零星地散落于一些研究性论文和著作中,而且研究者大多为北美媒介学学者。直到20世纪90年代,加拿大、德国、英国等国学者才在研究哈罗德·伊尼斯(Harold Innis)、麦克卢汉的传媒思想时涉及莱文森媒介进化理论的分析。其中,约书亚·梅罗维茨(Joshua Meyrowitz)、林文刚(Casy Man Kong Lum)、尤尼·凡·登·伊德(Yoni Van Den Eede)和保罗·凯利(Paul Kelly)是莱文森媒介进化理论研究的最主要代表。

梅罗维茨是媒介环境学中与莱文森齐名的第三代代表人物之一,也是莱文森博士期间的同窗好友。他在理论专著《消失的地域:电子媒介对社会行为的影响》(*No Sense Place: The Impact of Electronic Media Social Behavior*)中对莱文森的媒介进化理论的意义和贡献予以分析和确认。这是目前能查到的对莱文森媒介理论做出评析的最早文献。《消失的地域》从社会学角度对电视等电子媒介之于人类社会行为的影响切入研究,提出著名的"媒介情景理论"，在理论建构中肯定了媒介进化理论的重要作用和理论地位。梅罗维茨指出，莱文森的理论为我们的直觉提供了证明：总有一种形式的媒介要优先于另一种形式的媒介。最重要的是，梅罗维茨从人性需求和人文关怀的角度肯定媒介进化理论的应用价值和合理性之所在。同时，他认为媒介进化理论的贡献最主要有两点：其一，否定了许多社会理论家对媒介的批评，纠正了认为媒介使人类一步步远离"现实"并扭曲人类的生活环境的偏见；其二，重视媒介与人类行为的密切关系：人类利用媒介尽可能地重建自然与符合人性的传播手段，克服传播技术限制等，媒介技术的发展使得媒介与生活联系得越来越紧密，媒介越来越不像媒介，而是越来越像生活。而且根据自身理论研究的需要，梅罗维茨还指出：莱文森的媒介进化理论像霍顿、沃尔的理论一样，揭示出在电子媒介环境里面对面交往不再是私人与亲密交往唯一的重要因素，电子媒介的进化淡化了陌生人与朋友之间的区别，弱化了在"这里"与在"其他地方"的人之间的区别，他们的理论强调了媒介消弭直接传播和间接传播之间差别的重要作用。梅罗维茨也指出了媒介进化理论的不足：它完全忽视了早期空间和时间限制也帮助确定了社会交往的特征，没能揭示场景的分隔去除后人类交往发生的实质变化。❶

林文刚将莱文森的媒介进化理论放到整个媒介环境学理论谱系里给予理论定位、价值确证，并以它作为理论参照提出自己的媒介理论主张。《媒介环境学：思想沿革与多维视野》（*The Media Ecology Tradition: Perspectives on Culture, Technology and Communication*）是林文刚最重要的媒介编著，以纪传体的方式阐述了媒介环境学十多位学者的媒介思想和理论主张。国内传播学翻译专家何道宽评价该书是"媒介环境学划时代的成就"，喻示该学派"已经进入自觉反思、系统总结、清理遗产、推陈出新、问鼎主流的新阶段"❷。林文刚认为莱文森的媒介进化理论是媒介环境学理论谱系的重要一翼，指出媒介环境学本身"不是一个'自然的'演化过程，相反，它涉及许多人的著作，它们组成你中有我、我中有你的网络，其思想和机构方面的背景都有一定的流动性。……也不是一个纯真的过程，因为这里有一个他们有意识努力探索的思想议程，他们尝试解决各种社会、经济、文化和意识形态的问

---

❶ 约书亚·梅罗维茨. 地域的消失：电子媒介对社会行为的影响[M]. 肖志军, 译. 北京：清华大学出版社, 2002：104-105.

❷ 何道宽. 麦克卢汉热有三次高潮[EB/OL]. http://www.chinadaily.com.cn/hqgj/jryw/2011-07-11/content_3156290.html.

题"❶。林文刚就此提出文化／技术共生理论的媒介理论主张。他认为，以莱文森为代表的软决定论与硬决定论处于该理论的两端，三者组成一个理论连续体。同时，林文刚界定了三者的区别：软决定论主张在媒介的发展、传播和使用过程中，人的能动性是决定性的因素，它位于连续体的一端，硬决定论位于另一端，强调技术是必然的历史变化的首要决定因素，而文化／技术共生论处于连续体的中部位置，既不对技术也不对人的因素抱任何偏见，认为人类文化是人与技术或媒介不间断的、互相依存、互相影响的互动关系。❷虽然对软决定论与硬决定论强调人或技术的决定性作用方面颇有微词，但他还是指出："如何恰当或有效地运用这些理论命题或'决定性'的解释性视角，那还要看需要解决的是什么问题，以及问题处在什么样的具体的社会历史背景之中。"❸可见，林文刚的论述强调了莱文森与其他媒介环境学者理论的共性，承认它们为研究媒介本身与人类、社会之间的关系提供了多种解释的可能；同时在文化／技术共生论的理论设定中，把莱文森媒介进化理论摆到媒介环境学中十分显要的地位，肯定了它在媒介环境理论谱系中所具有的结点式的地位和意义。

　　伊德给予莱文森的媒介进化理论以整体观照，做出了理论谱系归属研究。伊德的论文《在我们之间：技术中介的透明性和隐晦性研究》（*In Between Us*: *On the Transparency and Opacity of Technological Mediation*，2010）是研究莱文森的媒介进化理论非常重要的文献。它考察了整个技术哲学理论，将研究技术中介之于我们人类的意义和关系的理论划分为两大类，即技术透明理论和技术隐晦理论；然后详尽论述技术透明理论的成员和观点，将莱文森的媒介进化理论纳入媒介透明理论谱系。在伊德看来，麦克卢汉和莱文森的媒介批评理论与马丁·海德格尔（Martin Heidegger）的古典现象学、布鲁诺·拉图（Bruno Latour）的网络行为理论、多恩·艾尔何德（Don Ihde）和彼德-保罗·温尔比克（Peter-Paul Verbeek）的后现象学、雪莉·杜尔凯勒（Sherry Turkle）和唐纳德·诺曼（Donald Norman）的人-机交互理论以及安德鲁·费恩伯格（Andrew Feenberg）的技术批评理论均属于一个理论谱系，即技术透明理论谱系。这些理论企图揭开深奥的技术中介世界。尽管每一个理论都有很多长处，但是它们都只阐释了技术中介的某个方面，很少能清晰

---

❶　林文刚. 媒介环境学的思想沿革初探［M］//林文刚. 媒介环境学：思想沿革与多维视野. 何道宽，译. 北京：北京大学出版社，2007：26.

❷　林文刚. 媒介环境学的思想沿革初探［M］//林文刚. 媒介环境学：思想沿革与多维视野. 何道宽，译. 北京：北京大学出版社，2007：32.

❸　同❶：32.

地全面阐释。在做出理论谱系归属后,伊德继续指出,在媒介批评理论中,技术透明观主要有两个支系:一个是麦克卢汉媒介理论里的透明理念,另一个则是莱文森的媒介进化理论里的透明理念。他论述说:

麦克卢汉的透明理念主要委身于"媒介即讯息"这个著名的断语和媒介是人的延伸的观点中,要求关注媒介"形式"、更多地带来真实的形式,即透明的内容和非透明的形式。

……莱文森继承了麦克卢汉的理论,并将之演变为媒介进化理论:根据达尔文的优胜劣汰原理,媒体也是这样进化的。在这里,选择者不是环境,而是人类自己。莱文森认为任何媒介经历三个发展阶段:第一阶段,交流以非科技的方式传播(面对面),不穿越任何的环境与记忆的边界(时空)。换言之,这里说的交流是"非媒介化的";第二阶段,媒介的使用超越了这些边界,却造成了信息的扭曲(比如黑白电视);第三阶段,最后这种交易得到了"再媒体化",将第二阶段的沟通与第一阶段的"真实因素"结合起来(比如彩色电视),让我们感知到拓展的面包并吃上一口。简而言之,我们最终致力于模仿面对面交流但同时超越时空限制。莱文森认为,媒体回放了人类的交流与感知,因此,媒体的生存系数与它在多大程度上与前技术时代的人类沟通环境相似成正比。

……我们可以对莱文森的理论进行一些修正,认为媒体朝向透明方向进化,因为从某种意义上媒介在模仿"自然"交流,使之显得、至少部分显得这种传播是无中介的。第二阶段必有的非透明(噪音与扭曲)被一个更加时尚的词语所取代:技术工具。这个词明地阐述了媒介发展的终极目标可能太过狭窄。不管怎么说,莱文森关于历史与自然的论述的优点在于让它可以批评那些新媒介决定论的观点。莱文森直言不讳:那些乌托邦式的批评经常将矛头指向媒介第二阶段的形式,它们是"埃吕尔式的错误","新媒体还处在婴幼阶段就去评估它的一切"。正如自然进化过程那样,一些意料之外的结果伴随媒介的发展过程而出现,然而,那些批评低估了"补救性媒介"解决这些问题的能力。麦克卢汉意识到了媒介形式背后的潜在力量,我们应通过"理解"减少我们的盲视;莱文森则以更为建设性的姿态喻示技术的不足可以通过技术来解决,因而产生另一个透明理论,即非技术辅助、非媒介化的人与人的交流。❶

---

❶ Eede, Yoni Van Den. In Between Us: On the Transparency and Opacity of Technological Mediation [J]. Found Sci DOI, 2010 (10): 1007.

伊德的论述不仅指出了莱文森的技术透明理论与麦克卢汉的渊源，也区分了两者的不同。在这篇论文里，伊德进而将人性化趋势理论、补救性媒介理论和媒介进化史经历的三阶段并陈到一起考察，挖掘了三者的内在联系，其实质是媒介越来越朝向透明化的方向进化；并指出莱文森的媒介进化理论说明了媒体的透明性并非仅仅是视觉层面的问题，它同样与肢体有关。可见，技术透明理论的实质是实现人类交流之间的非技术辅助或"非媒介化"的"面对面"的直接交流。伊德的研究从技术透明性这个新的角度展示了莱文森媒介进化理论的张力和韧度。

凯利是莱文森的硕士研究生。他的论文《进化认识论与媒介进化》（*Evolu-tionary Epistemology and Media Evolution*，1997）也是一篇研究莱文森的媒介进化理论的重要文献。该论文运用莱文森的媒介进化理论考察了媒介进化历史，印证了媒介进化理论特别是软决定论在再现媒介和人类之间关系上的正确度；并对媒介进化理论做了价值评估，认为媒介进化理论对进一步揭示媒介与人类之间的互动作用有十分重要的意义。

（二）国内研究现状

伴随21世纪数字化媒介时代的快速崛起，国内对莱文森媒介进化理论的关注和研究逐年增加。其研究现状主要体现在三个方面，即著作译介、观点引用和理论梳爬。

1. 著作译介

中国是莱文森媒介理论著作译介最多的国家，这主要与深圳大学何道宽教授的倾力投入有关。他是莱文森媒介理论著作的最主要译介者，其次是清华大学传播系的熊澄宇教授。

何道宽从事传播学译介30余年，译著达40多种。他是国内知名的媒介环境学著作的译介者和研究者，也是麦克卢汉和莱文森媒介理论著作的翻译专家。麦克卢汉的重要著作《理解媒介：论人的延伸》《古登堡星汉璀璨》《机器新娘》《麦克卢汉精粹》《麦克卢汉如是说》《麦克卢汉书简》《媒介定律》都被他译介到中国，并撰写了大量评论麦克卢汉媒介思想的论文。对莱文森，他更是推崇备至，对其著作译介真可谓不遗余力。仅在21世纪短短十年时间内，何道宽翻译了除《学习赛博空间：新型教育和媒介进化论文选》和《捍卫第一修正案》外，莱文森的其余七部著作：《数字麦克卢汉：信息化新纪元指南》（2001）、《思想无羁：技术时代的认识论》（2003）、《手机：挡不住的呼唤》（2004）、《真实空间：飞天梦解析》（2006）、《莱文森精粹》（2007）、《新新媒介：论人的延伸》（2011）、《软利器：信息革命的自然历史与未来》❶（2011）。何道宽还和莱文森一道在我国推出一套丛书"保罗·莱文森研究书系"，包括《真实空间：飞天梦解析》《手机：挡不住的呼唤》和《莱文森精粹》，已由中国人民大学出版社陆续出版。在译介过程中，何道宽总是力挺莱文森并给予他高度评价，认为他是"集科学、文艺、哲学修养于一身的理想型的知识分子"，且"相当完美地实现了科学文化与文学文化、精英文化与大众文化的结合"❷。和梅罗维茨放置到一起，何道宽也认为"在传播学和媒介理论著作的数量和质量上、在'反叛'和创新上、在扬弃麦克卢汉思想开创后麦克卢汉时代上、在学派内部的地位上，莱文森似乎都要略高一筹"❸。媒介进化理论超越了麦克卢汉和波兹曼的媒介思想，用媒介乐观主义树起了后麦克卢汉主义的大旗，为进一步认识媒介与人类之间的深层关系提供新的方向。

何道宽的译介序文是中国研究莱文森媒介进化理论最早的文献。在每一本译著前何道宽都会写一篇小文《译者序》，介绍莱文森的媒介理论和贡献。如《莱文森精粹·译者序》列举了莱文森的六个理论贡献：媒介进化的"人性化趋势"理论、"补救性媒介"理论、知识进化的三阶段论、泛化的"技术"说、"技术认识论"与"技术互动论"以及"后麦克卢汉主义"。本书认为，何道宽将莱文森的媒介态度、媒介立场和媒介理论贡献糅合在一起，不利于对莱文森媒介理论贡献的确认。其实，泛化的"技术"说是整个媒介环境学学者的媒介技术取向，"后麦克卢汉主义"是莱文森媒介理论整体呈现的乐观主义情绪，"技术认识论"与"技术互动论"是莱文森软媒介决定论在媒介哲学上的认识，是莱文森认识媒介的基本立场。因此，莱文森主要媒介理论贡献是媒介进化理论，即媒介进化"人性化趋势"理论、"补救性媒介"理论和"玩具、镜子和艺术"媒介进化三阶段理论，以及"新新媒介"说等媒介进化次生理论（详见本书第四章、第五章的论述）。

熊澄宇也是莱文森媒介进化理论著作的译介者。他组织翻译了媒介理论专著《软边缘：信息革命的历史与未来》（清华大学出版社，2002年）。

---

❶ 此书即为熊澄宇2002年翻译的《软边缘：信息革命的历史与未来》一书。
❷ 保罗·莱文森.真实空间：飞天梦解析[M].北京：中国人民大学出版社，2006：总序.
❸ 李明伟.知媒者生存：媒介环境学纵论[M].北京：北京大学出版社，2010：何道宽序.

这本书既是一本媒介哲学著作，将信息技术的发展和媒介形态的变化看成自然世界的动态进化过程，支持了媒介进化理论；也是一本媒介进化通史，与2009年的著作《新新媒介》互为补充。它从第一个数字媒介——字母表开始，讲述了文字、印刷、摄影、电报、电话、广播、电影、电视、录像机、文字处理器、在线出版、超媒体、万维网、计算机显示屏、电子水印、人工智能、虚拟空间等不同历史时期的媒介形态及其特点，勾勒出一幅动态的媒介进化地图。熊澄宇教授采用专业英语课程的特殊形式将《软边缘：信息革命的历史与未来》放入课堂教学中讨论、作业和译介。

译介是推进某个理论或著作引发世界性关注和研究不可或缺的环节。莱文森的媒介理论著作几乎全部被翻译和介绍到中国，无疑为媒介进化理论的深入研究做好了准备。

2. 观点引用

引用率是考量一个理论学术影响度的重要指标。21世纪以来，随着互联网和其他数字媒介的迅速发展，作为"数字时代的麦克卢汉""后麦克卢汉第一人"的莱文森，其媒介进化理论日渐引起国内学者注意，应用它来预测和解析新媒介和媒介新现象。在中国知网上分别输入"保罗·莱文森（保罗·利文森）""媒介进化""媒介人性化"和"补救性媒介（补偿性媒介）"四个检索词，检索项采用"全文"方式从2001年至2018年逐年搜索引擎表列发现，莱文森媒介进化理论的研究和被引用率呈现渐次上升趋势，而2006年是莱文森媒介思想研究和被引用的分水岭。2006年之前的五年，莱文森的媒介进化理论的研究处于起步阶段，而2006年以后，研究和引用的数据迅速增多，每年与之有关的研究论文都在100篇以上；2018年的数据已经突破1000篇，且还不是完全数据（表1.1）。自21世纪步入数字化媒介时代以来，特别是伴随着VR、AR、人工智能的不断研发，保罗·莱文森的媒介进化理论的科学性与前瞻性在现实应用中不断得到验证，焕发出强大的理论魅力。这些数据变化足以说明：莱文森的媒介进化理论在我国学术界受重视的程度在迅速攀升，且还会继续不断攀升。

3. 理论梳爬

从目前研究来看，国内对莱文森的媒介进化理论研究最显著的特点是：梳爬多，论述少。

国内最早论及莱文森的媒介进化理论的文献应该是殷晓蓉刊发在2003年《新闻大学》冬季刊上的论文《网络时代：麦克卢汉何以东山再起？》。这篇论文追问在网络时代如何嫁接和发展麦克卢汉的理论，把莱文森和梅罗维茨、埃里克·麦克卢汉（Eric McLuhan）、德里克·德克霍夫（Derrick de Kerekhove）一道看成网络时代麦克卢汉理论东山再起的桥梁，并认为他们在揭示"麦克卢汉的研究"契合网络时代的意义方面做出了杰出贡献："从不同角度挖潜和发挥麦克卢汉的一些鲜为人知的重要思想，或对他的某些为人们所熟悉的思想进行当代的阐述。不仅他们的著作本身，而且外界关于他们著作的评论，都这样那样地带有麦克卢汉式的色彩。"❶但对媒介进化理论没有做出过多评价。

表1.1 保罗·莱文森媒介进化理论研究和被引用的历年情况表　　　　单位：篇

关键词	年份								
	2001	2002	2003	2004	2005	2006	2007	2008	2009
保罗·莱文森（保罗·利文森）	0 / 0	5 / 3	24 / 5	47 / 2	64 / 1	108 / 7	140 / 5	159 / 13	173 / 33
媒介进化	3	5	8	7	13	26	21	40	39
媒介人性化	1	1	2	3	4	10	5	18	12
补救性媒介（补偿性媒介）	0 / 0	0 / 1	2 / 1	4 / 5	4 / 10	4 / 13	11 / 30	11 / 33	16 / 34
年度篇目	4	15	42	68	96	168	212	274	307

关键词	年份								
	2010	2011	2012	2013	2014	2015	2016	2017	2018
保罗·莱文森（保罗·利文森）	185 / 27	267 / 27	333 / 34	375 / 38	443 / 32	445 / 30	511 / 26	574 / 12	593 / 19
媒介进化	59	82	94	117	130	135	159	189	217
媒介人性化	20	26	22	39	36	33	37	42	43
补救性媒介（补偿性媒介）	23 / 48	32 / 78	28 / 80	44 / 79	38 / 92	42 / 100	39 / 87	43 / 98	45 / 94
年度篇目	362	434	591	692	770	785	859	958	1011

注：1.之所以将2001年定为考察起始年，是因为这一年莱文森媒介理论著作首次被译介到中国。译介专著即《数字麦克卢汉：信息化新纪元指南》，何道宽译，2001年12月由社会科学文献出版社出版。

2.本表数据的最终检索时间是2019年3月15日。

---

❶ 殷晓蓉.网络时代：麦克卢汉何以东山再起？[J].新闻大学，2003（冬季刊）.

邵培仁、廖卫民的《思想·理论·趋势：对北美媒介生态学研究的一种历史考察》（《浙江大学学报》2008年第3期）对莱文森的媒介进化理论的学术地位做出了评定，是国内研究莱文森的媒介进化理论价值较高的一篇论文。它将媒介进化理论放到整个媒介生态学学术景观中，通观和清晰勾勒出整个理论谱系，并将媒介进化理论列为北美媒介环境学十大理论成果[1]之一。论文还指出，媒介进化理论有仿效达尔文自然进化论的明显痕迹；不过它展现出媒介之间的技术进化规律，在本质上揭示了人与媒介环境的互动关系。

杨陶玉的《媒介进化论：从保罗·莱文森说起》（《东南传播》2009年第3期）、贡少辉的《进化认识论对保罗·莱文森媒介理论的影响》（《东南传播》2010年第7期），戴元光、夏寅的《莱文森对麦克卢汉媒介思想的继承与修正：兼论媒介进化论及理论来源》（《国际新闻界》2010年第4期）是目前国内专门论述莱文森的媒介进化理论颇有深度的三篇论文，对系统研究莱文森的媒介进化理论具有重要的参考价值。杨陶玉的论文侧重对媒介进化理论体系做出研究：首先分析了媒介进化论的要义，将"补救性媒介理论""人性化趋势理论"和"软媒介决定论"作为媒介进化论的三个组成部分，认为"补救性媒介理论"是媒介进化理论的核心，人性化趋势理论是对麦克卢汉和波兹曼媒介思想的批判、继承和发展，而软媒介决定论是对麦克卢汉硬决定论的修正；同时从技术进化和社会文化进化两个维度考察和评析媒介进化理论的意义和价值，并根据媒介进化理论对数字化时代媒介进化趋势做出预测。杨陶玉肯定了媒介进化理论的开拓性意义，认为"大多数学者曾对媒介形态或者媒介技术发展做过相关的研究，但并未在研究中正式提及媒介进化这一概念"[2]，莱文森最早使用"媒介进化"这个概念。同时，她指出了莱文森理论的不足，认为它没有完全摆脱技术决定论的影响，带有浓厚的技术进化的色彩。贡少辉的论文主要是从媒介进化理论的源头着手讨论，

---

[1] 邵培仁、廖卫民列举的北美媒介环境学十大理论成果：伊尼斯的媒介时空论（1950）、埃德温·戈夫曼（Erving Goffman）的媒介场所论（1959）、芒福德的媒介容器论（1961）、麦克卢汉的媒介人体论（1964）、波斯曼的媒介环境论（1970）、桑德拉·鲍尔-洛基奇（Sandra Ball-Rokeach）的媒介依赖论（1974）、莱文森的媒介进化论（1979）、梅罗维茨的媒介情境论（1985）、兹比格涅夫·布热津斯基（Zbigniew Brzezinski）的媒介失控论（1993）、大卫·L.阿什德（David L.Altheide）的媒介控制论（1995）。

[2] 杨陶玉.媒介进化论：从保罗·莱文森说起[J].东南传播，2009（3）.

首先分析莱文森的技术进化论，然后考察技术进化认识论对媒介进化理论的影响。贡少辉认为技术进化论思想对媒介进化理论产生的影响是"作为认知性技术的媒介也同样遵循着进化的机制，对人类知识的进化产生积极的促进作用，也对人、知识、技术与世界之间的关系产生新的调整"❶，具体表现在四个取向上，即乐观的技术发展取向，媒介补救论和媒介人性化取向，知识、世界和媒介三者关系取向，非媒介决定论取向。同时，贡少辉认为媒介进化理论始终坚持媒介乐观主义、非媒介决定论以及媒介人性化等立场。戴元光、夏寅的论文简要探析莱文森媒介进化论的主要理论来源，即查尔斯·达尔文和唐纳德·坎贝尔的进化论、康德和卡尔·波普尔的哲学、麦克卢汉和波兹曼的媒介环境学；对莱文森在《数字麦克卢汉：信息化新纪元指南》中修正和浓缩的麦克卢汉的十三个媒介理论进行再次浓缩解析；从而得出结论：莱文森的媒介进化理论是对麦克卢汉理论的继承和修正，不是"改变"。这三篇论文均从宏观角度梳理莱文森媒介进化理论的来源和内涵，不过侧重点有所不同。其中，杨陶玉、贡少辉将"软媒介决定论"作为莱文森媒介进化论的组成部分是不妥当的，可能受到何道宽译介序文的影响。软媒介决定论只是莱文森建构媒介进化理论的理论基座或曰媒介立场，不是媒介进化理论谱系的子理论。戴元光、夏寅的论文只看到了媒介进化理论与麦克卢汉思想的继承性，而忽视了它的创造性。

　　何道宽对媒介环境学的系列研究论文也是国内研究莱文森的媒介进化理论的重要资料，对国内媒介研究的兴起起到了推波助澜的作用。何道宽先后发表了《异军突起的第三学派：媒介环境学评论之一》（《深圳大学学报》2006年第6期）、《媒介环境学辨析：媒介环境学评论之二》（《国际新闻界》2007年第1期）、《媒介环境学的思想谱系：媒介环境学评论之三》（南京大学新闻传播学前沿课题研讨会，2007年5月）、《三代学人的薪火传承：媒介环境学评论之四》（中国传播学高端学术研讨会，2007年8月）四论媒介环境学。在这一系列论文中，何道宽梳理了媒介环境学的发展历程和理论体系，对莱文森的媒介进化理论也做出陈述。例如，在《异军突起的第三学派：媒介环境学评论之一》一文中，何道宽认为莱文森有八大理论贡献："人性化"趋势理论、"软媒介决定论"观点、"补救性媒介"理论、"玩具、镜子和艺术"媒介进化三阶段论、"三个地球村"、手机的哲学解读、主张虚拟空间和真实空间的结合、数字时代的麦克卢汉。何道宽的这种列举

---

❶ 贡少辉.进化认识论对保罗·莱文森媒介理论的影响[J].东南传播，2010（7）.

法将宏观媒介理论和微观媒介观点并陈到一起,并没有从整体上很好地凸显媒介进化理论的特色。

值得肯定的是,在所有涉及莱文森的媒介进化理论研究的论文中,崔林的《媒介进化:沉默的双螺旋》(《新闻与传播研究》2009年第3期)算得上是最具创新、最有价值的一篇。其运用媒介进化理论做出了理论创新。崔林从莱文森提出的"媒介是人的理性选择"的论点出发,宏观审视了媒介进化史,从两个维度提出"沉默的双螺旋"新说,即"在媒介进化的过程中,人类对媒介进行选择时主要依照两条标准:一是跨越时空的能力,这是传播的'自由度'问题;一是传播达成的效果,这是信息的'保真度'问题,媒介正是在对这两种目标的追求中不断辞旧履新。正如DNA分子的性质由双螺旋链决定一样,这两者在每一种媒介出现的过程中也默默地起到了支配性的作用下,我们把这种作用称作'沉默的双螺旋'"❶。总的来说,崔林的新说是对莱文森的媒介进化理论原理进行的浓缩提炼,它更为简洁地勾勒出媒介进化的两个方向。

研究莱文森媒介理论的硕士学位论文主要有五篇,即杨先起的《数字时代的麦克卢汉:保罗·莱文森媒介思想研究》(兰州大学2006届)、韩捷的《保罗·莱文森媒介理论研究:以手机为例》(武汉大学2007届)、曾玉慧的《数字时代的欢乐颂:保罗·莱文森媒介理论分析》(厦门大学2009届)、史周青的《莱文森手机传播理论研究》(中国传媒大学2009届)、杨晓帆的《保罗·莱文森媒介环境理论研究》(河南大学2010届)。这些论文有个共同的倾向,即只做简单梳理而不展开论述。更为不足的是,作为莱文森的媒介进化理论最重要的文献《人类历程回放:一个媒介进化理论》在这些论文中几乎没有论及。不以该资料作为主要文献来研究莱文森的媒介思想显然是避重就轻、隔靴搔痒,无法全面深入地把握它的本质。不过,韩捷和史周青的论文运用莱文森媒介理论分析手机媒介的革命性变革以及它之于人类和社会的重要影响,从现实意义层面来看较有学术价值。

国内虽然没有研究莱文森的媒介进化理论的专著,但是论及其理论的著述近来还是不少。例如,张宇丹、孙信茹的《应用电视学:理念与技能》(云南大学出版社,2003年)、胡翼青的《传播学:学科危机与范式革命》(首都师范大学出版社,2004年)、刘建明的《新闻学前沿:新闻学关注的11个焦点》(清华大学出版社,2005年)、殷晓蓉的《网络传播文化:历史

---

❶ 崔林.媒介进化:沉默的双螺旋[J].新闻与传播研究,2009(3).

与未来》(清华大学出版社，2005年)，程洁、张健的《网络传播学》(苏州大学出版社，2007年)，刘建明的《西方媒介批评史》(福建人民出版社，2007年)，梁国伟的《跨越时空的影像交流：数字电影的媒介形态》(商务印书馆，2007年)，李四达的《数字媒体艺术史》(清华大学出版社，2008年)，刘则渊、王续琨、王前主编的《工程·技术·哲学：中国技术哲学研究年鉴2006—2007年卷(总第五卷)》(大连理工大学出版社，2008年)，刘海龙的《大众传播理论：范式与流派》(中国人民大学出版社，2008年)，邵培仁等的《媒介生态学：媒介作为绿色生态的研究》(中国传媒大学出版社，2008年)，李明伟的《知媒者生存：媒介环境学派纵论》(北京大学出版社，2010年)，王冰的《北美媒介环境学的理论想象》(光明日报出版社，2010年)，段京肃的《大众传播学：媒介与人和社会的关系》(北京大学出版社，2011年)等。

总的来说，这些著述基本上只是对莱文森的媒介进化理论做简要介绍，并没做出深入研究。《大众传播理论：范式与流派》仅将莱文森与波兹曼、梅罗维茨、马克·波斯特(Mark Poster)、大卫·L.阿什德(David L. Altheide)、让·鲍德里亚(Jean Baudrillard)、曼纽尔·卡斯特(Manuel Castells)归入麦克卢汉之后的媒介研究体系，认为他们企图用新的方法和视角证明麦克卢汉的理论。不过，刘海龙强调指出，绝大多数的传播学者在某种程度上都像莱文森一样是软媒介决定论者，否则他们不会选择把媒介与传播作为研究的重点。❶这就把莱文森提出的软媒介决定论的重要性凸显了出来，引起研究者对莱文森媒介进化理论的重视。李四达的《数字媒体艺术史》仅以少量篇幅将媒介进化理论与梅罗维茨媒介情景理论放到一起简要阐述，指出两个理论与麦克卢汉的渊源。王冰的《北美媒介环境学的理论想象》是一部对媒介环境学理论进行体系研究的专著。该书围绕媒介环境学理论想象的四大主题，即从媒介怎样成为环境、媒介塑造了怎样的环境、谁是囚徒和构建"人"的媒介环境展开考察，完成了对"媒介即控制"这个命题的反思；认为媒介环境学那种试图用理性控制媒介的理论具有局限性，媒介环境是由感知环境、符号环境和社会环境等多种力量组成的互促共进的动态的共栖系统。这是媒介环境建构的内在道德，也是媒介环境追求的最终目标，从而提出"回归到人怎样建构媒介环境这一角度，将媒介环境的研究纳入社会的想象空间，纳入普通人的想象空间，这也许是媒介环境研究最好的

---

❶ 刘海龙.大众传播理论：范式与流派[M].北京：中国人民大学出版社，2008：437.

归宿"。从人的角度考察媒介环境正是莱文森的媒介进化理论的重要视角。但是，王冰对媒介进化理论论述很少，更不用说专门章节论述。她轻描淡写地对莱文森的媒介进化理论做出了两处评价。一处是认为莱文森"摒弃了麦克卢汉以来的技术宿命论传统，承认信息技术会对人类社会系统产生作用，但却不是唯一决定作用……网络媒体的超时空特性打破了传统的线性时空观，虚拟社区中的人们可以在同一场景中非同步对话，从而创造了一种新的'口语传统'"❶。另一处是在书的结尾部分，认为媒介环境理论存在两种解释性的视角：技术中心论或硬决定论、生态中心论或软决定论，莱文森的媒介进化理论是后一种解释视角的代表。不过，这两处评价充分肯定了媒介进化理论在媒介环境学中的学术地位和影响。

在上述表列的著述中，有三本对莱文森媒介进化理论的评价值得关注。

一是胡翼青的《传播学：学科危机与范式革命》。这本专著虽然没有给莱文森的媒介进化理论专门辟出章节论述，但对它在技术主义范式中的地位却给予了很高评价，也揭示了莱文森媒介进化理论的本质。胡翼青将传播学领域的研究划分成经验主义、批判主义和技术主义三大范式，认为技术主义范式成熟于莱文森、埃里克·麦克卢汉的努力，尤其是"莱文森领导技术主义范式完成了范式转向""软技术决定论的出现，说明技术决定论者正在转而考察人的重要作用""标明了技术决定论向人本主义的转向"❷。同时，他指出了莱文森软技术决定论存在的问题，即把人和人性放到一个与技术同等重要的位置，是一种人本主义倾向的技术主义主张，很难真正将人置于研究核心，彻底抛弃技术中心主义的逻辑。"软技术决定论"人与技术二元并陈的关系终究是本末倒置，绝不可能革命性地改造"硬技术决定论"，完成范式革命的重任。❸

二是梁国伟的《跨越时空的影像交流：数字电影的媒介形态》。这本著作主要从符号学角度切入对莱文森媒介理论的评介。首先简述了莱文森的五大理论：人性化趋势的媒介演化理论、补偿性媒介的理论、知识进化的三阶段论、泛化的"技术"论、技术进化论，然后从与伊尼斯、麦克卢汉媒介思想的比照中指出他们理论的共同成就和不足。梁国伟认为莱文森的理论"指出了媒介技术在媒介构成中的基础作用并认为媒介技术是一种心智——社会

---

❶ 王冰. 北美媒介环境学的理论想象[M]. 北京：光明日报出版社，2010：12，31.

❷ 胡翼青. 传播学：学科危机与范式革命[M]. 北京：首都师范大学出版社，2004：209，211，211-212.

❸ 同❷：211-212.

意识形态的表征,从而为当代媒介研究提供了一个崭新的视角,这一视角的重要性随着媒介在社会生活中的重要性正在日益获得广泛的承认";但是,它忽略了"只有在成为一个可以表达交流的符号/媒介时,技术才是可见的。离开了具象化的符号/媒介,我们无法讨论技术。……科学技术只存在于人造世界——符号/媒介系统之中。只有如此,科学技术才能拥有自己的明确边界,它既不混淆于思想,也不混淆于自然物质(包括身体)"❶。

三是李明伟的《知媒者生存：媒介环境学纵论》。这本著述是李明伟在博士学位论文《媒介形态理论研究》的基础上修改而成的,是当前国内对莱文森的媒介进化理论研究着笔最多的专著。该著作把媒介进化理论放到整个媒介环境学的理论体系中进行对照,肯定了莱文森在学派中的学术地位和学术贡献,对他的媒介思想做出了整体把握。但是否定多于肯定,特别是在与梅罗维茨媒介理论的比较中却表现出"褒梅贬莱"的倾向。他认为莱文森在媒介环境学方面的贡献主要有三个：解读和批评麦克卢汉思想、对网络和网络社会的研究和对媒介发展历史及规律的探求。根据对三个主题的简要分析,李明伟断言,莱文森是对麦克卢汉理论"做了一个错位而且错误的比较",其理论都没有超过麦克卢汉："莱文森的媒介进化论重点说的是媒介动力的发展过程和动力问题。他认为,人掌控着媒介发展的过程和方向。麦克卢汉强调的则是媒介环境的社会效应。他认为,媒介环境有着势不可当的巨大社会影响,人为内容所惑总是意识不到。这是两个虽然有关系却明显不同的问题。"❷而且莱文森提出的"'理性'是媒介发展的终极动力这一步迈得大且空"。媒介进化论是在修正麦克卢汉技术决定论的基础上展开的,对麦克卢汉媒介环境的社会效应的比较主要是为了探析媒介发展与人类之间的关系问题。另外,李明伟认为莱文森理论只是麦克卢汉的通俗版和数字社会版,而梅罗维茨的理论体系完备、思路分明、逻辑清晰、例证平实深刻,是媒介环境学最系统、最扎实的理论体系,"不仅把媒介环境学导向了日常人际交往的研究,为媒介环境学贡献了最有体系的传播理论,而且他对日常生活的观察之细腻和理论表述之清晰晓畅,都是前所未有的"❸。对梅罗维茨的理论成就和学术地位过分拔高,流露出明显"褒梅贬莱"的倾向。

---

❶ 梁国伟.跨越时空的影像交流：数字电影的媒介形态[M].北京：商务印书馆,2007：64,55.

❷ 李明伟.知媒者生存：媒介环境学纵论[M].北京：北京大学出版社,2010：158,159.

❸ 同❷：146.

三、研究莱文森媒介进化理论的意义

媒介进化理论不仅是莱文森对媒介进化历史进行直观的理论结晶，也是他对媒介环境学媒介研究视角的继承和发展，更是他直接运用数字新媒介经验的理论提升。因此，在数字化时代突飞猛进的今天，研究莱文森的媒介进化理论具有重要的理论意义和现实意义。

（一）理论意义

研究莱文森的媒介进化理论具有以下三个层面的理论意义。

其一，有助于完善媒介环境学理论谱系的勾描。莱文森的媒介进化理论是对媒介环境学理论成果的继承和超越，是媒介环境学理论体系中最为重要的一翼。然而，截至目前，国内外对他的媒介进化理论研究尚处阙如状态。对媒介环境学的研究大都集中在第一代、第二代代表，尤其是伊尼斯、麦克卢汉等学者的思想研究上，而第三代学者梅罗维茨、莱文森等的媒介思想却遭忽视。前面提到的王冰、胡翼青、李明伟等年轻学者的专著在考察媒介环境学的整体理论谱系时虽然涉及了他们的理论，但是重视的程度仍然不够。因此，研究莱文森的媒介进化理论更有助于媒介环境学理论谱系勾勒的完整性，整体把握媒介环境学作为传播学第三个范式的理论概貌。

其二，有助于厘清莱文森的媒介进化理论谱系。国内学者包括何道宽在内，在介绍媒介进化理论时往往将莱文森的媒介立场、理论基座和理论贡献等不加区分地堆放到一起。本书试图厘定媒介进化理论的内涵和外延，有助于描绘一个更为精准的理论图谱。

其三，为反思媒介与人类的关系提供理论新视角。人与媒介技术到底是一种什么关系？媒介环境学有两个基本立场：硬技术决定论和软技术决定论。虽然莱文森"软技术决定论"将人和媒介技术摆到了几乎同等重要的位置，成了一个"二元并立"的关系，最终陷入硬技术决定论的泥淖；但是，他从"人性"角度关注人的主体性的研究视角，强调人之于媒介理性选择的能动性，为正视媒介与人类的关系研究提供了新的反思参照。吴予敏认为："传播学的诞生，根源于媒介与人的关系的异化。"[1]可见，研究莱文森媒介

---

[1] 吴予敏. 传播知识论三题［M］//张国良，黄芝晓. 中国传播学：反思与前瞻——首届中国传播学论坛文集. 上海：复旦大学出版社，2002：73.

进化理论能为传播学反思媒介与人类的关系提供新视角的理论参照。

（二）现实意义

莱文森采用"后视镜"的研究方法，善于通过现实生活中媒介和人类的关系推衍媒介进化规律，反观媒介与人的关系。从某种意义上说，莱文森的媒介进化理论是人类与媒介关系在数字化时代的一种人性化解读，有一定的现实指导意义。

数字化时代，一切都被数字化了。实现了"时空压缩"（time-space compression）❶的互联网显示出信息传递的巨大优势，成了现代人参与政治、经济、文化交流的重要平台。手机的出现，特别是在文字、照片和影像传载方面瓶颈的突破及上网功能的实现，使手机成为现代人一种须臾不可或缺的交流媒介。人与媒介之间的互动日益加强。很难想象，一个现代人一天中不使用手机的生活是什么样的情状。截至2012年3月，全国移动电话用户达到101882.3万户，3G用户达到15206.0万户。❷截至2018年12月底，仅我国网民规模达到8.29亿，其中，手机网民达到8.17亿。❸到底是技术决定人类，人类受技术摆布，还是人类是具有能动性的主体，能掌控技术发展？

莱文森关注现实、积极运用新媒介，以一种技术乐观主义的态度看待人和媒介技术之间的关系，倡导人本主义。他的理论突出人的主体性地位和理性选择。面对互联网的崛起，莱文森积极投身其中，认为它是数字时代人类的第二生存空间，与真实空间一样不可或缺。他说：生活是一种充分参与的游戏，人们只有在现实生活中才能得到实实在在的报偿，赛博空间需要真实空间；同时，互联网的出现却能使人们重新回到一个平衡的传播时代。对互联网里不断出现的第二媒介❹，也给予饱满的热情拥抱，因为他相信：媒介技术是人类理性的能动选择，人是媒介进化的主体，"我们可以精化技术，指引技术，使之按照我们感知和需要的道路发挥作用，而不是按照改造我们感

---

❶ 时空压缩是戴维·哈维（David Harvey）提出的概念，更为形象地描述了对伊尼斯媒介具有的"时空偏向"的克服，即人类通过媒介实现了无时间的空间交流。它与纽曼·卡斯特（Manuel Castells）在《网络社会的崛起》一书中提出的"无时间之时间"（timeless time）有异曲同工之妙，卡斯特认为这是网络社会里社会时间的支配形式。

❷ 数据来源于2012年4月24日工业和信息化部发布的信息。

❸ 数据来源于2019年2月28日CNNIC发布的《第43次中国互联网络发展状况统计报告》。

❹ 互联网第二代媒介，莱文森称为"新新媒介"，参见2009年他出版的专著《新新媒介》。

知和需要的道路发挥作用。……按照自己喜欢的路子维持媒介的影响,按照自己不喜欢的路子去终止或减少这种影响",一切补救性媒介都是"人有意为之,是用人类理性煽起和完成的逆转"❶。研究是一个学习过程,也是一个反思过程,更是一个寻求理论突破与指导实践相结合的过程。因此,研究莱文森的媒介进化理论对于人们积极投身数字生活,充分发挥在媒介技术面前的能动性和主体角色,把握人类在媒介技术面前的命运具有十分重要的现实指导意义。

四、研究方法和创新之处

(一)研究方法

莱文森的媒介进化理论是媒介环境学理论谱系的重要组成部分,与其他理论既有联系又有区别;同时,媒介进化理论本身也是一个理论谱系,由一系列相辅相成的子理论组成,呈珠串状态,反映出媒介进化的不同侧面。鉴于研究对象和研究内容的特点,本书主要采用文本分析方法、比较分析方法和文献综合方法进行研究。

1. 文本分析方法

文本分析方法是指对与主题研究相关的理论、观点进行反复研读,发掘它们之间深层的理论意蕴。斯蒂文·小约翰(Steven Littlejohn)指出:"对文本的阐释长久以来一直是解释学的核心问题。解释的兴趣是作为理解像《圣经》那样无法由原作者来进行说明的古代著作的一种手段。……文本本身就可以和我们交流。除了任何作者、说话者或某个听者可能对它的意义进行说明之外,它具有自己的意义。一旦写下来,文本就可被任何有阅读能力的人利用,提供多种可能性——而且多次阅读(意义)是完全可能的。"❷本书主要通过对莱文森的所有媒介理论著作和主要论文等文本进行分析,清理出媒介进化理论的清晰图谱,同时界定媒介进化理论的内涵和外延。

---

❶ 保罗·莱文森. 数字麦克卢汉:信息化新纪元指南[M]. 何道宽,译. 北京:社会科学文献出版社,2001:287,288.

❷ 斯蒂文·小约翰. 传播理论[M]. 陈德民,叶晓辉,廖文艳,译. 北京:中国社会科学出版社,1999:378.

2. 比较分析法

传播学是一门多学科的交叉学科。比较分析法是深入、全面研究传播学某一个理论常用而有效的方法。而且，莱文森的媒介进化理论本身具有多学科性。因此，本书采用比较分析的方法。首先，分析莱文森的媒介进化理论的渊源；其次，比较媒介进化理论谱系中的子理论，找出它们间的联系和区别；最后，比较梅罗维茨媒介情景理论和莱文森的媒介进化理论，挖掘两个理论的异同，进一步凸现莱文森媒介进化理论的现实意义和理论价值。

3. 文献综合法

文献综合法在本书中最主要的表现是以宏观的媒介史的方法进行梳理、综合。综合分析媒介环境学的各种文献，厘清莱文森媒介进化理论的来龙去脉；综合分析过去和当前的各种媒介及其进化过程，各种媒介在人类社会、文明、生活习惯变化中所起的作用，以及人类在媒介进化中的地位和作用，验证莱文森媒介进化理论的合理性以及预测未来媒介的走势。

（二）创新之处

媒介环境学的理论基本研究方法是通过直觉做出直观把握。对于这一研究方法，范龙将其称为传播研究的现象学方法❶，王冰则称为理论想象❷。诚然，直观把握也是莱文森理论的探采器。他在现实和媒介史场景的交叉直观把握中提出媒介进化理论的所有理论。因此，循着莱文森的研究方法，发掘其理论的要义和内涵。本书创新之处如下。

其一，将莱文森的所有媒介理论纳入"媒介进化"这一理论框架中进行研究，发掘它们之间的内在联系与区别，从而框定了媒介进化理论谱系的内涵和外延。

其二，国内外尚无莱文森媒介理论研究的专著。本书对莱文森的媒介进化理论进行全面梳爬，厘清了该理论谱系的来龙去脉，较完整地解读了它与麦克卢汉的传承关系，简要比较梅罗维茨媒介理论与莱文森理论的异同。在此基础上，还对莱文森的媒介进化理论进行总体反思，较为全面地展示了它的理论价值与不足。从这个方面来看，本书是国内外第一部系统考量莱文森媒介进化理论的专著，对推进莱文森媒介理论的深入研究有一定的参照价值和启发作用。

---

❶ 范龙.媒介的直观：论麦克卢汉传播学研究的现象学方法［M］.广州：暨南大学出版社，2009.

❷ 王冰.北美媒介环境学派的理论想象［M］.北京：光明日报出版社，2010.

第二章　莱文森对麦克卢汉媒介思想的天才解读和超越

莱文森的媒介进化理论继承了伊尼斯、麦克卢汉和波兹曼等媒介环境学学者的理论成果，特别是对麦克卢汉媒介思想的继承和超越。这主要体现在两个层面上。

第一个层面，莱文森不是直接钻进麦克卢汉媒介的著作去挖掘其思想的深义，而是将其思想放到新的传媒语境，即数字化媒介时代里进行论证，检验其正确性和先知先觉性，从而赋予其新的理论内涵和理论深度。莱文森关注网络数字媒介，运用麦克卢汉的媒介理论打量这个新生事物，充分发掘麦克卢汉媒介思想与网络社会新现象的吻合之处，肯定麦克卢汉媒介理论的应用价值和合理之处，提出理论新解。1999年，莱文森出版的专著《数字麦克卢汉：信息化新纪元指南》，正是他在数字化语境下对麦克卢汉思想做出的天才般阐发的结晶，全书处处折射出麦克卢汉思想的熠熠光芒。莱文森因此被誉为"数字时代的麦克卢汉""数字化时代麦克卢汉第一人"。

第二个层面，莱文森以对麦克卢汉理论的修正为基础完善媒介进化理论。莱文森从解读麦克卢汉媒介思想和研究方法开始，不但继承了麦克卢汉的研究方法和视角，而且继承和超越了他的媒介核心理念。在不断赋予麦克卢汉理论新解的基础上深化媒介进化理论内涵，同时在不断深化媒介进化理论内涵的基础上不断提出麦克卢汉理论的新解释。在这种循环式论证的研究过程中，莱文森既完成了麦克卢汉媒介思想的天才解读，也实现了媒介进化理论的深化和完善。说到底，《数字麦克卢汉：信息化新纪元指南》也是一部莱文森媒介进化理论的汇总，媒介进化理论的三大主体理论在书中全部"现身"，且均得到进一步阐发和深化。

正如国内学者的评价：莱文森"对麦克卢汉思想的解读无人能出其

右"❶；他绝不只是麦克卢汉媒介思想的"注经者"，还是一个修正者、革新者和叛逆者。

第一节　莱文森与麦克卢汉

雷蒙德·威廉姆斯（Raymond Williams）指出："麦克卢汉理论那种怪异的语言风格虽然不太可能长久延续，但是该理论成为一种观念形态表述的典范，即把技术本身作为原因，其重要性不言而喻。从这个意义来说，在某些特定的表述范式失去了影响力之后，麦克卢汉理论还会有后继者。"❷莱文森已是公认的麦克卢汉思想最出色的后继者。麦克卢汉的媒介思想是莱文森解读数字网络社会的重要工具，也是他构建和完善媒介进化理论的重要基点。不妨先对麦克卢汉的媒介思想做一个大致观照。

一、麦克卢汉及其媒介理论著作

麦克卢汉是一位半路出家的传播学家。他早期主要从事文学批评，这段貌似无关的经历却对他的传播学研究影响深远，他偈语式的语言风格和"我只探索，我不解释"的研究方法显然打着文学批评的烙印。然而，半路出家的他却是20世纪最重要的、也是最富原创性的媒介理论家，其思想代表"最激进的和最详尽的美国传播媒介理论"。❸

麦克卢汉转向传播学，主要缘于与伊尼斯的邂逅。1949年4月，在自己组织的学术沙龙上，麦克卢汉偶遇伊尼斯。伊尼斯关于印刷品和广播的言论以及对其著作的关注对麦克卢汉触动很大。许多年以后，麦克卢汉仍能清晰地回忆与伊尼斯初识时的兴奋劲："他注意到我的一些著作，我为此而受宠若惊，于是就生平第一次找他的著作来读。从第一篇《米涅瓦的猫头鹰》开始读，那真是我的福分。遇见了这样一位作家，他的话使我陷入了长期的沉思

---

❶ 李明伟. 媒介形态理论研究［D］. 北京：中国社会科学院，2005：34.

❷ Williams, Raymond. Television: Technology and Cultural Form［M］. London: Wm. Collins&Co. Ltd, 1974：128.

❸ 殷晓蓉. 战后美国传播学的理论发展——经验主义和批判学派的视域及其比较［M］. 上海：复旦大学出版社，2000：79.

和探索，那是多么激动人心"❶。自此，麦克卢汉开始研读伊尼斯的著作，兴趣也迅速转移到传播学领域；他还自称是伊尼斯的"私淑弟子"，并乐意将著作《古登堡星汉璀璨》的出版看成是伊尼斯观点的注脚。❷

（一）麦克卢汉传略

1911年6月21日，麦克卢汉出生在加拿大阿尔伯达省埃德蒙顿市一个普通的商人家庭。1928—1935年，在曼尼托巴大学读本科、硕士研究生。1935年，进入剑桥大学三一学院攻读博士学位。按照学校的规定，先后于1938年、1940年取得剑桥大学学士、硕士学位。1942年，以《托马斯·纳什在他那个时代学术中的地位》的论文获得剑桥大学哲学博士学位。在剑桥大学的这一段经历，麦克卢汉虽然没有撰写过媒介方面的东西，但在利维斯主编的《文化与环境》杂志上发表了大量论文，这是他成为世界著名媒介学家最为重要的学术历练。马尔尚指出："《文化与环境》……使得他最终成为社会学者，成为媒介研究的专家。"❸1936年，麦克卢汉在威斯康星大学开始了他的教学生涯。1946年，回到多伦多大学圣迈克学院担任文学教授。1949年，他邂逅伊尼斯，膜拜伊尼斯，开始了学术转向；因此，这一年是麦克卢汉学术研究转向传播学领域的最重要结点。1951年，麦克卢汉出版《机器新娘：工业人的民俗》一书。1953年，在埃德蒙·卡彭特（Edmund Carpenter）的协助下获得由福特基金会资助的传播学研究项目——变化中的语言模式和新兴的传播媒介；这两个事件标志着他实现了学术转向，"开始卷入媒介研究的漩涡"❹。是年，麦克卢汉还创办了小型传播学刊物《探索》，前后共出版了9期，于1959年停刊。1963年，成立了多伦多大学文化与技术中心，并自任中心主任。1964年，《理解媒介：论人的延伸》一书问世，麦克卢汉从此名噪天下，成为卓尔不群的传播学家。1980年12月31日，麦克卢汉不幸中风逝世。

丹尼尔·杰·切特罗姆（Daniel J. Czitrom）将麦克卢汉的学术生涯分为三

---

❶ 哈罗德·伊尼斯. 传播的偏向[M]. 何道宽, 译. 北京：中国人民大学出版社，2003：3.

❷ 同❶：麦克卢汉序言.

❸ Marchand, Philip, McLuhan, et al. The Medium and the Messenger[M]. Cambridge: MIT Press, 1998：40.

❹ 范龙. 媒介的直观——论麦克卢汉传播学研究的现象学方法[M]. 广州：暨南大学出版社，2009：41-42.

个阶段：早期是一位传统的文学批评家，以他的第一本著作《机器新娘：工业人的民俗》的付梓而终结；20世纪50年代为转化期，接受伊尼斯的学说，转向传播学，并编辑《探索》杂志；60年代为媒介理论成熟时期，以《古登堡星汉璀璨》《理解媒介：论人的延伸》为标志。❶

（二）麦克卢汉理论著作

麦克卢汉给世人留下了19部著作，但独著不多，只有三部，即《机器新娘：工业人的民俗》（1951）、《古登堡星汉璀璨》（1962）、《理解媒介：论人的延伸》（1964）；其余著作都是与人合著的，如《媒介即按摩》（菲奥雷，1968）、《地球村里的战争与和平》（菲奥雷，1968）、《透过消失点》（帕克，1968）、《逆风》（帕克，1968）、《媒介定律》（埃里尔·麦克卢汉，1988）、《地球村》（布鲁斯·鲍威尔，1989）等。《媒介定律》和《地球村》两部著作是麦克卢汉去世后，分别由埃里尔·麦克卢汉和布鲁斯·鲍威尔根据他的遗篇整理而成的，掺入了他们的观点和思想。虽然麦克卢汉的独著只有三部，但是每一部都掷地有声，震撼力大。何道宽认为这三部著作正好反映了麦克卢汉"批判工业人、悲叹印刷人、欢呼电子人，完成了走出书斋、进入社会批评和大众文化的研究领域的转换"❷。《机器新娘：工业人的民俗》是麦克卢汉转向传播学研究的标志。该书有59个部分，就像59个媒介特写，描述工业人和广告，展示了报纸、广播、电影、广告等传播媒介带给人们的心理压力，用"小包装装满深邃思想"的怪诞行文方式表现了他对媒介影响力极富洞察的见解。《古登堡星汉璀璨》再次以这种怪诞的方式描述电子人，表现了特立独行的思想洞见，确立了他在西方传播学界的地位。这本书获得加拿大政府奖。特别是1964年出版《理解媒介：论人的延伸》，使他成为名噪全球的媒介理论家，正如有位学者感叹的："只几个月功夫，该书就获得《圣经》那样的地位，其作者就成为时代的先知。一位名不见经传的文人，从一个偏远的亭子间突然降临名流的核心圈子。"❸书中提出的"媒介即讯息""媒介是人的延伸""冷媒介和热媒介"等观点，让人振聋发聩，麦克卢汉也因之被冠上信息社会"先师圣人（Patron

---

❶ 丹尼尔·杰·切特罗姆.传播媒介与美国人的思想：从莫尔斯到麦克卢汉[M].曹静生，黄艾禾，译.北京：中国广播电视出版社，1991：178.
❷ 何道宽.麦克卢汉的学术转向[J].杭州师范学院学报，2005（2）.
❸ 马歇尔·麦克卢汉.理解媒介：论人的延伸[M].何道宽，译.北京：商务印书馆，2000：序言.

Saint）"的称号。❶而《纽约先驱论坛报》甚至把他誉为"继牛顿、达尔文、弗洛伊德、爱因斯坦和巴甫洛夫之后的最重要的思想家""电子时代的代言人，革命思想的先知"❷。欧美霎时兴起研究麦克卢汉的热潮，据载，仅新闻传播学界"1966年这一年之内，报刊上介绍麦克卢汉的文章就达120余篇。差不多每一种重要的美国、加拿大和英国的报刊都参与了这场运动。人们以激动的心情思量着，这可能是一位洞见与达尔文和弗洛伊德一比高低的重量级人物"❸。

麦克卢汉逝世后，其理论影响一度沉寂。直到进入20世纪90年代，随着数字化媒介时代的迅速崛起，他精辟的观点与许多媒介新现象不谋而合，再次彰显出其理论的深邃性和预见性，从而重新获得学术界的关注。尤其是波兹曼、莱文森、梅罗维茨等后继者结合新媒介时代的特征和其他学科理论对其媒介思想做出新的解读和阐释，从不同的角度开掘理论意蕴和社会价值，使其再次绽放异彩。

二、麦克卢汉的主要媒介思想

麦克卢汉沿着伊尼斯开辟的媒介研究的线路提出了一系列惊世骇俗的理论。伊尼斯是以罗伯特·帕克（Robert Park）为首的芝加哥学派最杰出代表，他提出的"媒介偏向性"理论渗透出强烈的现实关怀。所谓媒介偏向性，在伊尼斯看来，就是媒介对于它所处的文化具有或偏重空间或偏重时间扩展或延伸的性质：笨重而耐久的媒介因为不便于运输而具有偏重时间作纵向传播的特性，轻巧而便于运输的媒介具有偏重空间作横向传播的特性。❹媒介偏向论令麦克卢汉耳目一新和着迷，促使他迅速转入传播学领域。在《古登堡星汉璀璨》中，麦克卢汉认为"伊尼斯是击中媒介科技形式所隐含的变迁过程之第一人"❺，将他尊奉为媒介研究的开创者；同时把媒介研究作为自己切入

---

❶ 这是1990年代初，《在线》杂志创刊号在刊头对麦克卢汉的评价。

❷ 保罗·莱文森. 数字麦克卢汉：信息化新纪元指南[M]. 何道宽，译. 北京：社会科学文献出版社，2001：译者序.

❸ 斯蒂芬尼·麦克卢汉，戴维·斯坦斯编. 麦克卢汉如是说[M]. 何道宽，译. 北京：中国人民大学出版社，2000：序.

❹ 哈罗德·伊尼斯. 传播的偏向[M]. 何道宽，译. 北京：中国人民大学出版社，2003：27.

❺ 申凡，等. 传播媒介与社会发展：媒介功能理论研究[M]. 北京：人民出版社，2009：93.

传播学研究领域的重要入口。麦克卢汉是个不安分的伊尼斯理论的继承者。他既破又立，在继承"媒介偏向论"等媒介对社会影响论思想的基础上，提出了一系列新奇的媒介观："媒介即讯息""媒介是人的延伸""感官平衡论""冷媒介和热媒介""地球村"以及"媒介定律"等。这六个观点在《数字麦克卢汉：信息化新纪元指南》中得到莱文森最出色的阐释，也是莱文森媒介进化理论的直接动力和理论源泉。

（一）媒介即讯息

"媒介即讯息"是"麦克卢汉最为核心""最广为人知，却最难理解的断语"❶。麦克卢汉试图采用伊尼斯宏阔的史学研究视野整体观照媒介史，考察媒介与人和社会等各方面的关系，反对"长期习惯于将一切事物分裂和切割，以此作为控制事物的手段"❷。莱文森认为，媒介即讯息的观点是麦克卢汉整体观照下产生的重要理论之一，其意图是把人们引向"使用一种媒介时，它对社会产生的深刻影响，比个人用这个媒介具体做什么更加重要"❸的社会影响上；唤醒人们从对媒介内容的关注转向媒介本身。这句警语最初出现于1958年的一份打字稿《理解新媒介研究报告》中，这是麦克卢汉为"全美教育广播者协会"起草的报告。1964年，麦克卢汉却将"媒介即讯息"作为《理解媒介：论人的延伸》一书的第一章进行论述，精辟概括媒介在人类文明进化中的角色和重要作用。在后来与昆廷·菲奥雷（Quentin Fiore）的合著《媒介即按摩》（*The Medium is the Massage*）一书中，对"媒介即信息"做了进一步发挥。

一直以来，媒介仅仅被看成信息的载体、用来传播信息的工具和手段。传统的传播研究也只是媒介传播内容及其效果的研究，媒介本身很少纳入研究的范畴。伊尼斯开创了媒介研究的先河，将媒介当作研究对象，研究它给人类和社会带来的巨大影响。麦克卢汉在伊尼斯的基础上继续摇旗呐喊，把媒介本身当作信息来理解，扩展了这个研究视阈。

何谓"媒介即讯息"？麦克卢汉给出了明确界定："所谓媒介即讯息只不过是说：任何媒介（即人的任何延伸）对个人和社会的任何影响，都是由

---

❶ 保罗·莱文森. 数字麦克卢汉：信息化新纪元指南[M]. 何道宽，译. 北京：社会科学文献出版社，2001：5.

❷ 马歇尔·麦克卢汉. 理解媒介：论人的延伸[M]. 何道宽，译. 北京：商务印书馆，2000：33.

❸ 同❶：34.

于新媒介的尺度产生的；我们的任何一种延伸（或曰任何一种新的技术），都要在我们的事务中引进一种新的尺度。"从这个定义可以看出，他是从媒介的社会功能和社会效果两个层面来理解信息、切入媒介研究的。从社会功能的角度来看，任何媒介总是另一媒介的"内容"，如"文字的内容是言语，正如文字是印刷的内容，印刷又是电报的内容一样"❶。就是说，一种新媒介的出现不只是信息传载的工具和手段，它本身承载着以往人类文明的积淀。透过新媒介，不仅能发现人类智慧、行为等的凝聚，也能看到过去旧媒介的形态或功能等。任何一种新媒介都是对旧媒介的改造和发展，旧媒介的许多优势、特性和功能或多或少被它直接保留下来。这是媒介进化的一般规律，莱文森、罗杰·菲德勒（Roger Fidler）由此发展出媒介进化观。我国国内传播学者现在也大都持这种媒介进化观点。例如，吴信训就坚持"新媒介不是要淘汰以往的媒介，而是要开拓新的需要。如果说，需求个别化、多样化是现代社会的特征之一的话，那么，新媒介正是为了能更加细分化地适应社会的多样化需求而大大丰富人们的选择余地"❷。

从社会效果层面看，麦克卢汉认为在人类文明的发展过程中，媒介形塑和控制着人类的组合与行动的尺度和形态。❸而且任何媒介都不能独立存在，它们之间具有彼此依存的关系。他说："任何一种媒介只有在与其他媒介的相互作用中，才能实现自己的意义和存在。"❹同时，他又说："新媒介是新的原型。刚问世时，它们似乎是旧媒介的降格形式。新媒介必然把旧媒介当作内容来使用。这样做可以加速它们自己粉墨登场、成为艺术形式的过程。"❺从这句话可以看出，任何媒介本身被烙印上那个时代风貌、社会文化和民族习性，它必然是这些事物特性的本质载体；同时，任何媒介讯息都是由它引入事物的尺度、速度和模式等的变化。麦克卢汉也指出：铁路的作用不是把运动、运输、轮子或道路引入人类社会，而是加速并扩大人们过去的功能，创造新型的城市、工作和闲暇。❻在1973年，他又指出："顺便说一句：'媒介即讯息'。我现在指出，媒介不是外形，而是基底；不是汽车，

---

❶ 马歇尔·麦克卢汉. 理解媒介：论人的延伸[M]. 何道宽, 译. 北京：商务印书馆，2000：33, 34.

❷ 吴信训. 世界大众传播新潮[M]. 成都：四川人民出版社，1994：20.

❸ 同❶：34.

❹ 同❶：56.

❺ 埃里尔·麦克卢汉, 弗兰克·秦格龙. 麦克卢汉精粹[M]. 何道宽, 译. 南京：南京大学出版社，2000：313.

❻ 同❶：34.

而是公路和工厂。我还要指出，在一切媒介中，使用者是其内容，在发明之前，它的影响就已经存在了。"❶这表明媒介本身承载着发明它的那个时代和那个时代之前所有的时代的历史，媒介发明者的目的同样含蕴其中。根据这些论述，从社会效果层面看，"媒介即讯息"的要义在于强调：媒介的重要性并不是表现在它传播的具体内容上，而是表现在媒介本身所包含的技术因素如何改变人们的工作程序和生活节奏，乃至最终改变社会结构。❷

什么是媒介？丹尼斯·麦奎尔曾一连用了八个喻体来界定，即"媒介是使我们看到身外世界的窗口，是帮助我们领悟经历的解说员，是传递信息的站台或货车，是包括观众反馈的相互作用传播，是给予指示和方向的路标，是去伪存真的过滤器，是使我们正视自己的明镜，是阻止真理的障碍"❸。斯蒂文·小约翰（S.W.Little John）也认为"媒介的意义各种各样，可代表不同事物，而用来描述这些事物的暗喻将决定所提问题的种类和提出理论的类型"❹。他们这种宽泛灵活的界定表明媒介内涵的不确定性、发展变化性及其本身的多重属性。麦克卢汉是典型的泛媒介论者。在他看来，媒介就是人类经历过的一切事物，人类经历过的一切事物都是媒介：大凡与人类信息交流、传播活动有关联的创造物和自然物，打上了人类行为烙印的有形或无形的物质都是媒介。而且在他眼中，媒介与技术是等同的，媒介即技术，技术也是媒介。麦克卢汉的这种媒介观几乎影响了后来所有的媒介环境学学者。例如，他在《理解媒介：论人的延伸》一书中列举了26种媒介：口语词，书面词，道路与纸张，数字，服装，住宅，货币，时钟，印刷品，滑稽漫画，印刷词，轮子、自行车和飞机，照片，报纸，汽车，广告，游戏，电报，打字机，电话，唱机，电影，广播电台，电视台，武器，自动化。这些形态各异、功能不同的事物全是媒介，在他的笔下，它们有如一个又一个的特写镜头演绎着人类文明和行为的发展变化。

而且，麦克卢汉认为，媒介带给人类的影响比媒介传播的内容要重大得多。林文刚将麦克卢汉的"媒介即讯息"观放入电子媒介时代评价说："电子媒介带来的变化，不是人们所谈'内容'的变化，而是人们认识和谈论世

---

❶ 埃里尔·麦克卢汉，弗兰克·秦格龙.麦克卢汉精粹[M].何道宽，译.南京：南京南京大学出版社，2000：315.

❷ 石义彬.单向度、超真实、内爆[M].武汉：武汉大学出版社，2003：217.

❸ 斯蒂文·小约翰.传播理论[M].陈德民，叶晓辉，廖文艳，译.北京：中国社会科学出版社，1999：575.

❹ 同❸：576.

界的方式发生了变化。电子媒介使我们在人类传播和文化中传统的时空观念完全过时了。线性和理性的思维方式是书面文化和印刷文化的界定性特征之一,如今它受到的挑战是思维方式、审视世界和认识世界的方式的挑战;这是多媒介的、直觉的方式,是后现代文化的征候,电视、因特网、多媒体成了时代的主宰。"❶不过,梅罗维茨强调任何一种媒介都只对人类产生阶段性、短期内的剧烈影响,认为麦克卢汉也"坚信任何人造物的盛行都会将人类的思考、行为与交流规范为某种特定的类型,从而也就向整个文化传递了'讯息';无论人类出于何种'目的'人造物,都不会对其总体功效产生影响"❷。透过麦克卢汉对媒介的论述可以发现,他的确认为媒介五花八门,对塑造人际组合的形态无能为力,任何技术都不能给我们自身价值增加什么是和非的东西。媒介的作用只能在局部的、短期内对人类产生影响,而从长期或者整个人类社会来说,它们的影响却是微不足道、可以忽略的。

麦克卢汉提出"媒介即讯息"的观点,其目的是有意使传播学研究的视野淡出对传播内容和效果层面的过分关注,从而转向媒介技术以及媒介技术对人类的影响,因为"内容夺走我们的注意力,损害我们对媒介的理解,甚至损害我们对媒介的感知,损害我们对媒介周围一切的感知"❸。从这个目的来看,麦克卢汉达到了,他将伊尼斯开创的媒介研究推向了巅峰,导致传播学研究一个新范式的基本形成,实现了将传播学研究从醉心于媒介传播内容、传播效果的迷梦中唤醒,促使研究者将过去长期忽略的媒介自身纳入考量的视野,开始审视媒介自身的革命性意义及其在传播信息过程中的地位。基于这个意义,莱文森把"媒介即讯息"看成理解麦克卢汉媒介政治学之路的一块铺路石。❹

(二)媒介是人的延伸

"媒介是人的延伸"的观点并非始自麦克卢汉。古希腊哲学家亚里士多

---

❶ 林文刚. 媒介环境学的思维沿革初探[M]//林文刚. 媒介环境学:思维沿革与多维视野. 何道宽,译. 北京:北京大学出版社,2007:35.

❷ 约书亚·梅罗维茨. 经典反文本:马歇尔·麦克卢汉的《理解媒介:论人的延伸》[M]//伊莱休·卡茨,等. 媒介研究经典文本解读. 常江,译. 北京:北京大学出版社,2011:203.

❸ 保罗·莱文森. 数字麦克卢汉:信息化新纪元指南[M]. 何道宽,译. 北京:社会科学文献出版社,2001:51.

❹ 同❸:49.

德在《动物志》中就认为手是工具的摹本，是工具之工具。❶近代马克思也提出"在实践上，人的普遍性正是表现在把整个自然界——首先作为人的直接的生活资料，其次作为人的生命活动的材料、对象和工具——变成人的无机的身体。……这就是说，自然界是人为了不致死亡而必须与之不断交往的、人的身体"❷。很显然，马克思这句话强调人的能动作用。"变成人的无机的身体"意含人类自身之外的自然界里的一切东西都能被人类利用，成为其有机身体的延伸。法国的哲学家恩斯特·卡普（Ernst Kapp）、社会学家加布里埃尔·塔尔德（Gabriel Tarde）、英国人类学家爱德华·霍尔（Edward T. Hall）和刘易斯·芒福德（Lewis Mumford）等都曾提出过类似"媒介是人体的延伸"的观点。卡普在1877年出版的专著《技术哲学纲要》中提出"技术是人体器官的投影说"，认为人体的外形和功能是所有工具的源泉和本原，是创造技术的外形和功能的尺度。❸塔尔德在1901年发表的《公众与群众》中认为各种公众能够借助各种完善的交通工具和远距离瞬间的思想传输得到无限延伸。霍尔认为一切人工制造物都是人的延伸。而芒福德在1934年的《技术与文明》专著中提出"在人类历史的大部分当中，人所使用的工具和设备总体说来都是他自身机能的延伸"❹；在《历史名城》中也认为"有围墙的城市是我们皮肤的延伸，正如住宅和衣服是我们皮肤的延伸一样"❺。

麦克卢汉或许是在综观诸观点的基础上明确了媒介与人的关系，提出媒介是人的延伸的论断，赋予前人理论以新的活力和内涵，实现了理论上的超越。他在研究媒介时将媒介和人拴系在一起考察：开始将人纳入主体性地位，将媒介放到人的角度作人性化的观照。他说，任何媒介都是人感觉和感官的扩展或延伸：文字和印刷媒介是人的视觉能力的延伸，广播是人的听觉能力的延伸，电视则是人的视觉、听觉和触觉能力的综合延伸。"一切技术都是肉体和神经系统增加力量和速度的延伸。而且，除非力量和速度有所增加，人体新的延伸是不会发生的，发生了也可能被抛弃。""媒介是人的延

---

❶ 亚里士多德认为手"既是爪，是鳌，是角，又是矛，是剑或是其他什么武器或工具。手可以是所有这些东西，因为手能把握它们，持有它们"。引自：亚里士多德. 亚里士多德全集：第4卷[M]. 苗力田，译. 北京：中国人民大学出版社，1994：132.

❷ 马克思. 1844年经济学哲学手稿[M]. 北京：人民出版社，1985：52.

❸ 乔瑞金. 技术哲学概论[M]. 北京：高等教育出版社，2009：18.

❹ 刘易斯·芒福德. 技术与文明[M]. 陈允明，等译. 北京：中国建筑工业出版社，2009：281.

❺ 马歇尔·麦克卢汉. 理解媒介：论人的延伸[M]. 何道宽，译. 北京：商务印书馆，2000：80.

伸"是他进行人性化观照的重要工具，是其最具影响的媒介理论之一。他本人曾夸耀说："我以崭新的眼光重新考察人的延伸，几乎没有接受传统智慧中看待它们的任何观点。"❶虽然自夸有些过分，但他用暗喻的形式论述媒介与人类的关系，尽显了"媒介是的人延伸"的全新内涵。

具体而言，"媒介是人体的延伸"大致包括三层内涵。其一，媒介是人类肢体的具体延伸，对人类的肢体功能起辅助作用。比如，轮子和衣服分别是人脚和皮肤的延伸，无论是皮肤的、手的还是脚的延伸，对整个心理和社会的复合体都产生影响。其二，媒介人类感知的延伸，对人类的感知功能的局限起弥补作用。比如文字和收音机分别是视觉和听觉的延伸，弥补视觉不能在时间上保留和听觉在空间上不能致远的缺陷。其三，电子媒介是人类中枢神经系统的延伸，因为它是给予我们一个视通万里的整体场的知觉媒介。麦克卢汉说："电力技术到来之后，人延伸出（或者说在体外建立了）一个活生生的中枢神经系统的模式。""在机械时代，我们完成了身体在空间范围内的延伸。今天，经过了一个世纪的电力技术（electric technology）发展之后，我们的中枢神经系统又得到延伸，以至于能拥抱全球。就我们这个行星而言，时间差异和空间差异已不复存在。我们正在迅速逼近人类延伸的最后一个阶段——从技术上模拟意识的阶段。在这个阶段，创造性的认识过程将会在群体中和在总体上得到延伸，并进入人类社会的一切领域，正像我们的感觉器官和神经系统凭借各种媒介而得以延伸一样。"❷将电子媒介比作人中枢神经系统的延伸，是一种完整的延伸，这说明他看到了电子媒介给人带来的影响将比任何时代任何媒介的影响都要大，都要全面；也体现出他媒介观的开放性，不只停留在传播媒介对人的感官的延伸这样的范围里，而是进一步深入传播媒介对人类感觉中枢的影响。这也喻示着媒介带给人类的影响不止是生理感官感觉上的变化，更有人类行为惯习、精神风貌等心理深层的变化。

但是，从"媒介是人的延伸"的论述中也不难洞察出麦克卢汉的思想交织着相互抵牾的两种媒介观：技术决定论和媒介人性论。媒介是人的延伸不仅表现出媒介决定人类的命运，也暗示着人类用发明媒介来突破自身的生理局限，延伸自身感知和认知功能，满足人性的需求。后者正是莱文森的媒介进化理论的精魂，深得麦克卢汉媒介是人的延伸观中人性论之

---

❶ 马歇尔·麦克卢汉. 理解媒介：论人的延伸[M]. 何道宽，译. 北京：商务印书馆，2000：127，22.

❷ 同❶：76，序言.

精髓。

媒介是人的延伸的观点，是莱文森的媒介进化理论中人性化趋势的重要灵感来源。自20世纪初传播学诞生到20世纪50年代，传播内容、传播效果一直是传播学学者研究的重点、学术兴趣之所在。传播媒介研究一直被人们忽略。但令人欣慰的是，透过厚重的传播学主流的研究，依稀可以找到对媒介技术的研究。法兰克福批判学派融马克思主义和精神分析理论于一身，其研究视角主要是放在传播技术（大众传播媒介）对人类文明理性的控制方向。在他们看来，技术和媒介完全被统治者支配，完全为统治者的意识形态服务，是权力的工具；大众在技术和媒介面前完全丧失了自主权，为其奴役。法兰克福批判学派对技术与媒介的悲观论调主要是为了批判资本主义意识形态对社会的控制，"技术上的合理性就是统治上的合理性"。他们已经看到了人类（主要是统治者）对媒介的支配地位，虽然不是从媒介自身的人性化进化视角切入的，但是，其论述已经是对媒介与人的关系问题思考的滥觞。人与媒介、媒介与媒介之间的关系一直是媒介环境学派的关注重点。自伊尼斯以降，研究媒介技术与人类的关系就日渐得到关注，尤其是麦克卢汉将这一研究视角扩展成一种研究范式。莱文森兼容并蓄地接纳达尔文、波普尔、坎培尔等生物学、哲学思想，将人的主体性纳入媒介研究视阈，引领这个范式转向人本主义的方向。

传播学大师施拉姆曾对"媒介是人的延伸"理论的意义和科学性做出了精彩评价："在夏威夷登陆的第一批会传播的人之间发生的情况，是感官越来越远地延伸以掌握更多的信息、声音和姿势，越来越远地延伸以发送更多的信息、使人的讯息始终比较便于携带并在时间和空间方面与人本身更不可分的一个连续不断的过程。那样来看，马歇尔·麦克卢汉把媒介比喻为人体的延伸是正确的说法，尽管这个过程早在我们认识到媒介之前很久就已经在进行了。"❶

（三）感官平衡论

"感官平衡论"可以看成"媒介是人的延伸"理论的一个延伸理论。

麦克卢汉指出：技术不是在意见和观念上对人类产生影响，而是要改变

---

❶ 威尔伯·施拉姆，威廉·波特.传播学概论[M].陈亮，周立方，李启，译.北京：新华出版社，1984：6-7.

他们的感觉比率和感知模式，这种改变是无法抗拒的。❶人类感官平衡的变化，是因为新媒介的出现而造成的。技术的不断创新会导致媒介不断创新；而媒介的不断创新将改变着人类使用媒介的比率。就是说，使用不同的技术也会影响人类感知的结构：一种媒介会突出一种感官，同时牺牲其他的感官，每种媒介都会改变人在经验这个世界的比例，这正是麦克卢汉感官平衡理论的要义。从人类生理感官变化角度概括媒介进化，麦克卢汉认为人类经历了三个明显变化的过程，即部落化—非部落化—重新部落化的过程；也依次经历了三种技术革新，即拼音文字的发明、活字印刷的推广和电子革命。

　　麦克卢汉认为"媒介影响现存社会形式的主要因素，是加速度和分裂"。在部落化时代，信息传播是双方在场的、面对面的传播。人的感官能够同时接受刺激，处于和谐状态，存在感官的平衡，感知世界的方式是整体的、直观的把握，即麦克卢汉描述的"人生活在感官平衡和同步的世界之中。这是一个部落深度和共鸣的封闭社会"❷。由于劳动分工和拼音文字的出现，特别是机械印刷术和工业化的出现，人类被推入非部落化的过程，成为非部落人。非部落化时代信息传播的双方可以不在场，借助拼音文字等媒介实现传播："拼音文字把复杂的部落文化转换成简单的视觉形式，是部落文化的丰富多样性中性化。请注意，让我们疏离的只有视觉，其他的感官使我们卷入，但是拼音文字培育的疏离却使人脱离卷入，使人非部落化。"❸然而，印刷术的出现却增强了拼音文字分离的力量，加速"结束狭隘的地域观念和部落观念，在心灵上和社会上、空间上和时间上结束地方观念和部落观念"。人们的感官平衡被打破。进入电子时代以来，人类被重新部落化，不再是被分裂切割的、残缺不全的非部落人。麦克卢汉认为电子感官使人们重新体验部落文化中村庄式的接触交往，接触电视需要人们积极的感觉上的参与，这种参与是有接触感觉的，因而电视成为人类社会脱离部落文化以来长期失落的感觉总体和感官平衡重新恢复的工具。比如，他论及电话特性时说："许多人打电话里感到有一种'比比划划'的冲动。这一事实与电话这种媒介的下述特性有关：它要求我们的感官和官能参与其间。和收音机不同，它不能成为背景，因为电话提供一种很弱的听觉形象，我们借用全部感

---

❶　马歇尔·麦克卢汉. 理解媒介：论人的延伸 [M]. 何道宽, 译. 北京：商务印书馆, 2000：46.

❷　同❶：83，133.

❸　何道宽. 媒介即是文化：麦克卢汉媒介思想述评 [J]. 现代传播, 2000（6）.

官去强化并补足这一形象。"❶

总之，麦克卢汉把媒介的变化看作一个进化的过程、一种如同生物裂变的过程，媒介变化为人类打开感知活动的新大门，它不断发展会引发人的感官产生新的比率，促使整个人体及其感官转入一种新的位置，谋求新的平衡。❷感官平衡理论是论述媒介技术对人类产生影响的重要判断，打上了技术决定论的烙印，与他倡导的人类之于媒介技术的能动性宗旨相背离。这正是被人诟病为技术决定论的重要原因。然而，麦克卢汉"三化时代"的理念正是莱文森开启媒介进化理论的金钥匙，人类感官平衡与否直接被转化成媒介人性化趋势理论的最重要的衡量尺度之一。莱文森提出的媒介技术经历的前技术时期、得失皆有时期和高度发展时期的划分就是以是否维系人类感官平衡作为参照标准的。

（四）冷媒介和热媒介

莱文森认为"麦克卢汉区别冷热媒介是他最有名、最易被人误解却又是最有用的工具之一，它有利于我们理解新媒介的影响"❸。而"冷热媒介""媒介是人的延伸"和"媒介即讯息"被并称为"媒介三论"。

麦克卢汉的冷热媒介论主要讨论了两个层面的内容。

其一，冷热媒介的划分标准。麦克卢汉最早在1960年的《理解新媒介研究项目报告书》里做出的高清晰度（high definition）和低清晰度（low definition）两种媒介的区分，是冷热媒介理论的雏形。所谓冷热媒介，麦克卢汉是从媒介提供的信息和要求人们参与的程度来界定的。在《理解媒介：论人的延伸》中，他界定说，热媒介只延伸一种感觉，并使之具有"高清晰度"，处于充满数据的状态；冷媒介则提供的信息非常少，具有"低清晰度"。因此，热媒介要求参与的程度低；而冷媒介要求参与的程度高，要求接受者完成的信息多。❹根据这个标准，他将人类媒介进行了具体的类别归属：广播、电影、书籍、演讲、报纸等属于热媒介，而电视、电话、交谈、

---

❶ 马歇尔·麦克卢汉.理解媒介：论人的延伸[M].何道宽，译.北京：商务印书馆，2000：217，330.
❷ 王冰.北美媒介环境学的理论想象[M].北京：光明日报出版社，2010：108.
❸ 保罗·莱文森.很酷的文本：通过热线和稀薄空气实现的传递[M]//保罗·莱文森.莱文森精粹.何道宽，编译.北京：中国人民大学出版社，2007：196.
❹ 马歇尔·麦克卢汉.理解媒介：论人的延伸[M].何道宽，译.北京：商务印书馆，2000：51-52.

讨论会等属于冷媒介。

同时，麦克卢汉强调热媒介具有排斥性，冷媒介具有包容性。他认为，热媒介只延伸一种感觉，并使之具有"高清晰度"……热媒介并不留下那么多的空白让接受者去填补或完成，冷媒介要求的参与程度高，要求受众完成的信息多，大量的信息要求接受者去填补；因此，热媒介使受众容易变成被动无力的信息消费者，而冷媒介强调"参与性"，要求受众积极填充和完善信息。他以电影和电视为例做出形象说明："看电影时，你坐在那儿看屏幕，你就是摄影机的镜头。看电视时，你则是电视屏幕，你是透视中的消失点，像东方画里的消失点一样。画面在你的内心放映。看电影的时候，你向外进入世界。看电视的时候，你向内进入自己。"❶

莱文森则对麦克卢汉冷热媒介的划分标准给出了更为通俗的解说。他说：显然，热媒介喧闹、明亮和高清晰度的信息形象，涌向并横扫我们的感觉，很快就使之饱和；与此相对，冷媒介模糊、舒缓、低清晰度的风度，邀请我们一道去完成一个安静的夜晚，给这个夜晚带来生气。……大屏幕的彩色电影是热的，小屏幕的黑白电视是冷的；小说和报纸中的散文是热的，诗歌和公共场所的涂鸦是冷的；栩栩如生的照片是热的，简练的政治卡通是冷的；收音机、高保真收录机和立体声上丰富的声音和音乐是热的，难以抗拒但并非悦耳的电话铃声是冷的。❷他的解说成为理解"冷热媒介"划分最重要的参据，即依据媒介提供信息的清晰程度和受众感官参与媒介的烈度而不是要求感官参与的数量多少来划分。媒介提供的信息清晰度高、信息量丰富，受众无须高度集中精力、全神贯注地参与其中就能很容易地理解和获得信息内涵，要求完成的信息少，这样的媒介就是热媒介；相反，媒介提供的信息清晰度低，信息量很少，受众必须高度集中精神、全神贯注地参与其中才能理解或获得信息内涵，要求完成的信息多，这样的媒介是冷媒介。

其二，指出冷热媒介的相对性。麦克卢汉认为："人的任何一种感觉器官既可以用'热'的形态投射，又可以用'冷'的形态投射……'热'和'冷'不是分类，而是过程，不是观念，而是感知。"❸这句话说明了冷热媒

---

❶ 埃里尔·麦克卢汉，弗兰克·秦格龙. 麦克卢汉精粹[M]. 何道宽，译. 南京：南京大学出版社，2000：335.

❷ 保罗·莱文森. 数字麦克卢汉：信息化新纪元指南[M]. 何道宽，译. 北京：社会科学文献出版社，2001：154–155.

❸ 马歇尔·麦克卢汉. 麦克卢汉书简[M]. 何道宽，译. 北京：中国人民大学出版社，2005：500.

介是个相对的概念，可以转化："冷热属性不仅仅是一种媒介和另一种媒介比较而言的相对属性，更加确切地说，冷热是要看人如何使用媒介的属性；在一定程度上，这些属性是长期不变的，无论环境中媒介是否存在。然而另一方面……在人使用和发明媒介的压力下，媒介总是处在进化之中，任何时候都可能留下深刻的温度变化。"❶根据麦克卢汉的冷热媒介理论，莱文森还认为"冷和热不只是一种媒介和他种媒介在相对尺度上的比较。更准确地说，冷和热是人所使用的媒介的属性。在一定程度上，这些属性具有持久性，无论环境中存在的其他媒介是什么"❷。显然，莱文森在这里突出了划分冷热媒介的内在尺度是人之于媒介的能动性，强调人在人与媒介关系中的主体地位。

麦克卢汉的"媒介冷热观"再一次展开了对人与媒介之间关系的整体思考，其意义是不容忽视的：它为传播学研究不仅提供了整体考量人与媒介之间关系的视角，而不应作厚此薄彼地取舍；同时，也提供了认识社会、文化与媒介之关系的新视角。

（五）地球村

"地球村"，如今被认为是麦克卢汉在电子媒介时代最富创意、最直观且已实现了的出色预言。

对电力技术，麦克卢汉肯定地认为："功能的分离，阶段、空间和任务的分割……有了电力技术产生的瞬息的和有机的相互联系，上述分割就趋于消融瓦解了。"❸"地球村"说正是麦克卢汉针对电子媒介特别是广播和电视引起的、人们传递与获知信息在有效克服时空障碍方面获得极大成功的畅想和描述。麦克卢汉1959年在信中写道："在电子条件下，地球宛如一个小小的村落"❹，这是他关于"地球村"最早的阐述。1960年在《关于理解新媒介的报告》中再次提到"地球村"。1962年付梓的《古登堡星汉璀璨》中，他对电子媒介时代人类传播的巨大变化作出了更为直观的描述："新型电子条

---

❶ 保罗·莱文森. 很酷的文本：通过热线和稀薄空气实现的传递[M]//保罗·莱文森. 莱文森精粹. 何道宽，编译. 北京：中国人民大学出版社，2007：200.

❷ 保罗·莱文森. 数字麦克卢汉：信息化新纪元指南[M]. 何道宽，译. 北京：社会科学文献出版社，2001：157.

❸ 马歇尔·麦克卢汉. 理解媒介：论人的延伸[M]. 何道宽，译. 北京：商务印书馆，2000：304.

❹ 梅蒂·莫利纳罗，科琳·麦克卢汉，威廉·托伊编. 麦克卢汉书简[M]. 何道宽，译. 北京：中国人民大学出版社，2005：293.

件下的相互依存性，把世界重新塑造成为一个地球村的形象。"❶麦克卢汉去世后，鲍威尔将这个思想整理成书，出版《地球村》。"地球村"概念一面世，立即为人们津津乐道。

可以说，"地球村"说是麦克卢汉从媒介对时空障碍观念上的消解带给人们信息交流更为便捷的角度提出的。莱文森对它同样抱以高度热情，并从人们通过媒介获知信息的互动程度予以重新界定，提出"三种地球村"新说。这不仅细化和深化了麦克卢汉"地球村"的内涵，也以理论方式验证媒介进化理论的合理性。第五章将对"三种地球村" 新说详细论述，在此不作赘言。

（六）媒介定律

媒介定律是麦克卢汉的晚年思想，是他研究媒介的总方法论，为我们提供了一个最普适的媒介进化解读方法。麦克卢汉说："我们的媒介定律旨在提供方便的手段，使我们能够确认技术、媒介和人工制造物的属性及其影响。这些定律并不依赖任何观念或理论。它们是经验的东西，是实用的手段，用来感知普通工具和服务的作用和特性。它们适用于一切人工制造物，无论硬件还是软件，无论推土机还是纽扣，无论诗歌风格还是哲学体系。"❷在这里，他交代了媒介定律的普适性。

1977年，麦克卢汉提出媒介定律假说，刊发在是年6月的《等等》刊物上。1988年，他的儿子埃里尔将其编撰成《媒介定律》，由多伦多大学出版社出版。所谓媒介定律，麦克卢汉在《媒介定律》中用设问的形式如是阐述：

如果情景中的某个方面增大或提升，原有的条件或未被提升的情景就会被取代。在此，新的"器官"使什么东西靠边或过时呢？

新的形式使过去的什么行动或服务再现或再用？什么曾经过时的、老的基础得到恢复，而且成为新形式固有的东西？

新形式被推向潜能（另一个互补的行动）的极限之后，它原有的特征会发生逆转。新形式的逆转潜能是什么？❸

---

❶ 保罗·莱文森.数字麦克卢汉：信息化新纪元指南[M].何道宽，译.北京：社会科学文献出版社，2001：96.

❷ 埃里尔·麦克卢汉，弗兰克·秦格龙编.麦克卢汉精粹[M].何道宽，译.南京：南京大学出版社，2000：427.

❸ 同❷：428.

若将它简化成一句话公式,可以这样表述:每一种新媒介都将经历一个提升、过时、再现和逆转的螺旋式进化的过程。莱文森认为,媒介定律具有无限的开放性:特定的媒介能提升、过时、再现许多东西并逆转成许多东西,而且能够提升、过时、再现和逆转成某种东西的媒介也不止一种。例如,广播使印刷术过时,推向极端后逆转成电视;电视是广播的逆转,放大的是视觉,使广播和电影院成为过时。然而,电视再现了洞穴画、广告牌和报纸漫画。因此,电视放大和再现的视觉是过去视觉和电子特征杂交的新型视觉,并非过去视觉的简单复制。电视推向极端后不仅可以逆转成因特网、有线电视和录像机,也可以逆转成为全息术、可视电话等许多媒介。他十分欣赏媒介定律,认为它"差不多把麦克卢汉的一切主要洞见都捆在一起,甚至还澄清了这些洞见"❶。而且,莱文森借助它考察媒介进化,创造性地提出了"玩具""镜子"和"艺术"的媒介进化三阶段理论。

三、莱文森与麦克卢汉的友谊

"假如说伊尼斯是将媒介技术与人类文明发展史联系起来进行探讨的先驱,那么麦克卢汉则是继续开拓这一领域,并在传播学研究中确立以媒介技术为焦点的研究传统的关键人物。"❷我们可以接着这句话说下去:莱文森则是使以媒介技术为核心的研究传统实现人本主义转向的结点式学者。

莱文森对麦克卢汉媒介思想的天才解读得益于他们之间的深厚友谊。在著作中,他常常流露出对麦克卢汉给予其学术影响至深的感激之情。他直言不讳:媒介进化理论"核心的视野都是从麦克卢汉学来的";而"自1976年以来,我发表的东西中,有20余种全部或部分与麦克卢汉有关系,包括文章、评论和专著。这些东西有利于我清理和发展自己对麦克卢汉的思考"❸。在《软边缘:信息革命的历史与未来》的原著前言里也声明道:"他(麦克卢汉)的观察与思考几乎对本书所有章节都有所启示——甚至包括涉及他去世后才出现的PC时代的章节——谁又知道1977年,在他榆树公园家中的奇妙

---

❶ 保罗·莱文森. 数字麦克卢汉:信息化新纪元指南[M]. 何道宽,译. 北京:社会科学文献出版社,2001:267.

❷ 张咏华. 媒介分析:传播技术神话的解读[M]. 上海:复旦大学出版社,2002:60.

❸ 同❶:作者谢辞.

谈话，使我领悟了多少真知灼见呢？"❶

莱文森与麦克卢汉结下深厚的友谊有三次重要的机缘：第一次是大学时代，第二次是读硕士研究生期间导师的引领，第三次是读博士期间与麦克卢汉的直接交往。

大学社会心理学课堂是莱文森接触麦克卢汉媒介思想的第一次机缘。据他自己回忆：在纽约读大学的时候，有一位教社会心理学的教授（已记不起他的名字）当时给他们开了课堂上讨论的参考书目，其中就有麦克卢汉刚出版的惊世新作《理解媒介：论人的延伸》。在这位老师的牵引下，莱文森初步领略了麦克卢汉的媒介思想。虽然当时不知其所以然，但为他日后踏上媒介研究的学术征程做好了一定的知识储备。

第二次机缘是读硕士研究生期间。1974年，莱文森到福德汉姆大学攻读硕士，师从卡尔金。这是他重新认识和进一步了解麦克卢汉媒介理论的重要契机。没有这次契机，他研究麦克卢汉可能不会有今日的成就。卡尔金是个麦克卢汉迷，对麦克卢汉思想"理解深透"，给他们开设了研究麦克卢汉的课程，引导学习研究麦克卢汉的理论。卡尔金与麦克卢汉有过往来，邀请麦克卢汉到福德汉姆大学担任过一年的客座教授，而且还设立了"理解媒介研究中心"，先后在安提奥（Antioch）学院和社会研究新型学院（New School for Social Research）推出了媒介研究的硕士学位。在他的引领下，莱文森不仅理论鉴赏能力大大提高，也系统地研读了麦克卢汉的重要媒介著作，为日后在学术征程上研究媒介进化史、梳理麦克卢汉思想奠定了坚实的理论基础。可以说，卡尔金是他从事媒介研究的直接导入者。因此，莱文森在《数字麦克卢汉：信息化新纪元指南》一书的谢辞中写道："他知识渊博，对麦克卢汉理解深透，古道热肠，乐于倾其所有给我们传授知识。我师从他学习麦克卢汉，不胜幸运，否则我的生活会是另一番样子，而不是现在的学者和媒介理论家。他不幸于1993年去世，我无缘当面表达感激之情。惟有希望本书作证，是他把我送上学术征程。"❷这段文字表现出莱文森与卡尔金之间的深厚情谊，尤其流露出莱文森对卡尔金无尽的感激之情。

博士生导师波兹曼的引荐对莱文森解读麦克卢汉媒介思想和媒介进化理论的形成是一个具有决定性意义的机缘。在波兹曼的悉心引导下，莱文森

---

❶ 保罗·莱文森.软边缘：信息革命的历史与未来[M].熊澄宇，译.北京：清华大学出版社，2002：原著前言.

❷ 保罗·莱文森.数字麦克卢汉：信息化新纪元指南[M].何道宽，译.北京：社会科学文献出版社，2001：作者谢辞.

全面研读麦克卢汉的媒介著作,圈评麦克卢汉的媒介思想。最重要的是,还结识了麦克卢汉本人,并成为麦克卢汉生活和学术研究上的亲密朋友。1976年,莱文森硕士毕业后,打算攻读"媒介生态学"博士点的学位。是年秋天,他到波兹曼办公室讨论攻读博士研究生之事,当时波兹曼正在审阅将要刊发在《等等》期刊上的麦克卢汉论文《媒介定律》,于是递给他要求谈谈看法,之后撰写成文。这篇论文就是第二年与《媒介定律》一并刊发在《等等》上的一篇序文。这是莱文森第一次评价麦克卢汉的思想,却得到了麦克卢汉本人的肯定。这对莱文森的影响十分巨大,他是这样记述的:"媒介四定律对我而言很亲切:我给他上述的第2篇文章写了一篇序。我当时还在读博士。虽然已经详细研读过麦克卢汉的著作,那篇序文还是启动了我一段令人振奋的时间。我不仅重温他的书,而且和他通信、通电话,偶尔还在纽约或多伦多和他面晤。"❶最为重要的机缘是莱文森与麦克卢汉的首次见面,这是1977年5月,序文刊发前的一个月。❷此后,他们一共见过十余次面,在饭桌上谈话,在街上聊天,还有通过电话交谈。他认为,麦克卢汉是他人生际遇中最会聊天、最发人深省的人。而面对面交谈是他正确理解其媒介思想最强有力的保障。莱文森说:"我们在他的住宅区散步时的聊天、在餐桌上的闲谈、在电话上的交谈、在开会休息时交换的意见,无不闪耀着他的智慧光芒,他妙语连珠而洞见横溢、狂言无羁且不无道理。""我们的切磋成为他公开出版著作的最好的译文和解说。说话涉及的范围与书中无异,常常是角度略有不同,层面不大一样罢了,但是能揭示云遮雾罩的路径,从而达到理解的彼岸。"❸

20世纪70年代末至80年代初,莱文森供职于费尔莱·迪金森大学,开设了"大众传播理论"课程,以麦克卢汉的思想为主要讲授内容。同时,还在福德汉姆大学研究生院暑假班讲授"媒介运动"。1989年,他又开设了"麦克卢汉研究班",讲授内容完全为麦克卢汉的思想。这些课堂讲授实践,加深了他对麦克卢汉媒介思想的理解。莱文森是麦克卢汉思想的虔诚追随者,以至于对他的思想能作出天才般的解读。

---

❶ 保罗·莱文森. 数字麦克卢汉:信息化新纪元指南[M]. 何道宽,译. 北京:社会科学文献出版社,2001:22.

❷ 同❶:269.

❸ 同❶:27,作者谢辞.

第二节　莱文森对麦克卢汉媒介理论的
　　　　天才解读

　　莱文森通过数字化解读，不仅精准地理清了麦克卢汉的媒介思想，挖掘其理论价值和现实意义；也对它予以批判性继承和发展，为其在数字化时代再一次大放异彩起到了推波助澜的作用。1999年，莱文森出版《数字麦克卢汉：信息化新纪元指南》，旨在给世人提供进入数字时代的向导，同时试图证实麦克卢汉在世时人们无法看见的他的思想的那种隐而不显的准确性。❶他达到了这个目标。这本书被认为是解读麦克卢汉媒介思想的不刊之作，好评如潮。《在线》执行编辑凯文·凯利（Kevin Kelly）认为："保罗·莱文森用这本书完成了麦克卢汉开创的未竟之作。如果你想解读屏幕上的赛博生活，你就得读这本书。"❷波兹曼则认为这本书提供的内容兑现了书中小标题所作的承诺——信息化新纪元指南。❸梅罗维茨则评价说，《数字麦克卢汉：信息化新纪元指南》"条分缕析地展示了麦克卢汉理论的跨时代性：比起麦克卢汉生活的时代，这些理论更加适合赛博空间的世界"。莱文森也因之赢得"数字麦克卢汉"的赞誉。❹他对麦克卢汉媒介理论的天才解读，主要体现在两个方面，即对麦克卢汉媒介立场认识的逐渐转变和在数字化语境中把握麦克卢汉的媒介思想。

一、对麦克卢汉媒介立场认识的逐渐转变

　　伴随着在传播学界名声的日渐显赫，麦克卢汉遭受的批评也与日俱增。有人赞美他是"先师圣人"，有人指责他是"被疯狂的空间知觉搞得走火入魔的形而上巫师"；有人说"他是对的"，而有人则说他"出尽风头，自

---

❶ 保罗·莱文森. 数字麦克卢汉：信息化新纪元指南［M］. 何道宽，译. 北京：社会科学文献出版社，2001：5.
❷ 同❶：封底.
❸ 同❶：封底.
❹ 约书亚·梅罗维茨. 经典反文本：马歇尔·麦克卢汉的《理解媒介：论人的延伸》［M］//伊莱休·卡茨. 媒介研究经典文本解读. 常江，译. 北京：北京大学出版社，2011：214.

我陶醉，赶时髦，追风潮，迎合新潮。可是他错了"。在审视褒贬参半的评论和检视麦克卢汉媒介理论思想的过程中，莱文森对他媒介立场的认识逐渐发生了变化，即不断否定自己认为"麦克卢汉是媒介技术决定论者"的最初判断。

有学者认为，理解麦克卢汉要花30年的时间。❶从大学时代研读麦克卢汉媒介定律走上学术之路开始一直到《数字麦克卢汉：信息化新纪元指南》的问世，莱文森的研究已超过30年。

对麦克卢汉的媒介观，西方大多数学者都认为是媒介决定论。这主要是因为麦克卢汉对伊尼斯媒介技术观的接受，对媒介技术极具夸张的讴歌。在三部独著中，不难发现麦克卢汉技术决定论者倾向的言论。他认为：人们在技术强大作用的面前是无能为力的，犹如希腊神话中的青年纳尔科索斯麻木性自恋那样，会对自己在任何材料中的延伸立即产生迷恋，尤其是我们的文化，太偏重技术，几近麻木。可以从这几本专著中拣出一些具体而微的技术决定论言论印证："作为感知生活的延伸和加速器，任何媒介都立刻影响人体感觉的整体场。""由于不断接受各种技术，我们成了它们的伺服机构。""从生理上说，人在正常使用技术（或称之为经过多种延伸的人体）的情况下，总是永远不断受到技术的修改。反过来，人又不断寻找新的方式去修改自己的技术。人仿佛成了机器世界的生殖器官，正如蜜蜂是植物界的生殖器官，使其生儿育女，不断衍化出新的形式一样。"❷诸如此类，不一而足。

随着反复研读、媒介实践的不断深入和许多数字新媒介、新事物的出现等媒介环境的变化，莱文森对麦克卢汉媒介思想的整体看法发生了改变，认为麦克卢汉并不是一位十足的媒介决定论者。这种变化，从《人类历程回放：一个媒介进化理论》（1979）、《软边缘：信息革命的历史与未来》（1997）和《数字麦克卢汉：信息化新纪元指南》（1999）三本主要论著的比较中能够窥见其明显转变轨迹。

在《人类历程回放：一个媒介进化理论》中，莱文森断言麦克卢汉是媒介决定论者。他指出：麦克卢汉虽然在揭示媒介的人性化趋势上迈出了第一步，但是"接下来的一步并不像人性化趋势框架那样考察这些延伸是怎样适应人类环境的；正好相反，人类环境怎样在这种不完美延伸的影像中重新

---

❶ 高竹梅.传奇式的传播学家：关于麦克卢汉[J].现代传播，1998（2）.
❷ 马歇尔·麦克卢汉.理解媒介：论人的延伸[M].何道宽，译.北京：商务印书馆，2000：78，79，79–80.

构造。这主要是因为他相信转换力量从起源到延伸,都是它的一种特殊的属性。……换句话说,我们未能意识到作为我们自我一部分的延伸是由独立的力量所授予的,或许会控制着我们"❶。莱文森认为麦克卢汉所持的是与媒介人性化趋势相反的技术观,也就是媒介技术决定论;没有坚持媒介进化过程中人的能动作用。同时认为麦克卢汉的这种极端的媒介或延伸决定论源于埃吕尔"我们的技术正在奴役我们"的观点。论文还指出,麦克卢汉的媒介思想遵循了塞姆尔·巴特勒(Samuel Butler)著名的"鸡由蛋生成然后又生产出很多蛋"鸡蛋理论的逻辑,因此在描述人在媒介进化过程中的作用而最终会忽略人的能动作用,陷入"人变成了机器世界的性器官……能使它受孕,衍生出更多的新形式"媒介技术决定论的逻辑,人成了自己技术创造物的产品;在人与技术的关系中,人被描述成消极的、似乎没有思想的技术伙伴。论文还说:"麦克卢汉的观点和媒介人性化趋势的观点都意识到了技术延伸的本质是人自身为了满足生活和生存的需要;然而麦克卢汉的兴趣点在人类系统的技术延伸导致系统的改变上。媒介决定论者认为人是媒介技术的结果,技术进化并不与生物或人类系统相符,而是与前技术制定的系统相符合。"❷莱文森初涉学术,这篇论文把麦克卢汉看成媒介决定论者的代名词。以致麦克卢汉读到该论文后,立即电话留言予以反驳:"我喜欢你的论文,但是你的表达有误。你把伊尼斯和我说成'媒介决定论者'是不妥当的……"❸

《软边缘:信息革命的历史与未来》是莱文森最重要的媒介哲学著作。在这部著作中,莱文森将媒介决定论区分为硬媒介决定论和软媒介决定论两大类:凡认为信息系统对社会具有必然的、不可抗拒的影响的理论是硬媒介决定论,而认为媒介很少产生绝对的不可避免的社会结果,只是提供事件产生的可能性,这就是软媒介决定论。❹他认为自己的媒介观是软媒介决定论,而将麦克卢汉的媒介观仍归入硬媒介决定论。不过,他认为硬媒介决定论者事实上都支持软媒介决定论,有这样一段论述:

当麦克卢汉声称"如果电视早点产生的话,就不会有希特勒",他的

---

❶ LEVINSON P. Human replay:A Theory of the Evolution of Media[M]. New York:New York University. Ph. D.,1979:54-56.

❷ 同❶:56,59.

❸ 保罗·莱文森. 数字麦克卢汉:信息化新纪元指南[M]. 何道宽,译. 北京:社会科学文献出版社,2001:259.

❹ 保罗·莱文森. 软边缘:信息革命的历史与未来[M]. 熊澄宇,译. 北京:清华大学出版社,2002:3.

意思是希特勒通过广播这种具有强大个性化的影响力量却看不见脸的大众传播形式，使他的信念从内容到形式得到了必要的广泛传播，但是在更加直接的、不能作弊的电视图像中，讲演者和听众的亲密关系将会被完全破坏。这样的主张足够激进了，但是它也没有强调在只有广播的情况下，希特勒和纳粹也必须会产生。麦克卢汉的批评经常忽略这一点。很明显，希特勒也是其他因素以及人们选择的结果。而且，与此同时，在开放的社会中，广播创造出广泛的听众，也同样产生了两位强有力的民主国家领导：富兰克林·D.罗斯福和丘吉尔。❶

从这段文字可以看出，莱文森肯定了麦克卢汉的媒介理论具有非硬媒介决定论的成分，尤其是考虑到人选择的能动作用；认为麦克卢汉在阐释硬媒介决定论的过程中，富含软媒介决定论的因子。也就是说，麦克卢汉在极力讴歌媒介技术力量决定性作用的同时，常常也考虑到了到人和其他因素的作用，意识到"虽然技术就其本身而言，并未决定历史演变与社会变迁，技术（或缺少技术）却体现了社会自我转化的能力，以及社会在总是充满冲突的过程中决定运用其技术潜能的方式"❷。通观麦克卢汉的著作，他从不否认人在技术面前的自由意志和主观能动性，同样考虑到了媒介与人之间的互动。如他指出："人在正常使用技术（或称为经过多种延伸的人体）的情况下，总是永远不断受到技术的修改。反过来，人又不断寻找新的方式去修改自己的技术。"❸在《古登堡星汉璀璨》一书中，他明确表明自己的媒介技术立场："本书绝对不抱决定主义的立场，笔者希望阐明社会变革的一个主要因素，它可能会真正地增加人的自主性。"同时，满怀信心地相信人类具有"深入开发自己的潜力和学习宇宙奥妙旋律的潜力"❹，具有控制和使用技术的能力。

莱文森在《数字麦克卢汉：信息化新纪元指南》一书中从人性化角度出发，充分发掘麦克卢汉媒介思想中蕴含人性的成分，指出了他非硬媒介决定

---

❶ 保罗·莱文森. 软边缘：信息革命的历史与未来[M]. 熊澄宇，译. 北京：清华大学出版社，2002：4.
❷ 曼纽尔·卡斯特. 网络社会的崛起[M]. 夏铸九，王志弘，等译. 北京：社会科学文献出版社，2006：6.
❸ 马歇尔·麦克卢汉. 理解媒介：论人的延伸[M]. 何道宽，译. 北京：商务印书馆，2000：79.
❹ 埃里尔·麦克卢汉，弗兰克·秦格龙. 麦克卢汉精粹[M]. 何道宽，译. 南京：南京大学出版社，2000：117，258.

论倾向的一面。他立场鲜明地指出，麦克卢汉肯定不是绝对的马克思主义意义上的媒介决定论者。马克思主义者看见的未来是必然的未来，是从解释得一清二楚的历史中必然产生的未来。❶他在书中说：

1978年，事实本身似乎证明，麦克卢汉持媒介决定论。如今，用事后诸葛亮的眼光来看问题——在他的后视镜里回顾他，回顾我最初对他的研究——我可以清楚地看见，用"媒介决定论"来描写他未必是妥当的，虽然我依然认为，那些观点把人放在面对技术时较低的位置。

这个工具的工具（媒介定律）嵌入了一种预测未来的机制。但是，未来不是单一、宏大、统一的未来——根本不是决定论说的那种东西，决定论看到的未来，是世界必须走怎么样的一条既定的道路。相反，这里的未来是多样的未来，甚至是无数的未来，我们当前面对的媒介是众多潜在因素所产生出来的许多个未来。❷

显然，莱文森想告诉我们：麦克卢汉认为人类对发明是可以有所作为的，"想要把我们从对媒介影响的麻木状态中唤醒。无疑这是因为，他认为我们觉醒之后，能够按照自己喜欢的路子去维持媒介的影响，按照自己不喜欢的路子去终止或减少这种影响"；而不是按照改造我们感知和需要的路子发挥作用。"隐藏在麦克卢汉图式之中，后来在因特网中充分表现出来的，还有另一面：人是积极驾驭媒介的主人。不是在媒介中被发送出去，而是发号施令，创造媒介内容。对别人已经创造出的内容，人们拥有空前的自主选择能力。"❸因此，在《数字麦克卢汉：信息化新纪元指南》的结尾处，莱文森还认为媒介定律给我们明确展示的媒介活力正在转换成人的活力，这种活力正是人类已经得到增强和提升的控制能力。❹

这三篇文献清晰显示出莱文森对麦克卢汉媒介观认识的变化轨迹。这种转变对他本人及传播学界正确认识和重估麦克卢汉媒介思想及其在数字化媒介时代的价值具有深远意义，也为他本人以及媒介环境学的媒介研究奠定了新的理论基座。

---

❶ 保罗·莱文森. 数字麦克卢汉：信息化新纪元指南[M]. 何道宽，译. 北京：社会科学文献出版社，2001：286.

❷ 同❶：260，63.

❸ 同❶：287，56.

❹ 同❶：289.

二、在数字化媒介语境中把握麦克卢汉的媒介思想

世易时移。考察某个理论不仅要放到产生它的原语境中进行,更需要放到考察者当下的语境中展开。

莱文森对麦克卢汉媒介观态度的变化,使得其有了全新认识。众所周知,麦克卢汉所处的时代是广播、电视崛起的电子时代,个人电脑等数字媒介尚未出现。因此,在他的研究视野里,广播和电视是最主要的研究对象。而莱文森生活在由电子媒介进入数字媒介的时代,个人电脑日渐盛行,互联网等数字新媒介以令人匪夷所思的速度发展;而且在数字化时代,麦克卢汉偈语式的媒介理论不断地在现实媒介信息传播中得到印证。这是解读麦克卢汉媒介理论的新语境。莱文森说:"与数字时代相协调的迹象,在麦克卢汉的著作中已经表现出来了;但是,这种迹象在他的著作中有用的程度,只达到了可以理解的程度。它仅仅是导航的线索、环境的轮廓,其语言又不是非常明白。结果是既给人教益,又令人受挫。"❶这段话莱文森交代了为何要、又为何能进行麦克卢汉思想的数字化解读。因为麦克卢汉的思想中原本隐含了数字化媒介的预言,但太过隐晦;只有拨开云障,才能彰显其理论深度和前瞻性。莱文森在数字化媒介语境下对麦克卢汉媒介思想重新做出的天才解读,主要在两个层面上做出了努力:理论表述方式的重新估价和核心理论的数字化阐释。

(一)理论表述方式的重新估价

电视理所当然是麦克卢汉最关注的媒介。在那个时代,电视以压倒一切的姿态完全支配着人们的公共生活和私人空间,书籍、报纸等大众媒介的空间被不断压缩,个人电脑等数字媒介还没有出现。麦克卢汉通过直观把握的方法提出媒介理论。莱文森在《数字麦克卢汉:信息化新纪元指南》中选取"麦克卢汉是对的。至少他提供的框架是对的"的视角,重新分析麦克卢汉的研究方法。

麦克卢汉的媒介思想当时很少有人能理解,其原因:一是它带有对媒介未来趋势的预测,而人们没有预测媒介进化未来走势的能力;二是他理论的

---

❶ 保罗·莱文森. 数字麦克卢汉:信息化新纪元指南[M]. 何道宽,译. 北京:社会科学文献出版社,2001:2.

叙述方式和文风的特立独行。总的来说，麦克卢汉的理论叙述跳跃性强，行文怪异、艰涩玄奥。1955年，他在哥伦比亚师范学院一个学术活动上发表演讲，谈到了拼音文字、印刷机、电报、广播和电视，还涉及弗洛伊德的精神分析。当时美国著名社会学家罗伯特·默顿（Robert K. Merton）正在场，觉得麦克卢汉简直是在东拉西扯、胡说八道，实在按捺不住气愤，就站起身来指责道："我不知道该从何说起。"这是默顿憋出的第一句话。他的脸气得铁青："你说的每一句话都要打问号！"他从麦克卢汉的第一段话开始批评，由于不能进一步说明他的批评，他一开口就高声嚷嚷，干脆把麦克卢汉的所有观点全部一笔勾销。❶

而且麦克卢汉行文好用比方和暗喻，常常造成理解上的障碍，因为"没有用比较熟悉的东西来表明比较不熟悉的东西。这些比方比其他要说明的东西更加晦涩难懂"❷。这是导致默顿生气的主要原因之一。

麦克卢汉的研究方法是"我只探索，我不解释"（I don't explain, I explore）。因此，他只罗列探索中的媒介思想，很少做出详尽的描述性说明。莱文森先从破解研究方法着手解读。下面是他对麦克卢汉的方法论和文风的两段评价：

他的这种表达方式——他表达的媒介给人造成的困难——无论如何不会使其内容的重要性减少一丝一毫。对于凡是愿意学习它、愿意看看他玩的游戏有什么可取之处的人，其重要性是始终存在的。

探索先于解释，用暗喻说明问题，而不是用逻辑说明问题；用小包装表现思想，常常几段话，很难得超过七八页。严格地说，这不是麦克卢汉对媒介影响的洞悉，也不是他估量媒介影响的工具或观念。这只是他与读者打交道的方法。这种方法与人们网上交流的方式很相像，人们发表意见时一般只有几段话。网页上热门连接的题目和短语很像是粗体字，麦克卢汉的书里到处都散布着这样的装饰。在考察他的方法时，我们发现他是时代的先知，他在书页的紧身衣中奋力用电子模式传播信息。这是水银泻地一般令人吃惊的方式。它与我们的智慧之轮是协调一致的。当时的媒介里面，还没有发现这样的智慧之轮。❸

---

❶ 保罗·莱文森. 数字麦克卢汉：信息化新纪元指南[M]. 何道宽，译. 北京：社会科学文献出版社，2001：33.

❷ 同❶：2.

❸ 同❶：2，5.

第二章
莱文森对麦克卢汉媒介思想的天才解读和超越

第一段文字,莱文森对麦克卢汉多遭诟病的文风从两个方面评价:一是多用比方和暗喻给人的理解带来了很多障碍,特别是他那种用更为晦涩的喻体来比喻本来就已经艰涩的本体的文风。二是他的文风和研究方法虽然"令人沮丧,把人逼疯",但是他表达的内容却是十分重要的,特别对于那些想了解他思想的人来说。认为"令人沮丧,把人逼疯"主要是因为人们对麦克卢汉的误解,默顿式误解:默顿找寻的是一块面包和一杯酒,而麦克卢汉提供的是一种新的谷物和一种独特的烤酒机。❶第二段文字,莱文森主要指出麦克卢汉理论的先知先觉性,给即将进入数字化媒介时代的人们提供"导航的线索、环境的轮廓"❷。他将麦克卢汉的文风与数字化时代联系起来,认为其简短的文风与网上交流方式不谋而合。

莱文森认为判断一个人的思想正确与否最可靠的办法是用后视镜衡量它的实现程度。麦克卢汉生活在电视盛行的时代,其理论在自己的时代不为人理解,进入数字化媒介时代后却不断得到证实。就是说,麦克卢汉在电视盛行的电子时代,畅想了数字化媒介时代的媒介特征和内容。而生活在数字化媒介时代的人们回头才能看到麦克卢汉媒介思想的先知先觉性。莱文森对麦克卢汉的先知作用十分推崇,认为其媒介理论与数字时代的媒介进化紧密联系在一起,具有永恒的价值。

为更直观地把握麦克卢汉的研究方法和媒介理论,莱文森借用唐纳德·T.坎培尔(Donald T. Campell)等的进化认识论和达尔文的生物进化论进行说明。生物进化论提出了三个进化阶段:第一阶段是生成阶段,新的有机体特征和有机体出现;第二个阶段是有机体特征和有机体或存或亡;第三个阶段是幸存的有机体把基因和成功的特征传递给后代。而坎培尔等的进化认识论则认为知识是以模拟的方式进化,可分为三个阶段:提出新思想(生成阶段);经受批评、检验和讨论(选择阶段);其中,第二个阶段的幸存者被印成书、进入课堂、受到引用(传播阶段)。莱文森认为,麦克卢汉的探索阶段就是创新阶段、新思想的生成阶段,同时类比和暗喻有助于他新思想的生成,能拓展我们力所能及的范围,给我们导航,引领我们驶向尚未掌握的领域。莱文森用"光阴似箭"为例说明:

它说的是时间流程,谁也不会把时间误认为飞鸟、飞机和超人。它把时

---

❶ 保罗·莱文森. 数字麦克卢汉:信息化新纪元指南[M]. 何道宽,译. 北京:社会科学文献出版社,2001:34.

❷ 同❶:2.

间的一个特征与显而易见的飞鸟和飞机的特征进行比较，以此说明时间的一个侧面。因此，"光阴似箭"暗示了这样的意思：时间过得快，就像飞鸟和飞机。❶

莱文森指出，麦克卢汉的暗喻问题并非真的因为它们是比喻，而是因为它们新，用暗喻更能表达新思想的深邃内涵。他的说法显然有道理。面对新事物，特别是预言未来的事物，任何一位精明的理论家也不可能进行精确描述，因为它们未来进化的细枝末节是无法精准预见的。然而，用类比和暗喻来描述新思想、新事物，可以使有限的语词表达出深邃的思想，能将粗糙的理论注入更多的意蕴。例如，中国流传下来的"烧饼歌""推背图"等，无一不是三言两语的类比或暗喻。法国象征派诗人马拉梅（Mallarme）说得好："定义就是杀戮，暗示就是创造。"

同时，莱文森还认为，麦克卢汉的类比和暗喻是对传统著书立说的传统模式的打破，让批评家恼火，但是这种风格适合因特网和网上浏览的理想方法，有助于表现和生成媒介认识的新洞见。麦克卢汉俨然是因特网的撰稿人。❷他说："麦克卢汉本人的写作风格就是数字的、电子的、全息图式的风格——由若干富有洞见的小文章拼贴而成，这文章彼此享受互相渗透的入场券。"❸对麦克卢汉文风的重新考量，对其方法论的重新定位，使莱文森在数字化时代看到了麦克卢汉及其理论的魅力。可见，莱文森是麦克卢汉及其理论在20世纪90年代重新焕发出异彩的主要推手。

（二）核心理论的数字化阐释

莱文森认为，麦克卢汉的媒介观点具有预见性，闪烁着对未来媒介的灼见。《数字麦克卢汉：信息化新纪元指南》罗列了麦克卢汉的13个观点，在数字化语境中从媒介人性化趋势开掘其理论价值。莱文森解读它们与数字网络时代的不谋而合，说明它们在新的时代里具有预言式的理论意义。在数字时代重新形塑下，麦克卢汉媒介理论的理论意义显得更加清晰："数字时代既可以用麦克卢汉来解释，也可以使麦克卢汉的思想更加突现

---

❶ 保罗·莱文森. 数字麦克卢汉：信息化新纪元指南［M］. 何道宽，译. 北京：社会科学文献出版社，2001：37.

❷ 同❶：41.

❸ 保罗·莱文森. 麦克卢汉在新千年的地位［M］//保罗·莱文森. 莱文森精粹. 何道宽，编译. 北京：中国人民大学出版社，2007：171.

出来。"❶

莱文森阐释的13个观点，既包括上文已论述的"媒介即讯息""冷媒介和热媒介""地球村""媒介定律"等理论，还包括"声觉空间""无形无象之人""处处皆中心，无处是边缘""光透射对光照射""人人都出书""电子冲浪""机器把自然变成艺术品""我们没有艺术，我们把一切事情都干好""后视镜"等为莱文森所看好的观点。通过对这13个观点的数字化天才解读，《数字麦克卢汉：信息化新纪元指南》成为人们进入数字化时代尤其是互联网的重要指南。下面先捋一遍这些观点。

"媒介即讯息"历来为人指责，认为麦克卢汉否认了媒介内容对人类的重要作用而只强调媒介本身的最具代表性的技术决定论者的论调。莱文森则旁征博引，指出人们对麦克卢汉的误解，为其辩护。他认为，麦克卢汉只是要将人的注意力由内容引向媒介，不能只关注媒介的内容；使用一种媒介时，它对社会产生的深刻影响，比个人用这个媒介具体做什么更加重要。比如，人们开始打电话、听广播、看电视、用网络的时候，世界就一次一次地发生变化。他引用了麦克卢汉的一句话："媒介的'内容'好比是一片滋味鲜美的肉，破门而入的窃贼用它来涣散思想看门狗的注意力。"❷这就是说，媒介的内容支配我们的感知，分散我们的注意力，使我们感觉不到媒介的深层冲击力。然而，这种冲击力就是像被驯化了的规规矩矩躺在地毯上的狗那样的媒介带来的。麦克卢汉在这里并不是说内容不重要，可能还认为内容是审视媒介及其影响的最好的办法，是媒介资格必备的条件。❸而且，莱文森指出：我们要用媒介的内容帮助自己理解媒介本身，"麦克卢汉努力揭示通常隐蔽着的媒介向度和媒介效果。我们之所以注意不到这些东西，那是因为我们的注意力集中在内容上，我们把底层的媒介视之理所当然"❹。他还分析了"媒介即讯息"的理论新内涵，认为"一种新媒介的独到之处，在于它以什么方式，使我们注意它所包含的旧媒介。在电影院里放时，电影是高于生活的、热烈的剧场体验，观众的欢笑、惊叹、啜泣、鼓掌使之得以完成；在电视上放时，电影却成为一个迥然不同的媒介的内容，这个媒介既冷又孤

---

❶ 保罗·莱文森. 数字麦克卢汉：信息化新纪元指南[M]. 何道宽，译. 北京：社会科学文献出版社，2001：59.
❷ 马歇尔·麦克卢汉. 理解媒介：论人的延伸[M]. 何道宽，译. 北京：商务印书馆，2000：46.
❸ 同❶：52.
❹ 同❶：6.

立,更加需要我们热烈地参与。在录像机上放的时候,我们可以停下来思考,可以重放,可以快进。此时,电影又成了另一个很独特的媒介的组成部分"。将麦克卢汉这个观点放入因特网,认为因特网是媒介之媒介,一切旧媒介都被它解放出来,成了它的内容。因此,莱文森认为麦克卢汉的"媒介即讯息"意义重大,昭示"我们对于任何传播媒介的使用产生的冲击力,远远超过它传播的特定内容;媒介所能够传输的东西——比如看电视的过程,对我们生活的影响,远远超过了我们看到的具体节目和内容"❶。在莱文森看来,不仅过去的一切媒介是因特网的内容,而且使用因特网的人也是其内容。上网的人无论在网上做什么,都创造了内容。同时,他移用和发挥麦克卢汉"使用者是媒介的内容"的观点,为它建立了一个三层等级系统:一是人用作(决定)一切媒介的内容,因为人无法逃避对以前发生的事情去做出解释;二是人这个感知者通过广播电视之类的单向电子媒介,变为其中的内容;三是人这个对话者为电话之类的老式互动媒介创造出一切内容,为因特网创造出许多内容。❷"媒介即讯息"的观点不仅指旧媒介是新媒介的内容,使用者是媒介的内容;也指旧媒介把作为它们内容的其他旧媒介保存下来;而且是个过程,这个过程是循环往复的。这三层含义正是莱文森天才解读的要义所在。

冷媒介与热媒介是麦克卢汉解释媒介的感官特性为何与其承载的具体讯息无关的方法和工具。麦克卢汉认为要发挥媒介效果,就须依其冷热程度采取相应的传播策略。同时,热媒介具有高清晰度,容易让受众变成被动的讯息消费者,而冷媒介则刺激受众填充缺失的信息。据此,对"冷媒介与热媒介"的解读,莱文森则创造性地发展成四个层面。其一,麦克卢汉冷、热媒介之分,不是根据感官参与的数量,而是根据感官参与的强烈程度来区分的。如果其他因素相同,媒介温度就很容易判断。莱文森认为电视与电影院相比就是冷的,与电影院视听阵容相比更是冷的;电话听筒与收音机的热相比,电话显得很冷。其二,莱文森认为冷和热不只是一种媒介和他种媒介在相对尺度上的比较,更是人所使用的媒介的属性。这种属性具有持久性,无论环境中存在的其他媒介是什么。这强调了人的使用对媒介冷热属性的界定性意义。其三,媒介的"冷热"属性不是永恒不变的,在人的使用和发明的压力下,媒介总是处于不断地变化之中,其温度也不断变化。其四,麦克卢

---

❶ 保罗·莱文森. 数字麦克卢汉:信息化新纪元指南[M]. 何道宽,译. 北京:社会科学文献出版社,2001:158,49.

❷ 同❶:55–56.

汉的文化理想是不热不冷，要求给人以最大报偿；同时，能按照时代要求，该冷就冷，该热就热。莱文森以互联网上个人电脑的文本为例进行分析。他认为，个人电脑"只要接上全球电话网，就立即超越了电视和书籍的功能，成了一种特别的电话：不仅保存了电话强大的冷性互动，而且放大了这个互动功能。电脑有三个父母——书籍、电话和电视。电话和电视是冷的，因此，网上文本不仅自然而然，而且轻松流畅。……把文本上网，就是把热性的印刷物放进全球电话网络冷性的互动环境之中，而这个电话网又是准备了屏幕的。这是文字史上一个具有洗礼意义的断裂点，而且必然是人类生存经验的一个转折点"❶。

"地球村"是麦克卢汉流传最广的概念。莱文森从政治学角度对它进行重新阐释和细分，将其分成广播时代儿童的村落、电视时代窥视者的村落和互联网时代参与者的地球村，使人们对地球村的进化有了一个清晰的图谱。第五章将对地球村理论展开详细论述，本处不作过多论说。

莱文森除分析了前文论及的六大观点外，还集中笔墨从媒介进化的人性化角度挖掘了麦克卢汉其他几个重要命题，进行数字化解读，以期弥补和延伸麦克卢汉的思想，捍卫麦克卢汉传播学大师的地位。

"声觉空间""无形无象之人"，莱文森认为麦克卢汉的这两个观点切合因特网彰显出来的传播特性，非常适合考察因特网对人类与世界的关系的影响。

麦克卢汉曾提出了三种空间：听觉空间、声觉空间和视觉空间。他认为听觉空间是指那些没有中心也没有边缘的空间；视觉空间则是目光延伸和强化的空间；而声觉空间是不可分割的、有机的，它是要求各种感官同步互动才能感觉得到的空间。❷而且，他认为视觉空间形成于辅音发明之后。辅音形成后，视觉就从其他感官中分享出来。视觉空间是字母表的一致、连续和分割等特征的副产品。电视再现了声觉空间。循着这条思路，莱文森认为视觉空间是人造媒介的内容。对声觉空间，他将其分解成四层意思：其一，声觉空间的信息来源于四面八方而不是集于一点，无论它来自何方，我们都可以推断声音的距离；其二，声觉空间早于视觉空间，出现于字母表之前，是一个没有边界的世界；其三，声觉要求人们全身心浸染其中；其四，赛博空

---

❶ 保罗·莱文森. 数字麦克卢汉：信息化新纪元指南[M]. 何道宽，译. 北京：社会科学文献出版社，2001：165.

❷ 埃里尔·麦克卢汉，弗兰克·秦格龙编. 麦克卢汉精粹[M]. 何道宽，译. 南京：南京大学出版社，2000：280.

间就是声觉空间。莱文森对比了手写稿、印刷品和赛博空间，明确了赛博空间这种声觉空间的特征和属性，并从中归纳了声觉空间的类型。他说，声觉空间的特性源于听觉的属性，与视觉、味觉、触觉等感知世界的方式相对。根据听觉方式的不同，声觉空间可以分为四种：无中间的听、广播、电视和赛博空间。麦克卢汉主张的声觉空间如今主要见诸于赛博空间那种"在线"的、字母表似的环境之中。在赛博空间里，字母表是主控媒介，给网络注入了它大多数的固有属性，一切网上媒介都具有字母表最初且至今仍然有效的方便使用者实现自己的意志的特征。同时，字母表创造了网上声觉空间最纯净、最典型的表现形式，因为字母表的其他属性留在了纸上的字母上，这些属性不是字母表或书写具有的属性，而是纸要求的属性，即字母表物质伙伴要求的属性。❶莱文森还指出，如果把开放性和互动性作为界定声觉空间的重要指标，那么不能互动、封闭的广播、电视和印刷机的产品根本就算不上声觉空间，只有网上交流接近面对面交谈的开放性才算是声觉空间。

麦克卢汉意识到：打电话、听收音机、看电视的时候，都生成了"无形无象之人"。打电话时，虽然双方都被发送出去了，但是其肉体没法发送出去；看电视时，只有电视上被看的人是无形无象的，看电视的人并不是无形无象的。"在大众传媒中，我们耳闻目睹的，是总统和电影明星、本垒打的击球手和摇滚乐手。即使是在天涯海角，我们全球也可以同时共享这些形象。它们各自以独特的方式把以太网和肉体混合起来。虽然信息被发送人发送出去了，但是我们大多数人还是信息接收者。我们只是以旁观者和旁听者的身份参与其虚拟活动。我们的创造性心态和我们的身体，还是紧紧地扎根于那些看得见摸得着的东西，它们和那些虚拟的东西之间，还是横亘着一条分界线。"❷莱文森这段话说明无形无象之人不可能替代真实的人及人的肉身，因为人及其肉身是无形无象之人存在的根基。放眼赛博空间，公民是虚拟的公民，我们的血肉之躯在我们与它的互动中不起作用，因为我们的血肉之躯没有真正置于赛博空间。他指出："当互联网把我们包容进去之后，我们就在网上互动，并将进入一种虚拟的存在。这就是说，在赛博空间里，我们的肉体不扮演任何角色。网上的人无一例外全都是没有身份、无足轻重的小人物。麦克卢汉注意到我们打电话、听收音机、看电视时无形无象的效应，他拷问这种效应对我们的道德有何影响。上网的人成为无形无象的人，

---

❶ 保罗·莱文森.数字麦克卢汉：信息化新纪元指南[M].何道宽，译.北京：社会科学文献出版社，2001：70.

❷ 同❶：90–91.

就像打电话互动时的情况一样，因此赛博空间中的性行为和电话中的性行为一样，不存在身体上的风险。"❶

对网络与中心的消解、对守门人的颠覆等问题，莱文森从数字化媒介时代的政治民主、权力分散、互动传播和商业诸方面进行了解读。他认为，麦克卢汉"人人都出书"的命题折射出他预见到了电子时代"处处是中心，无处是边缘"的未来景观。麦克卢汉在《逆风》中描写道："城市不复存在，唯有作为吸引游客的文化幽灵。任何公路边的小饭店加上它的电视、报纸和杂志，都可以和纽约巴黎一样，具有天下在此的国际性。"❷同时认为"处处皆中心"的观念与地球村、无形无象之人、声觉空间相关；这些思想散布在麦克卢汉所有著作中，构成了一个处处皆中心的文件，而"处处皆中心"是这个文件中的一幅配有文字说明的快照。❸电脑屏幕不仅接受信息，而且发送信息，无论在家里、办公室还是全球各地。这就进一步印证了麦克卢汉的判断"处处是中心，无处是边缘"的新的权力结构。其实，早在广播电视网出现的时代，就启动了一个中心的瓦解；到了因特网时代，凡是有网页的人都可以发布新闻和信息，体现出数字化媒介时代的非集中化的重要特性。互联网数字化时代瓦解了传统的中心和守门人。莱文森认为因特网使纸张、装订、发运和广播的成本全都消失了，砸烂了守门人的门，给守门人的思想来了个釜底抽薪；同时形象地描述了守门人角色在数字化时代的转变：由守门人变成了婚介人，他说："亚马逊似乎还给予我们这样的启示：数字化未来如何沿着麦克卢汉'人人都出书'的思路运作。它的书单里常常有许多类似的书名供买书人参考。它鼓励买书人点击选中的书，而且立即显示某一位作者或某一个专题的书什么时候出版。这些所谓'推'（push）的技术——启动以后自动给顾客推出选定的书目的程序，和'拉'（pull）的技术刚好相反。'拉'的技术需要顾客自己在网上书店或网页上搜索自己想挑选的书。'推'的技术说明，网上书店的守门已经转变成了特别的送货。网上的'门'不再把文本关在门内不让读者看，而是把这些门幻化成诱人的蝴蝶。否则，即使精明的读者也可能注意不到有什么书籍，这些书就羞于见人、深

---

❶ 保罗·莱文森. 麦克卢汉在新千年的地位[M]//保罗·莱文森. 莱文森精粹. 何道宽，编译. 北京：中国人民大学出版社，2007：172.

❷ 保罗·莱文森. 数字麦克卢汉：信息化新纪元指南[M]. 何道宽，译. 北京：社会科学文献出版社，2001：118.

❸ 同❶：119.

居闺房、难找婆家了。"❶在这里,莱文森拈出"推"和"拉"的变化,说明网络造成传者与受者之间关系的颠覆性变化,肯定麦克卢汉"人人都出书"的理论意义在于对中心和把关人的消解作用。"推力"和"拉力"的关系,尼古拉·尼葛洛庞蒂在预言数字化生存时就已做出界定,认为由"拉"到"推"是一个剧烈变化的过程,大众传媒的本质由此改变。❷

光透射和光照射、后视镜以及媒介定律被莱文森认为是麦克卢汉媒介研究的三个重要工具。作为一种工具,莱文森认为光透射和光照射可以解释新媒介的兴起和影响,可以进一步说明麦克卢汉研究方法的一些基本材料和成分。麦克卢汉通过对电视和彩绘玻璃的感知因素的对比,认为两者都是被来自玻璃背后的光线激活的,光线穿透玻璃进入我们的眼帘;不过,光透射媒介具有审美特性,而光照射媒介则几乎没有。❸从而,他利用这个工具分析各种媒介:"电视吸引并支配我们的注意力,几乎能够产生一种催眠术和宗教激情的效果,因为这是我们的感官和大脑对来自天空的'光透射'做出的反应。彩绘玻璃窗和湛蓝的天空都有这样的魅力。与此相反,绘画、书籍(有大量插图和装饰的手稿除外)、报纸和电影就没有这样的吸引力;它们靠反射光线把内容传递给我们。既然电脑屏幕也是通过'光透射'进入我们眼帘的,所以它既可以传递书本具有的好处,又可以利用电视对我们的感官产生的魅力。换句话说,互联网上的文本是一种'光透射'的书本。"❹

莱文森没有忘记麦克卢汉曾用过的纳尔科索斯因迷恋自己水中的倒影而被淹死的神话,并认为这则神话说明:只看水面而不穿透水面去观察,不仅肤浅而且危险;只有穿透事物去看问题才会给我们提供新的机会。麦克卢汉给电视下了一个著名的结论:它吸引并迫使我们注意,几乎像催眠术一样使我们着迷,几乎像宗教一样强烈,因为我们的感官和大脑对"光透射"的邀请,就是这样回应的。❺光透射媒介的动态冲击来自它们的积极参与。麦克卢

---

❶ 保罗·莱文森. 数字麦克卢汉:信息化新纪元指南[M]. 何道宽,译. 北京:社会科学文献出版社,2001:186.

❷ 尼古拉·尼葛洛庞蒂. 数字化生存[M]. 胡泳,范海燕,译. 海口:海南出版社,1997:102-104.

❸ 保罗·莱文森. 麦克卢汉在新千年的地位[M]//保罗·莱文森. 莱文森精粹. 何道宽,编译.北京:中国人民大学出版社,2007:172.

❹ 同❸:173.

❺ 同❶:11.

汉用它研究功能或诉求相同的媒介时,效果很好。电影院的布局是这样的:放映机在观众的背后,电影打在观众前面的银幕上。而电视的播映却是从屏幕的背后开始的,以收视者的面孔结束,或者说打在收视者的面孔上。莱文森认为麦克卢汉在这里给我们提供了一条线索:光透射媒介之所以无法抗拒,是因为光透射媒介超越我们,而不是来自我们的背后,它暗示的东西多于原来就有的东西。❶电脑就是光透射媒介,"光线穿过电脑及其屏幕流向我们,不仅来自无数超文本的场所,而且又流回显示屏,流回真实和虚拟的世界,使我们能够去购物、做生意、交朋友,去探索事物的关系"❷。而且,光透射的终极是指向未来。

后视镜是麦克卢汉审视媒介进化及其带给人类巨大影响的基本运作原则,使单一的媒介考察转向了媒介之间关系的考察。莱文森认为它是麦克卢汉最有力的洞见之一,他最为喜欢。莱文森挖掘了麦克卢汉与后视镜观点相连的其他观点。旧媒介是新媒介的内容,我们迷恋在媒介中的倒影而对媒介的影响视而不见,地球村观念全都可以归入其麾下。在麦克卢汉看来,我们走进未来时,眼睛总是死死盯着过去,这就是"后视镜"的怀旧情绪。这种怀旧情绪会模糊新媒介最重要的革命性功能。后视镜表现在两个层面:一是许多新媒介初期的名字都是用旧媒介命名的。比如,电话起初叫说话的电报、广播电台叫无线电、手机叫移动电话等。虽然步入未来,人们的目光却盯着过去。二是后视镜是认识媒介、理性掌握媒介进化规律的重要工具。"后视镜是刚刚过去的东西进入现在的一种放映机,是有助于我们跟上当前真正问题的理想设备。"❸

莱文森高度赞美麦克卢汉的后视镜理论,认为它是一个综合性的工具的工具,是"思考现在和未来的一种方式"❹。它不仅包含历史,包含它关于媒介和历史的一切,而且被嵌入了一种预测未来的机制。从这里,他也看到了麦克卢汉与决定论者的不同之处:决定论者看到的未来是世界必须走怎么样的一条既定的道路;而在麦克卢汉的后视镜里看到的未来是一个万花筒般的未来,是当前面对的媒介的众多潜在因素所产生出来的许多个未来,是一个

---

❶ 保罗·莱文森. 数字麦克卢汉:信息化新纪元指南[M]. 何道宽,译. 北京:社会科学文献出版社,2001:148.

❷ 同❶:150.

❸ 同❶:255.

❹ 同❶:249.

开放的、不可预测的、不可规定的未来。❶

媒介定律被莱文森称为麦克卢汉的天鹅绝唱,是他工具袋中独特的工具,可以"给媒介做保健工作,看媒介的健康状况、心跳和预后"❷。前文已经论述,不再赘言。

《数字麦克卢汉:信息化新纪元指南》还讨论了数字化媒介滥觞时期"守门人""电子冲浪""机器美人"和"巴厘人在网上工作"等媒介现象。莱文森认为,麦克卢汉的"复印机使每个人都能出书"太夸大、太超前了;传统的媒介守门人从制度上讲经历了国王、教会、政府、媒介的演变过程,它们是需要的。进入网络时代后,守门人不是消失了,而是发生了功能变换——由以前的守门人变成了红娘——由拉变成了推。这给那些认为数字化媒介时代守门人已经消失的观点以警醒。"电子冲浪""机器美人"和"巴厘人在网上工作"等都是在讨论麦克卢汉媒介思想基础上的深化。这表明,麦克卢汉认为媒介最重要的影响是隐蔽的,当它们因为新媒介的取代而退出主流地位时,我们才会审视和欣赏它们。其实,旧媒介被新媒介取代并不是完全被舍弃,而是成了新媒介的内容,也就是说它成为一种艺术和内容。麦克卢汉这种比较的方法被莱文森认为是"给媒介保全面子的方法"❸。

莱文森从媒介美学的角度审视了麦克卢汉"机器把自然变成艺术"的观点。他指出:媒介是对审美情趣的破坏,是对艺术的践踏,这是一个传统的观点,自柏拉图《斐德罗篇》中关于苏格拉底批评文字对口语的危害开始一以承之。在法兰克福批判学派那里,一切大众媒介都是艺术和审美的破坏者、对人类理性和情智的破坏者。马尔库塞在《单向度的人》一书中无情地批判了媒介对人的异化,人在大众文化的熏染下成为只有感性、没有理性深度的人。而且,莱文森充分发展麦克卢汉的媒介艺术观,肯定媒介革命中外观与背景的不断逆转必然朝向完美无缺性,是朝前进化的逆转。他说,媒介的逆转"绝不是简单的逆转,电影并不会变成这个逆转之前的电视,也不会恢复自己在电视诞生之前的地位和角色。相反,由于新媒介的到来,经典的电视网如今成了吸引人的内容和艺术,在这个功能上,电视网和小说一样,成为电影的内容和艺术"。同时,他认为新媒介要成为社会演变的先锋必须具备两个条件,即凭借自己的成就和凭借自己对旧媒介施加影响的涟漪效

---

❶ 保罗·莱文森.数字麦克卢汉:信息化新纪元指南[M].何道宽,译.北京:社会科学文献出版社,2001:263.

❷ 同❶:21.

❸ 同❶:210.

应。就是说，新旧媒介功能上的逆转是朝前发展的，指向未来的世界，绝不只是单纯的恢复过去的功能；逆转使得旧媒介和自然都成了新媒介的内容。因此，莱文森还强调：我们务必弄清楚麦克卢汉所谓的艺术性的内涵，"我们从不假思索地使用旧媒介转变为以批判的态度去欣赏这些旧媒介"。从"机器把自然变成艺术"观点的审视中，他总结出麦克卢汉"环境理论"或者称"完成理论"的基本思想："媒介本身并不存在多少后果。更确切地说，它们的后果是在更大范围的背景中运作时表现出来的。就是说，环境中的变化，甚至媒介中看不到的变化，都会引起媒介运作的变化，并且肯定会引起公众对媒介运作感知的变化。"❶

正如特伦斯·戈登（Terrence Gordon）所言："莱文森手握麦克卢汉的画笔，得心应手地给我们勾勒了一幅引人入胜、明丽夺目的图画，他始终把握着麦克卢汉的神韵。"❷通过数字化阐释，莱文森的确不仅深得麦克卢汉理论的精髓，改变了对麦克卢汉媒介决定论的看法；还修正和超越了麦克卢汉媒介思想，建构和完善了媒介进化理论。

第三节　莱文森对麦克卢汉媒介思想的超越

莱文森对麦克卢汉的媒介理论不只停留在解读和捍卫这一层面上，更重要的是对它的超越。他始终将研究的视角放到数字化媒介语境中，联系新媒介的特性，推演麦克卢汉理论的科学性和局限性，丰富和深化媒介进化理论。通观媒介进化理论及其所有媒介著作，麦克卢汉媒介理论的影响有如美丽的倩影闪烁其中。莱文森对麦克卢汉媒介思想的超越集中在三个关键词上，即媒介立场、理论创作方法论和人性化媒介进化。通过这三个关键词，莱文森激活了麦克卢汉理论在数字化媒介时代的潜能，突出了媒介和人类互动关系中人类的能动性和主体地位，提出了媒介进化理论。

一、修正对麦克卢汉媒介立场的判断，提出软媒介决定论

前文已经论述，最初关注麦克卢汉思想的学者大都把他看成媒介决定

---

❶ 保罗·莱文森. 数字麦克卢汉：信息化新纪元指南[M]. 何道宽, 译. 北京：社会科学文献出版社, 2001：18, 212–214.

❷ 同❶：封底.

论者，如施拉姆、鲍德里亚、切特罗姆、威廉姆斯等。❶莱文森对他的媒介立场判断有个明显的修正过程：由坚信麦克卢汉是一个硬媒介决定论者逐渐相信他是一个非彻底的决定论者；最终提出了自己的媒介立场，即软媒介决定论，实现了超越。而且通过媒介实践和对媒介理论的直观考察，他认为绝对的硬决定论是不存在的。"激进的媒介学家的观点看上去可能会是硬决定论，事实上却在支持软决定论。"❷这就是说，硬技术决定论者过分强调了技术的作用；而实际上他们对人类之于媒介的主体地位和能动性也考虑到了，甚至也做出了讨论，只是没有突出而已。

软媒介决定论是莱文森在考察、修正麦克卢汉媒介思想过程中实现的超越，成为他着手进行媒介研究的媒介立场，也成为他媒介进化理论的理论基座。它认为人与技术的关系是"对于我们的发明，我们是可以有所作为的。我们可以提炼技术、指引技术，使之按照适合我们感知和需要的道路发挥作用，而不是按照改造我们感知和需要的道路发挥作用"❸。人在技术面前具有能动性，能使其按照人的需求发挥作用，人则是使这种可能性变成现实的唯一因素。"所有媒介的影响都是人类通过自己的观点和行动来进行评估的。"❹同时，媒介的进化虽然有自身的运行规律，但最终都是人类理性选择的结果。对软、硬媒介决定论的区分，莱文森基本上厘清了自己与过分强调

---

❶ "麦克卢汉，正如他的老师哈罗德·伊尼斯一样，是个技术决定论者。"（威尔伯·施拉姆，威廉·波特. 传播学概论［M］. 陈亮，等译. 北京：新华出版社，1984：137.）"他的分析落入了唯名论式的唯心主义中，由于回避了任何团体经由媒体所建立的具体关系（缺乏了社会分析），他的'地球村'预言成为了一种技术决定论。"（让·鲍德里亚. 物体系［M］. 林志明，译. 上海：上海人民出版社，2001：译序.）"伊尼斯和麦克卢汉都信奉各种技术决定论。""麦克卢汉抹杀或曲解形成传播媒介机构的真正历史和社会学的因素，代之以神话学。……他的技术自然主义强调媒介是人的生物性伸延，而不是人的社会性伸延。虽然他是想通过传播媒介追踪人类文化的发展，他的历史学却难以置信地缺乏真正的人民。"（丹尼尔·杰·切特罗姆. 传播媒介与美国人的思想：从莫尔斯到麦克卢汉［M］. 曹静生，黄艾禾，译. 北京：中国广播电视出版社，1991：159，195.）威廉姆斯批评麦克卢汉是"技术-结果"的决定论者。（Williams, Raymond. 电视：科学技术与文化形式［M］. 冯建三，译. 台北：台北远流出版事业股份有限公司，1992.）

❷ 保罗·莱文森. 软边缘：信息革命的历史与未来［M］. 熊澄宇，等译. 北京：清华大学出版社，2002：4.

❸ 保罗·莱文森. 数字麦克卢汉：信息化新纪元指南［M］. 何道宽，译. 北京：社会科学文献出版社，2001：287.

❹ 保罗·莱文森. 软边缘：信息革命的历史与未来［M］. 熊澄宇，等译. 北京：清华大学出版社，2002：10.

媒介技术作用的决定论者的区别，为研究媒介进化规律、人与媒介之间的关系找到了新的理论基座。这使得人的能动性这个因素成为媒介研究领域里无法绕过的关键一环。

二、写作方法上的超越

我们已知，莱文森能对麦克卢汉思想实现超越，还得益于他长年坚持不懈地在数字媒介语境中考察媒介史、躬身践行新媒介和转变理论阐释方法。他刚刚踏上学术征程时就表现出对麦克卢汉思想的极大兴趣和理解天赋，写出了不少生发于麦克卢汉思想的颇有影响的论文，如1976年的《互动式媒介的'冷热'界说》、1977年的《玩具、镜子和艺术：技术文化之变迁》，甚至包括《人类历程回放：一个媒介进化理论》。40多年来，他还坚持开设"麦克卢汉研究生班"，传授、研讨麦克卢汉思想；坚持运用新媒介和新新媒介，在实践中理解麦克卢汉的媒介思想。在写作上宕开一枝，运用平实易懂的风格建构、完善媒介进化理论，俨然麦克卢汉理论的通俗版。莱文森对麦克卢汉思想的研讨、超越都是放在数字化生存语境下进行的。

（一）数字化生存

21世纪，人类社会已经进入一个"数字化生存"的时代。所谓"数字化生存"就是指数字技术已经渗透到人类日常生活的方方面面，对人类产生全方位影响；人类的一切活动都变得与数字技术息息相关，都依赖于数字技术。邵培仁指出：在数字化生存环境里，人与人之间的竞争已不再局限在身体素质和知识水平方面；传播技术和传播能力更为重要："一个人传播技术的高低和传播能力的大小，肯定会与他的经济状况的好坏、社会地位的高低基本成正比。"❶

"数字化生存"概念出自美国麻省理工学院教授兼媒体实验室主任尼古拉斯·尼葛洛庞帝（Nicholas Negroponte）。1995年，他出版《数字化生存》（Being Digital）一书，在书中欢呼："计算不再只与计算机有关，它决定我们的生存。"而"数字化"是指计算机里用0和1二进制记数方法代替传统的十进制方法，将事物的模拟物理特性转换转化为一串分离的单元数字信息。"数

---

❶ 江潜.数字家园：网络传播与文化[M].上海：复旦大学出版社，2001：COM时代的智慧宝典（总序）.

字化"已经远远地超过了0和1的比特组合，不再是一种直观的、静态的符号意义。如果说物质时代世界的基本粒子是"原子"的话，那么构成信息时代新世界的基本粒子就是"比特"（即数字0和1）："比特，作为信息的DNA正迅速取代原子而成为人类社会的基本要素。"❶以数字化技术为基础，以信息技术、网络技术和计算机技术为主构成的"数字化空间"❷越来越成为人类活动和生存的空间。在尼古拉斯·尼葛洛庞帝看来："数字化已经成为新时代构造、运行和发展的重要动力和根本特征，'数字化生存'成为数字时代个体和社会生存方式、发展模式的典型概括和表达。"❸数字化极大提高了媒介进化能力，对于人类文明和社会的影响表现出前所未有的广度和深度。

在以往的历史中，从印刷到电影再到电视的新媒体演进过程是比较缓慢的。近年来技术变革极大地加速了演化的过程。这一推动力就是数字技术。数字技术使模拟文本、声音、图像转化为数字信息并以一套共用的传送系统传输成为可能。这也就是媒体集中过程背后的内涵——电信、广播电视和电脑产业的融合。

数字化所能带给我们的可能的变化是根本性的，其重要性丝毫不亚于500年前的印刷技术或者20世纪初介入我们生活的广播。数字技术使得文本、音频、图像数据的统一处理成为可能，从而使得产生、编辑、再生产和信息检索更加容易。❹

可见，数字化已深入社会和生活的方方面面，成为当代人类传播活动的最重要方式。这两段文字描述彰显了"数字化生存"的要义。

莱文森的《学习赛博空间：新型教育和媒介进化论文选》主要讨论赛博空间给人类传播能力和生存活动带来的重大影响；《真实空间：飞天梦解析》则畅想人类在赛博空间里的美好前景，提出真实空间和赛博空间的不可或缺性：人类在数字时代的生存状态必然是真实空间与赛博空间的互动互惠；人类有如水陆两栖的动物，既少不了真实空间，又依存于赛博空间，真实地栖身于真实与赛博空间。莱文森对数字化生存的阐释显然是对麦克卢汉

---

❶ 尼古拉斯·尼葛洛庞帝. 数字化生存[M]. 胡泳，范海燕，译. 海口：海南出版社，1997：前言，24.

❷ 廖祥忠. 数字媒介与艺术创新[J]. 现代传播，2006（3）.

❸ 同❶：27.

❹ 考林·霍斯金斯等. 全球电视和电影之产业经济学导论[M]. 刘丰海，张慧宇，译. 北京：新华出版社，2004：186，63.

电子时代媒介畅想的发挥和提升。

（二）超越麦克卢汉的写作风格

麦克卢汉著作的语言大都非常简短、艰涩，而且好用隐喻、暗喻，让人费解。比如，他最具影响的著作《理解媒介：论人的延伸》提出了让当时世人无法理解的"媒介即讯息""媒介是人的延伸"等观点，激起了学术界的激烈论争；同时，他用暗喻的方式定义和分析了近30种媒介。不妨来看看这些暗喻式的标题：口语词——邪恶之花、书面词——以眼睛代替耳朵、数字——集群的侧面像、服装——延伸的皮肤、住宅——新的外貌和新的观念、时钟——时间的气味、照片——没有围墙的妓院、唱片——使国民胸腔缩小的玩具、印刷词——民族主义的建筑师、汽车——机器新娘、广播电台——部落鼓、游戏——人的延伸、报纸——靠透露消息的政治、货币——穷人的信用卡、电话——是发生的铜器还是丁零作响的符号、电视——羞怯的巨人、打字机——进入钢铁奇想的时代、电报——社会激素等。这些暗喻标题给人"丈二和尚摸不着脑袋"的感觉。麦克卢汉说："我没有固定不变的观点，不死守任何一种理论——既不死守自己的，也不死守别人的……我的工作比较好的一个方面，有点像保险柜工匠的工作。我探索、倾听、试验、接收、抛弃。我尝试不同的序列，直到制动栓下落保险柜的门弹开。"❶他的研究方式、方法有几点值得注意。一是大视野，尤其是历史脉络的纵线非常明显，媒介发展的历史脉络及其对社会的影响贯穿其整个研究。他不就媒介谈媒介，而是就媒介的发展变化观察社会文化、社会关系的变化。随着对传播研究的深入，我们必然会认识到传播关系也是社会关系。二是跳跃式、灵感式、火花式的研究思维方式和表达方式。三是从熟视无睹的媒介和媒介现象中寻找理论突破口。麦克卢汉提醒人们：不要将研究的重点放在媒介内容上，而不重视媒介；因为这样会失去发觉新技术对人类影响的机会。"实际上，任何媒介的'内容'都使我们对媒介的性质熟视无睹，这种情况非常典型。""我们对所有媒介的传统反应是，如何使用媒介才至关重要。这就是技术白痴的麻木态度。因为媒介的'内容'好比是一片滋味鲜美的肉，破门而入的窃贼用它来涣散思想看门狗的注意力。"❷麦克卢汉通过这种

---

❶ 埃里尔·麦克卢汉，弗兰克·秦格龙. 麦克卢汉精粹[M]. 何道宽，译. 南京：南京大学出版社，2000：276.

❷ 马歇尔·麦克卢汉. 理解媒介：论人的延伸[M]. 何道宽，译. 北京：商务印书馆，2000：34-35，45-46.

独特的研究方式与方法引起了人们对媒介的注意。正如埃里尔·麦克卢汉、弗兰克·秦格龙所说："许多最重要的东西，给我们的生活带来最重大变化的许多东西，都处在我们的总体意识之外，都隐蔽在环境之中。麦克卢汉的研究工作之所以有用，且令人激动，那是因为在这个世界里，大多数的时候，相互矛盾的信息多得令人难以招架，因此他的成果仍然是发现这个世界底层结构和意义的最好办法。"❶国内学者也指出：麦克卢汉的过人之处就在于，在人们的总体意识之外，发现出隐蔽在环境之中的重要的东西。❷

麦克卢汉主要通过检视现实世界来预言未来媒介世界，畅想一切媒介进化尚处于未明了的未来态势。偈语式、断语式的写作风格是预言的惯常表达方式。《推背图》《烧饼歌》等都是这种风格；虽然艰涩难懂，但短小精辟、寓意深远。

莱文森首先将麦克卢汉的写作风格、著作结构形式放入赛博空间，与数字化的网络网页、互联网语言对接。认为麦克卢汉那种片断式、拼贴式、令人费解、曾让默顿气得脸色铁青——"我不知道从何说起""你说的每一句话都要打问号！"——的文风，与人们在联机电脑上数字的、全息式的交流方式惊人的相似，其探索为数字时代提供了最好的方向。莱文森则评估了麦克卢汉的风格，认为是"用小包装装深刻的理论"，麦克卢汉的脑子"以我们数字时代的方式工作，尤其以新新媒介的方式工作，他的风格就是新新媒介捕捉并投射到屏幕上和生活中的运行方式。……他的风格成就了短信、即时通讯、状态条报告和微博的规范"❸。同时，莱文森运用通俗的语言、平实的写作风格重新解读了他的每个媒介观点，从而实现了自己理论创作风格上的转变。《新新媒介》《数字麦克卢汉：信息化新纪元指南》等也都相当通俗、易读易懂，一反麦克卢汉艰涩深奥的风格。莱文森将麦克卢汉的著作放到数字传媒语境的特性中考量，挖掘其理论形式在新传媒语境中的意义，对人们在新的传媒语境下重新审视麦克卢汉媒介理论的意义和价值无疑发挥了鼓吹手的作用。

莱文森指出："麦克卢汉著作里的评注、警语和迸发出的思想，就像是电脑上展开的网页和超文本的链接，它们走在时代之前，也走在它们依托的

---

❶ 埃里尔·麦克卢汉，弗兰克·秦格龙.麦克卢汉精粹[M].何道宽，译.南京：南京大学出版社，2000：20.

❷ 赵建国.哲学与传播学的双重观照[M].开封：河南大学出版社，2006：157.

❸ 保罗·莱文森.新新媒介[M].何道宽，译.上海：复旦大学出版社，2011：142.

媒介之前。"❶打比方、用暗喻是麦克卢汉行文和展开思想论述的主要手段和表现形式。莱文森继承了麦克卢汉的这一做法,在他的著作里,无一不翻飞着比方和明喻。在肯定麦克卢汉风格意义的基础上,采用平实的阐释将麦克卢汉的深刻寓意寓于浅白之中;不过他们之间有明显的不同:麦克卢汉好用人们不熟悉的喻体,显得怪诞不经,造成读者理解障碍;莱文森却好用浅显通俗、明白晓畅的比方和明喻,将深刻的理论寓于日常生活的耳闻目见的事例之中。比如莱文森对"地球村"经典理论的解读。麦克卢汉认为,电子媒介特别是电视把世界变成了一个地球村,人们看电视犹如村民在"正街"上看村里的事情。莱文森抓住麦克卢汉界定地球村的实质:从电视媒介时空偏向观念被消解这个要点出发,推演到互联网时代,互联网的时空偏向被进一步消解,是当前真正称得上的无边弗届的媒介。基于此,莱文森发展了"地球村"的内涵,将麦克卢汉的"地球村"称为"经典地球村";并提出互联网时代参与者地球村的新概念。

显而易见,莱文森通俗浅白的创作风格对推进人们了解和把握数字化媒介语境里的媒介特征、察觉媒介与人类的互动关系作用更大。从这个意义上来说,莱文森的理论创作风格超越了麦克卢汉。

三、放眼数字化媒介语境,完善媒介进化理论

莱文森运用麦克卢汉的媒介研究工具,放眼数字化传媒语境,不仅超越了麦克卢汉的媒介思想,也构建和完善了媒介进化理论。

麦克卢汉曾用"后视镜"比喻研究媒介进化史的意义和方法,和"媒介定律"一道成为媒介研究最为重要的工具。所谓"'后视镜'指的是这样一个论点:我们大多数人能够理解新媒介的影响,因为我们就像开车人,眼镜不是盯住前方,而是看着我们从何而来"❷,即在新的传媒环境中,借用旧媒介功能或性状特征描述、恒定或命名新媒介,隐性地凸显了新、旧媒介之间外在或内在的某种联系。比如,麦克卢汉认为语言中后视镜的现象特别多:电话最初叫"说话的电报"、汽车起初叫"无马牵引的车"、广播起初叫"无线电"、收音机被称作"装在盒子里的广播"、手机被称为"移动电

---

❶ 保罗·莱文森. 麦克卢汉在新千年的地位[M]//保罗·莱文森. 莱文森精粹. 何道宽,编译. 北京:中国人民大学出版社,2007:171.

❷ 托马斯·金卡雷利. 尼尔·波斯曼与媒介环境学的兴起[M]//林文刚. 媒介环境学:思想沿革与多维视野. 何道宽,译. 北京:北京大学出版社,2007:163.

话"等。不过，麦克卢汉要求不要盯住后视镜看得太久；否则我们会被这些联系蒙住眼睛或智慧，看不到新媒介本身的特质。

莱文森放眼数字化媒介语境，用后视镜工具审视数字媒介发现，今天的互联网是名副其实的后视镜展览厅。批评它的人很容易把它当作电视屏幕；喜欢它的人则容易把它看成功能改进的书本。然而实际上，互联网无论现在和将来都是书本、电视和其他媒介的结合与转化，因此可以说，互联网远远超过了以前的任何一种媒介，并且和其他任何媒介有着天壤之别。后视镜不能告诉我们，新合成的媒介究竟是什么，不过，后视镜的效应可以提示我们，不要因为刚刚过去的反射光线而陷入催眠状态。❶ "电话打破了家庭的隐私，汽车赋予产油国力量，广播成为全国范围同步的大众媒介。这些起初向后看的标签并没有突出这些新媒介产生的影响，所以那些后视镜标签会干扰我们的注意力，使我们看不到关键的发展变化。"❷随着新媒介技术的不断推广和运用，这些技术上的意义远远超过了它们字面上的意义，与旧媒介相区别的自身特性必将凸显出来，并以之来界定新媒介。我们应该朝前看，预测新媒介的发展趋势。

在此基础上，莱文森还看到了麦克卢汉媒介定律和后视镜之间的互补性。媒介定律审视媒介的最终目的是要求我们指向媒介的未来。通过后视镜，我们能发现新、旧媒介之间的亲密关系，而通过媒介四定律，则能看到新媒介的未来及影响。他认为，传播技术进化的总趋向是媒介纪录越来越保真，越来越接近生活实际。从电报到电话，从无声电影到有声电影，从黑白电视到彩色电视，这些都是人类传播技术史上里程碑式的进步，使媒介越来越逼近生活真实。❸

詹姆斯·凯瑞（James Carey）认为麦克卢汉从不把技术看作纯粹的物理力量，在他的眼中，媒介问题远不止于信息传播或人类能力如何被物质的东西塑造。麦克卢汉眼中的媒介既是精神的延伸，也是精神的化身；所以媒介体现了人的感觉。工具不仅是手段，还是手、眼、耳甚至大脑的触角。❹凯瑞

---

❶ 保罗·莱文森. 麦克卢汉在新千年的地位[M]//保罗·莱文森. 莱文森精粹. 何道宽，编译. 北京：中国人民大学出版社，2007：173-174.

❷ 同❶：173.

❸ LEVINSON P. Human Replay: A Theory of the Evolution of Media[M]. New York: New York University. Ph. D., 1979：186.

❹ 埃里克·麦格雷. 传播理论史：一种社会学的视角[M]. 刘芳，译. 北京：中国传媒大学出版社，2009：72.

发现麦克卢汉媒介观的这些特点，显然能在莱文森的媒介思想中得到验证。20世纪末，数字化媒介时代来临，媒介环境发生了巨大的改变，莱文森站在数字滥觞的前沿，更为清晰地看到麦克卢汉洞见已经从四面八方朝我们涌来，并重新发掘麦克卢汉媒介理论在数字化媒介时代的意义和价值。在此基础上，莱文森运用后视镜和媒介四定律等工具，审视互联网、互联网上第一代和第二代媒介，并给以理论升华。他不仅提出了以媒介进化人性化趋势理论、补救性媒介理论和媒介进化三阶段理论等主体媒介进化理论，同时审视数字媒介的发展趋势，继而提出"三种地球村"新说、媒介之媒介说、新新媒介说等子理论，构建了一个媒介进化理论谱系。《数字麦克卢汉：信息化新纪元指南》不止是解读了麦克卢汉思想，更重要的是"完成了麦克卢汉开创的未竟之作"（凯文·凯利语），成为"信息化新纪元指南"（尼尔·波兹曼语）。显然，范龙认为《数字麦克卢汉：信息化新纪元指南》只是"对麦克卢汉的几条著名论断的归纳和评述而已"[1]的判断过于武断，并未切中肯綮。从某种程度上可以说，《真实空间：飞天梦解析》《学习赛博空间：新型教育和媒介进化论文选》《新新媒介》等著作既是麦克卢汉媒介思想的继续和发展，也是莱文森的媒介进化理论的发展和完善；不仅审视当下的数字媒介，也预测媒介的未来走势。

---

[1] 范龙. 媒介的直观：论麦克卢汉传播学研究的现象学方法[M]. 广州：暨南大学出版社，2009：6.

第三章 莱文森媒介进化理论的渊源

传播学素有"多学科的交叉路口"之称。自19世纪中后期开始，伴随着电子、信息等技术的迅猛发展，社会结构、政治、文化、经济与人们的日常行为及生活模式都发生了深刻变化。以现代传媒技术为基础的传播活动从社会边缘迅速走向中心。社会学、政治学、心理学、符号学等不同领域的研究者借助自身的学科优势，对传播活动展开不同视阈的研究。跨学科性研究是传播学最显著的特性。因此，劳伦斯·格罗斯伯格（Lawrence Grossberg）等指出："研究传播不能独立于社会其他机构或社会生活的其他面向，因为媒体就是经济、历史、社会权力关系、认同的形式、意义、现代经验的一部分，每一个面向都相互地形塑和定义。"❶在美国，传播研究主要以社会科学关怀的身份崛起，得益于市场的需求，受到美国功能主义传统的支持。尤其社会学和心理学的发展是传播学的主要向导。这些学科的先驱式学者对传播学的界定、理论和方法论都产生了影响，他们的活动与后续的制造神话的力量驱使传播学走向功利主义。❷

一个传播理论是社会和时代进化之树上结出的艳丽之花；是多学科理论绞合而成的"混血儿"。莱文森的媒介进化理论也不例外。他在前人研究成果的基础上，"通过对他们有关观点和对媒介过去、现在及可能的未来的考察，我们可以发现媒介正朝着不断复制前技术或人类传播环境的方向进化"❸，不仅从传播学中汲取理论营养，而且从哲学、社会学、人类文化学、生物学等学科理论中寻找依据。因此，在研究莱文森媒介进化理论之前，有

---

❶ Lawrence Grossberg, Ellen Wartella, Charles Whitney. 媒体原理与塑造[M]. 杨意菁，陈芸芸，译. 新北：台湾韦伯文化出版社，2001：9.
❷ 汉诺·哈特. 传播学批判研究：美国的传播、历史和理论[M]. 何道宽，译. 北京：北京大学出版社，2008：11.
❸ Levinson, Paul. Human Replay: A Theory of the Evolution of Media, New York: New York University. Ph. D. 1979：35.

必要分析其理论渊薮。

第一节 媒介进化理论的主要基石：进化学说

进化学说是莱文森媒介研究的主要基石。他以英国达尔文（Darwin）的生物进化论为基础，同时汲取了其他进化论思想的合理成分，特别是卡尔·R.波普尔（Karl R. Popper）的系统认识论、坎贝尔（Campbell）的进化认识论等主要哲学理论成果，并将康德的精神—物质互动论、马克思的完全唯物主义互动论糅合到一起，考察媒介之间、媒介与人类和社会之间的联系；坚持"任何进化系统都有连接现在与过去的某些动态特性。……现在的特性大部分是从过去继承而来的一样，过去则以某种方式约束着现在。任何变量的变化基本上都是'局部的'，也就是说，它不可能从一个时期到另一个时期进行很大的变化"❶。因此，莱文森以进化学说为基础，在"进化（理性）—思想—技术—物质"这个动态系统中考察媒介进化、媒介进化与人和社会的关系，特别是人在媒介进化中的地位和作用，提出了媒介进化理论。

一、达尔文的自然选择学说

（一）自然选择学说的主要观点

1859年，达尔文出版《物种起源》一书，提出自然选择的生物进化论。该理论被恩格斯誉为19世纪自然科学的三大发现之一。达尔文作为生物学家，通过实地物种观察，以大量确凿的证据推衍出以"物竞天择，适者生存"为原则的生物进化观，认为生物的发展是一个漫长过程，是一个由简单到复杂、由低级到高级的漫长进化过程。

达尔文认为生物进化存在三个阶段。第一阶段是有机体及其特征生成的阶段。这些新的有机体特征和有机体本身处于与环境保持独立的地位。这个阶段包含突变现象。第二阶段是新的有机体和其特征或生存或消亡的阶段。

---

❶ 乔尔·莫克尔.技术变化中的进化现象[M]//约翰·齐曼.技术创新进化论.孙喜杰，曾国屏，译.上海：上海科技教育出版社，2002：59.

"物竞天择，适者生存"，这个阶段充满斗争，饱含合作，自然发挥着选择的决定性作用。就是说，"自然界万千气象的联系是自我生成、生生不息的，绝对不是什么预先计划或设计的表现"❶。因此，生物进化是一种被动的、盲目无序的、无法预见的状态。第三阶段是有机体的特性遗传阶段。存活下来的有机体会把自己的基因和成功的特征遗传给后代。

达尔文自然选择的生物进化学说受法国拉马克（Lamarch）进化论的启发，是对其进化论的修正。"用进废退""获得性状"是拉马克生物进化论的核心观点。在拉马克看来，所有生物都是由原始的小体进化而来。拉马克著名的例子是长颈鹿的脖子。长颈鹿的脖子本来没有那么长，由于环境变化，低处的树叶被吃光，为了生存下去，长颈鹿就得尽量伸长脖子去够高处的树叶，久而久之脖子就变长了。长颈鹿的例子说明，拉马克的进化观强调的是物种在环境变化时会对自身进行修正而得以存活下来，生物主动去适应环境的变化。然而达尔文却抛弃了拉马克式的环境把物种特征强加在有机体上的观点，而强调生物特征与自然环境的适应性问题。在自然选择的过程中，生物虽然是被动的，但在一定程度上它也表现出了主动适应环境变化的一面。达尔文认为，有些有机体的某些器官无须转化就能够发挥与其起源时不同的功能，它们既可以为原来的物种服务，也可以服务新的物种。如在《昆虫在兰花授粉中的几种方法》一文中指出：兰花为了帮助自己生产，而用来吸引昆虫的结构在过去恰恰是用于其他进化目的的。……为了某个目的的某部分，经过漫长的缓慢变化之后，能适应多种相距久远的目的。❷

（二）莱文森对自然选择学说的接受和改造

达尔文的进化论虽然一问世西方世界就对其批评不断，但是它给神创说以致命颠覆，开启性意义正如波普尔所言，"我们的全部观点，我们关于宇宙的图景发生了空前的变化"❸；其理论内涵也迅速拓展到各种研究领域，影响到不少前沿学科。达尔文进化论是传播学学科的理论渊源之一。前文所谈

---

❶ 保罗·莱文森. 思想无羁：技术时代的认识论[M]. 何道宽，译. 南京：南京大学出版社，2003：41.

❷ Darwin, Charles. The Various Contrivances By Which Orchids Are Fertilized By Insects[M]. Chicago: University of Chicago Press, 1984: 282.

❸ 卡尔·波普尔. 科学知识进化论：波普尔科学哲学论文选集[M]. 纪树立，编译. 北京：生活·读书·新知三联书店，1987：432.

到的传播学先驱、社会学芝加哥学派的代表库利、帕克的传播思想就深受达尔文生物进化理论的影响。

然而，当今的大多数传播学者都不愿意承认达尔文进化论在开创传播学研究传统上的影响和作用，更不愿意在传播研究领域中推进达尔文理论。莱文森却是个例外。他非常明确地表示接受了达尔文和拉马克两个人的进化论的核心理念。莱文森对生物进化论的吸收主要体现在两个层面。

第一，以达尔文理论作为自己学术研究的理论预设。莱文森认为，任何学术研究都得有某种基础和预设；没有某种基础和预设的学术研究是不可能存在的。同时坦言自己媒介研究的理论预设是"我接受达尔文的进化论，尤其是接受进化论对人的适用性。……我假设达尔文理论准确，把它作为研究心智和技术关系的基础。但是，我并不赞许对达尔文理论所做的具体的解说或标签"❶。这段陈述表明，达尔文的生物进化论是莱文森展开学术研究的基础和理论预设，媒介进化理论是媒介进化规律与生物进化规律的对接。

在这个基础和预设的前提之下，莱文森区分了人与一般性生物的区别。他认为人同时具备有机体和无机体的属性，比如精神和思想；人和他的这两个属性一样都是人与环境相互作用的产物，而相互作用是发展的、历史的和连续不断的。❷在这里，莱文森强调了人在进化过程中与生物明显不同的两点，其一，人是人和环境相互作用的产物，人在进化过程中具有能动性；其二，人和环境之间的相互作用是历史的、发展的和连续不断的，进化具有连续而又不断变化的特性。在这种认识的基础上，莱文森再次表明态度，不想把自己卷入进化论派系林立的争斗中："我们的研究并不在当前的论战中站在哪一边，既不主张进化的阶段论，也不接受进化的突变论。诚然，两种观点都是具有隐含的命题，知识的发展或为渐进，或为革命性飞跃。两种观点都能够和一个基本的观点相兼容：知识是一种生物的和技术的活动。"❸这说明，他并没有完全支持达尔文和拉马克的进化观，不会站到某一个达尔文主义学派中，并指出各学派理论的合理性和相容性；不过，认为达尔文的进化论总体上是准确的，并以其作为理论预设展开"进化（理性）—思想—技术—物质"媒介技术进化研究。

---

❶ 保罗·莱文森. 思想无羁：技术时代的认识论[M]. 何道宽，译. 南京：南京大学出版社，2003：1.

❷ 同❶：2.

❸ 同❶：1-2.

第二，创造性地改造了达尔文的生物进化原理，提出"媒介竞人择，适人需者存"的媒介进化总原则。为什么有的有机体特征和有体机能够生存下来，而有的有机体特征和有机体却消亡了？达尔文认为主要原因是自然环境选择的结果。在大自然的选择下，能适应大自然及其变化的有机体就能存活，否则就会消亡。莱文森看到了"物竞天择，适者生存"生物存活原理与人类技术、媒介的存活有惊人的相似之处，非常适合用这条原理来说明人类媒介技术的存亡现象。所不同的是，在进化过程中，生物是适大自然而存，不适大自然而亡；而媒介技术的存亡与人类需求紧密相关。在媒介进化中，人需求的作用俨然生物进化中自然环境的作用。于是，莱文森创造性地移用和改造了达尔文生物进化原理，提出了"媒介竞人择，适人需者存"❶媒介生存原理。显然，这个原理最大的改造就是把人看成环境，把人的需求看成决定和推动媒介进化的首要动力。

媒介进化总原理的确立，为莱文森解释媒介技术进化史上的许多现象提供了理论依据，许多媒介问题也因之可以做出合理解释；当然也为他的媒介进化理论找寻到了最有说服力的建构工具。例如：达尔文看到海星亿万年来一直没有发生什么变化，然而它却存活了下来。其主要原因是海星与周围的生存环境相适应。而在媒介族谱中，为什么无声片消亡而广播保存了下来？这主要是因为广播适合而无声片却有悖人类的视听模式和生理习惯。莱文森根据媒介进化原理解释说：只用视觉不用听觉的传播模式不符合人类的生理习惯，也不便于交流；而只用听觉不用视觉是人们常有的习惯，也能促成交流。在真实的世界里，视觉总有声音相随，假如我们只用眼睛看而不想用耳朵听，那就得用手把耳朵塞起来……只用听觉不用视觉具有十分重要的生存价值，因为任何一个漆黑的夜晚里都绝不会是寂静无声的。❷将人类的生理习惯与媒介的进化结合起来是莱文森对达尔文理论的直接化用。

总的来说，莱文森对达尔文进化论的继承和改造是建立在宏观把握的基础上的，将达尔文理论之于生物进化总体上的准确性推进到媒介技术与人类关系的分析中。也就是说，莱文森借用了生物进化理论框架及基本原理为媒介进化做出理论预设，这就为媒介进化理论找到了合适而强有力的方法论。

---

❶ Levinson, Paul. Human Replay: A Theory of the Evolution of Media [M]. New York: New York University. Ph.D., 1979: 227–274.

❷ 同❶: 228–229.

二、波普尔的系统认识论

（一）系统认识论的主要观点

波普尔是英国最著名的科学家和社会哲学家，曾被坎贝尔誉为"自然选择认识论的现代之父"。他的哲学思想有一个明显的发展过程：首先在科学哲学领域中提出科学的认识论或方法论，接着将其应用于社会领域，创立了社会哲学、历史哲学和政治哲学；然后用这种科学方法论解释整个宇宙的进化，建立了"突现进化论"和关于三个世界的学说。其中最为西方哲学界推崇的"三个世界"理论对莱文森认识论影响也最大。《客观知识：一个进化论的研究》（1972）的出版"标志着波普尔的三个世界的理论从孕育发展成完整的系统，标志着批判理性主义从方法论和认识论扩展到本体论"❶。而"突现进化论"和"三个世界"理论萌芽于20世纪50年代以前波普尔的《研究的逻辑》《历史决定论的贫乏》和《开放社会及其敌人》等著作中。波普尔的非完美主义和错误难免的知识观均是莱文森媒介进化理论的重要源泉。

所谓三个世界，1967年波普尔在《没有认识主体的认识论》中首次明确了三者的划分："如果不过分认真地考虑'世界'或'宇宙'一词，我们就可区分下列三个世界或宇宙：第一，物理客体或物理状态的世界；第二，意识状态或精神状态的世界，或关于活动的行为意向的世界；第三，思想的客观内容的世界，尤其是科学思想、诗的思想以及艺术作品的世界。"❷后来在《关于客观精神的理论》等论文中对三个世界的内涵作出了大同小异的阐述。而在《自我及其脑》中，波普尔接受了他人建议，把三个世界称为"世界1""世界2""世界3"，同时细化和明确了三个世界的内涵：客观世界的一切物质客体及其状态、过程等各种现象，如物质、能量、场、分子、原子和一切生物有机体，包括人体及其脑等都属于第一世界；人的一切主观精神活动，包括各种心理活动，感性和理性的认识活动及无意识、潜意识等都是第二世界；一切见诸客观物质的精神内容，或体现人的意识的人造产品或文化产品，如语言、文学、艺术、神话故事，科学研究过程中的问题、猜测

---

❶ 卡尔·波普尔. 客观知识：一个进化论的研究[M]. 舒炜光，等译. 上海：上海译文出版社，2005：译者序.

❷ 同❶：123.

（理论）、论据，以至技术装备、图书、工具、房屋建筑、飞机等都是属于第三世界。❶

"世界3"理论是"三个世界"理论的主要贡献，它的重要作用和意义通过它与"世界2"和"世界1"的相互作用表现出来。"世界3"与"世界2"之间的相互作用表明："世界2"创造了"世界3"；"世界3"反馈于"世界2"。因此，"世界3"虽然是人类精神的创造物，但独立于它的创造者。任何人，不管是"世界3"对象的创造者，还是掌握者，都不可能完全把握或理解它所固有的全部可能性。不过，"世界3"仍对人类具有反馈作用，是知识发展最重要的事实。所以，在这个意义上，"世界3"对人类所起的作用，比起人类对它所起的创造作用，已经变得更加重要了。它更加关系到人类的成长，甚至更加关系到"世界3"自身的成长。"世界1"与"世界3"的相互作用，不是简单的物质变精神或精神变物质的过程，它们中间存在着一个人的主观创造的作用。人类的一切认识和实践活动的复杂正是从这里开始和演化的。❷

"突现进化论"是波普尔1977年11月8日在剑桥大学达尔文学院所做的讲演：《自然选择和精神突现》中提出来的。他认为，生命和精神是从无生命、无精神的宇宙中演化出来或突然出现的，精神的突现是生命进化中的巨大事件。波普尔的"突现进化论"描绘了一幅在新的层次突现新的事物的宇宙图景：

在最初的层次上，有重原子核在大恒星中突现。在较高一级的层次上有有机分子在空间某处突现。在更高一级的层次上有生命的突现。即使生命的起源有一天在实验室中可以复制，生命创造的东西在宇宙中也是全新的：有机体的独特活动，特别是动物常常的有目的的活动，以及动物的解决问题的能力。所有的有机体都是始终不断的问题解决者，即使它们没有意识到绝大多数它们正尝试去解决的问题。在更高一级的层次上，这一大步是意识状态的突现。随着意识状态和无意识状态之间的区别，又有全新的、最重要的东西进入宇宙。它是一个全新的世界：意识经验的世界。在更高一级的层次上，是人类精神产物的突现，例如艺术作品，还有科学著作特别是科学理论的出现。❸

---

❶ 夏基松. 波普哲学述评[M]. 哈尔滨：黑龙江人民出版社，1982：132-136.
❷ 赖辉亮、金太军. 波普传[M]. 石家庄：河北人民出版社，1998：224-229.
❸ 卡尔·波普尔. 科学知识进化论：波普尔科学哲学论文选集[M]. 纪树立，编译. 北京：生活·读书·新知三联书店，1987：433.

可以看出，波普尔继承了达尔文进化论中的无神论精神：任何一个新事物的突现都是宇宙自身发展的结果，它的原因在于宇宙的内部，而不在于宇宙外部的某个神秘的东西，如造物主；不过，达尔文是渐进式的进化观，而波普尔的进化观"主要的是某种出乎预料、不可预测的突现，且呈现出明显不同的变化阶段，标明不同发展层次上质的差异性"❶。这一点在某种意义上更接近拉马克的获得性突显式进化观。

1935年，波普尔提出非完美主义和错误难免（fallibilism and falsificationism）的知识观。他认为，知识总是源于背景知识，而且都是猜测性的；我们的认知过程具有不确定性和先天性，因此知识总是不完美的探索产生的结果；而且，知识的增长来自于对预期的失望或猜想的挫折，知识也是不完美的。不妨来看波普尔的三段表述：

全部已获得的知识、全部学问，都是由对某种形式的知识或倾向的修改（或抛弃）而构成的（这种知识或倾向先于其他知识而存在），归根结底是由先天倾向构成的。

所有的知识的增长都在于修改以前的知识——或者改造它，或者大规模地抛弃它。知识绝不能始于虚无，它总是起源于某些背景知识——即在当时被认为是理所当然的知识——和某些困难以及某些问题。这些困难和问题通常由两个方面的冲突产生，一方面是我们背景知识中的内在期望，另一方面则是某些新的发现。

知识的增长在于提高和改进现存的知识，现存知识是变化的，期待着越来越接近真理。❷

以上三段论述，波普尔表述了知识的非完美性和错误难免性的观点。一言以蔽之，波普尔的知识论就是：知识是客观的，本质是猜测性的。如果要让知识越来越接近真理，那就要"通过批评和经验冲突找出错误的思想，把错误的思想暂时从猜想的知识中剥离出去"❸。

---

❶ 赖辉亮，金太军.波普传[M].石家庄：河北人民出版社，1998：209.
❷ 卡尔·波普尔.科学知识进化论：波普尔科学哲学论文选集[M].纪树立，编译.北京：生活·读书·新知三联书店，1987：80-82.
❸ 保罗·莱文森.思想无羁：技术时代的认识论[M].何道宽，译.南京：南京大学出版社，2003：11.

（二）对波普尔理论的接受和改造

波普尔的哲学理论是莱文森媒介哲学的理论来源之一。莱文森不仅接受了他非完美主义的知识进化观，认为一切科学知识都是不完美的推测，其错误在所难免；而且批判性地改造三个世界的图式并用来考察技术，提出三个"技术—世界"图式。

第一，接受波普尔非完美主义和错误在所难免的知识进化观。

莱文森整体接受了波普尔的非完美性和错误难免的知识进化观点。他认为确定性的缺乏、猜想的无处不在，正是我们认知活动具有拯救能力的体现，僵化的缺失又使我们的认知活动能够揭示不可预测性；而知识的特征就是确定性的缺失，知识需要不完美和猜度性，才能适用于宇宙一切可能的情况，包括现在。❶然而，对非完美主义绝对否定确定性，尤其是否定理性条件下的确定性的这一点，莱文森不能接受，对其进行了改造。他借助技术乐观主义的媒介态度，将进化论和波普尔非完美主义结合，认为"进化的证据和非完美观点携起手来，它以知识无限增长的名义发挥作用"❷，提出了莱文森式的激进的非完美主义观。这是莱文森媒介哲学的认识论，也是媒介进化理论最为重要的技术工具。

莱文森激进的非完美主义与波普尔非完美主义最根本的区别就在于对待错误的立场。波普尔认为，我们的认知和我们已经获得的知识是非完美的，其中错误是难以避免的，对此，我们要认清错误、减少错误；而莱文森坚持错误本身就是增长的源泉，我们应该从错误中学习而不是避免错误。莱文森说"我们能够忍受大多数错误，而且，我们能够运用我们感知、认识的替代手段去纠正这种错误，即使这种错误纠正过程永远无法完结"❸；况且"错误的理论是对相关问题、现象或环境的错误，在其他领域里它们未必就是错误的"❹。比如，他认为拉马克进化模式对生物进化的解释显然错误，但用来解释社会进化的某些方面又显示出了重大价值。而且，激进的非完美主义认为直接从错误中获取益处也是生物进化的重要机制，生物基因迁移时出现的崩

---

❶ 保罗·莱文森.思想无羁：技术时代的认识论[M].何道宽，译.南京：南京大学出版社，2003：58-59.
❷ 同❶：64.
❸ 保罗·莱文森.软边缘：信息革命的历史与未来[M].熊澄宇译，北京：清华大学出版社，2002：218-219.
❹ 同❶：65.

溃可能导致成功变异。

在激进的非完美主义看来，知识的增长是过去正确思想和错误思想重新组合的结果。对错误最为出色的阐释是莱文森将错误嵌入坎贝尔的知识三阶段中的分析。因此，我们大可不必为自己所犯的错误垂头丧气，在对未来的问题解决中它有可能是正确的。

第二，对三个世界的改造，提出三个"技术—世界"图式。

莱文森认为，波普尔三个世界图式用认知的方式"澄清人的心智与物质世界的关系"❶，它是20世纪最有助于我们解决把技术作为认识世界、与世界互动的进化的方式的哲学体系。因此，莱文森将其改造成考察媒介技术进化的工具，即三个"技术—世界"的图式。

莱文森强调，波普尔三个世界图式中的"世界1"（物质世界）与"世界3"（心智产品）的关系，为技术的互动性质做了准确定位。在非技术环境中，"世界1"和"世界3"的交流发生的条件是"世界2"（人类智力）的作用。然而，技术是人类最为深刻的认知经验，其本质是人类思想的物质显现，在进化的、非完美的现象中，技术彰显出的试探的多维度属性已经成为弥合非技术的"世界1"和"世界3"之间鸿沟的桥梁。在技术的条件下，即使我们缺席，我们的产品也能够存在并发挥作用。可见，波普尔三个世界的图式无法清楚说明技术现象的范围和细腻之处，而且三个世界的描绘都太抽象。莱文森因此对普尔图式重新进行"技术—物质"的阐述，即三个"技术—世界"（T-World）："技术—物质Ⅰ"（由非生命物质和除人或人脑之外的一切生命物质组成），"技术—物质Ⅱ"（由人或人的大脑。尤其是人的大脑产生、支持并构成自然界和宇宙奇特的活动：思维活动和人的精神）、"技术—物质Ⅲ"（人触摸过的或人造的物质，包括说话声带引起的转瞬即逝的空气的震动和核试验室里生成半衰期达数百万年的新元素）。❷

从三个"技术—世界"的图式简述中可以看出，莱文森纳入了技术范畴的物质包括自然界、宇宙和人的世界。这种泛化的技术观正是泛化的媒介观的反映及其延伸。在构建媒介进化论的过程中，莱文森认为："波普尔世界3的概念为媒介世界提供了一个相当完美和适合的暗喻：首先有助于界定人和

---

❶ 保罗·莱文森. 思想无羁：技术时代的认识论[M]. 何道宽，译. 南京：南京大学出版社，2003：98.

❷ 同❶：99-100.

技术的关系，其次有助于多方面描述技术的进化。"❶在《思想无羁：技术时代的认识论》中，他进一步将三个"技术—世界"图式修正为四分模式：自然界的、无生命的物质和能量；自然的、有生命的物质，包括人类的许多侧面；自然的、有思维能力的物质，即人脑；人造的存在，包括自然的、有思维能力的物质的产物——人的技术。❷而且他认为技术对知识增长的贡献主要有三个层面：其一，一切技术都是知识的体现，因此从根本上说都构成知识。而且，技术的体现对知识增长的贡献，既是持久的表现，又是可行的应用，就是说，它们好像是无意为之的知识图书馆，经过与真实环境的遭遇而保存下来。其二，有些技术比如望远镜和显微镜，其增长知识的设计原理，是专门扩张感知经验——感知经验则是认知能力的依托。我们可以用扰乱研究环境的办法来辅助这些技术，以便揭示研究对象的底层机制。其三，一切其他技术比如电脑，是有意识设计出来增长知识的，它们使我们认知能力的运作本身得到扩张。❸

通过接受和改造，波普尔的系统认识论成为莱文森媒介进化理论的重要哲学基础和理论源泉。"人性化趋势理论""补救性媒介理论""媒介进化三阶段理论"都深深地打上了波普尔理论的烙印。

三、坎贝尔的进化认识论

坎贝尔和波普尔是自然选择进化认识论中互为补充的两个奠基人。❹莱文森接触坎贝尔的进化认识论是在1982年，当时正在研究波普尔的纪念文集《追求真理》。最初提出媒介进化论的时候，坎贝尔的进化认识论并未对其产生影响；但是在深化媒介进化理论和建构媒介哲学的过程中，坎贝尔的进化认识论却产生了重要作用。因此，笔者仍然将坎贝尔的进化认识论看作是莱文森媒介进化理论谱系的重要基石之一。

---

❶ Levinson, Paul. Human Replay: A Theory of the Evolution of Media[M]. New York: New York University. Ph. D., 1979: 135–136.

❷ 保罗·莱文森. 思想无羁：技术时代的认识论[M]. 何道宽, 译. 南京：南京大学出版社, 2003: 227.

❸ 保罗·莱文森. 思想无羁：技术时代的认识论[M]. 何道宽, 译. 南京：南京大学出版社, 2003: 133.

❹ Baltley, Samuel. Biology and Evolutionary Epistemolgy[J]. philosophia, 1976, 6(3–4): 468.

（一）进化认识论的主要观点

进化认识论由坎培尔明确提出。坎培尔的进化认识论把人的头脑和进化联系起来。他把人的脑子看成是生物进化的产物，同时认为，"我们长着肺，用肺部呼吸，因为我们的呼吸系统在大气里工作；同样的道理，我们有大脑，用脑子思考，因为我们的认知系统很适应环境，换句话说，他告诉我们，我们需要认识世界，以便我们这个物种能够生存。"在此基础上，坎贝尔提出生物进化三步论和知识进化三部曲。任何生物的进化都分三步进行，即第一步是生成新器官和（或）有机体、第二步是淘汰不适应的特征和（或）物种、第三步是繁殖幸存的特征和（或）物种。同样，知识成长与生物的进化相类似，它的三部曲是：第一部，生成（创造）新思想；第二部，淘汰不正确的思想；第三部，传播那些尚未证明为不正确的思想。然而，坎贝尔指出："新思想的生成或起源，多半和它们是否有助于解决问题没有关系；批评和淘汰的阶段，淘汰不能解决问题或与现实不一致的思想，批评和淘汰的方式是使之与现实接触，或检验其效能；传播其余的思想，用教育、出版等方式检验这些暂时或多或少被认为是正确的思想。每一个阶段显著的特点，见诸每个阶段不同的精神活动，见诸各自思想过程的效用。"❶不难发现，他认为人类知识的增长与有机体的增长具有相似性，都是间接的、达尔文式的、三阶段的过程。显然"把人类知识的明显增长视为生物进化的一个自然（人类）延伸"❷。

坎贝尔在进化认识论中还分析了生命世界中触觉、味觉、嗅觉和视觉等各种形式的感觉的产生，认为"这些感觉提供了与环境相互作用的一种所谓的代理关系和一种知识。这种知识允许生命体通过某种途径间接进入某一（危险的）环境并体验它，而不用冒生命危险"❸。用这种间接手段和方法替代直接触摸，有利于进化；坎贝尔用阿米巴虫只能用身体接触的例子说明直接接触虽然精确但是危险，而间接感知虽然可能会不精确但是安全。对于我们人类的认知，坎贝尔提出了"间接经验的多重系统"：人用多种感官同时

---

❶ 保罗·莱文森. 思想无羁：技术时代的认识论[M]. 何道宽，译. 南京：南京大学出版社，2003：3，66.

❷ 理查德·纳尔逊. 文化进化论中的选择叛据与选择过程[M].//约翰·齐曼. 技术创新进化论. 孙喜杰，曾国屏，译. 上海：上海科技教育出版社，2002：75.

❸ 保罗·莱文森. 软边缘：信息革命的历史与未来[M]. 熊澄宇，等译. 北京：清华大学出版社，2002：2.

感知和认知，会产生多种感知和认识可能性。然而，在论述人的认知时，他提出了"进化局限"的假说：人类是在环境进化中产生的，其认知能力是自然根据他们在环境中的表现做出选择的结果；因此，当在完全陌生的环境中时，人类的认知能力就会不知所措。

（二）莱文森对坎贝尔理论的继承和改造

莱文森承认，虽然在提出媒介进化理论时尚未接触坎贝尔的理论，但在后来深化和完善媒介进化理论过程中却充分汲取了坎贝尔的进化认识论思想，尤其是对其知识进化三部曲的借鉴、改造，间接感知论的接受。他以坎贝尔的进化认识论为基石完成了自己媒介技术哲学的建构。他在《软边缘：信息革命的历史与未来》中强调：人类的技术和发明有如生命的进化，不仅要符合并遵循发明人意志；而且受到社会环境的选择，包括技术和发明的市场应用、社会习俗以及人们的需求等，它们"像树上的苔藓一样可能发生改变；某种发明可能在根本没有树而只有灌木和花的环境中得到迅速的发展"❶。

其一，借鉴和改造知识生成三部曲，完成自己对错误知识认识的转变。由于坚持不存在错误理论的非完美主义观，莱文森坚信错误绝不是朽木，而是原料，今天和明天或多或少正确的理论是来自于昨天和今天错误的理论；因此，他把自己的观点称为事后诸葛亮的、预适应❷的观点。这种事后诸葛亮的、预适应的方法与麦克卢汉的后视镜方法论相似，不过有所发展。最明显的区别是它承认原先的预设本来就含有适应未来新生的因子；同时，新生者也彰显了原先的一部分预设。这种方法正是莱文森考量媒介自身进化、媒介与媒介之间进化、媒介与人和社会之间关系的重要方法，也是媒介进化理论得以形成的主要方法论工具。

莱文森把错误放进坎贝尔知识进化三部曲中并对错误思想的形成过程做了阐述：错误是三个阶段混成的结果。第一阶段，错误思想的初步形成；第二阶段，对错误思想的批评淘汰；第三阶段，错误思想进行传播。他认为，第一阶段的认识过程可能会产生与现实相矛盾或与逻辑不一致的思想；第二阶段对于错误思想的形成起着决定性的作用，因为它起着筛选的作用，错误

---

❶ 保罗·莱文森. 软边缘：信息革命的历史与未来[M]. 熊澄宇，等译. 北京：清华大学出版社，2002：8.

❷ "预适应"是相对"进化局限说"提出来的观点，即表现迁移。莱文森认为预适应原则是进化的主流之一，但不适应认知结构，指原来的结构等预先就适应了新的任务：新的能力来自于结构的重组，老结构本来是适应其他目的而起源的。

能否有机会保留或被拒绝,全在第二阶段的批评淘汰。第二阶段如果能对第一阶段的思想进行恰当的评价,就可揭示其矛盾,避免它可能造成的损害。然而,第三阶段没有机会拒绝第二阶段保留下来的错误知识而使之中性化,因为错误理论一通过第二阶段的审查,理性能力就不能对它发挥作用。不过,第三阶段具有后批评的机制,即非认识论因素也可能阻止错误思想造成损害。莱文森还认为,知识发展的三个阶段是循环往复的。一个错误的思想即使通过了一系列的检测并得到传播之后,它还是可以被发现的;然而书籍一旦出版,即使其中的思想不妥当,也很难被召回。批评阶段的错误,如果它阻止了值得出版的思想,以后要纠正它就难得多了,因为缺乏传播使大家都不知道这个思想的贡献。基于此,莱文森得出了错误理论进化的公式:第一阶段提出错误,第二阶段犯错误,第三阶段批准错误。

不难得出,莱文森的错误思想进化三段论与其知识的非完美主义观点相辅相成。由于知识的非完美性,产生错误的理论必定难免。明晰了错误理论错在何处、正确之处在何方后,莱文森对错误理论就表现出十足地乐观主义:不要再把错误理论当作我们不得不背负的沉重的十字架。❶

其二,充分发挥坎贝尔间接感知理论在媒介进化理论构建中的作用。莱文森接受了坎贝尔有关直接接触与间接感知的感知观点,进一步佐证媒介人性趋势理论的观点。在坎贝尔的感知观点中,这些间接感知是提供给生命体与环境相互作用的一种关系,即所谓的代理关系和知识,这使得生命体不用冒生命危险就可以进入环境并体验环境。莱文森将这个观点应用于描述信息技术和媒介进化规律,并提出了代理机制的两个基本要素:一个是同完全地体验环境中的某一客体相比,信息会失去一定的精准性,另一个指生命体的类属由特定的感知模式决定,而特定的感知模式是由特定的感觉器官决定的,毫无疑问,这种感知模式也决定了生命体在环境中如何实现自己的作用。❷人的语言媒介在环境中就发挥了代理机制的角色和作用。抽象语言使我们在交流中能够思考现实,对那些危害的对象不用冒身体接触的危险而可以间接把握。比如,不必到现场看到大火就能够通过语言获知大火的实情,无疑要安全得多。

正如乔尔·莫克尔(Joel Mokyr)所言:"无论'生命的目的'是什么,

---

❶ 保罗·莱文森. 思想无羁:技术时代的认识论[M]. 何道宽,译. 南京:南京大学出版社,2003:69.

❷ 保罗·莱文森. 软边缘:信息革命的历史与未来[M]. 熊澄宇,等译. 北京:清华大学出版社,2002:2.

技术都是因一种明确而又深入的目的而存在,也就是增进人类代理(human agents)的效用。……任何选择者(selector)都将必定从其能否成功地满足人类需求的方面来加以判定,并且每个实体的生存与否都与这一判据有关。但是,这种相关性绝不是完美的:有时选中的却是那些不像其他的那样有效地满足人类需求的目标功能的技术。"❶人类媒介就是增加人们间接感知的能力,是人类感知能力的延伸,感觉器官的延伸。坎贝尔的感知理论进一步佐证了媒介人性化趋势理论的合理性。

第二节 媒介进化理论的理论源泉:媒介环境学

媒介环境学的理论成果是莱文森媒介进化理论的最主要源泉。莱文森不仅接受了媒介环境学的媒介观、媒介研究思路和媒介方法,也倾力纠正前辈理论的不足,捍卫该学派在国际上的学术地位。作为环境学派的一员,莱文森精心梳理媒介环境学学者的理论,考量媒介进化史,提出了颇具莱文森特色的媒介进化理论,即从人本主义的角度、以宏大的媒介视野和积极乐观的"人—媒介"态度将媒介技术与人和社会的关系推入强调人的能动性媒介研究,勾勒出以人为中心的媒介进化史图谱。

一、媒介环境学的影响

在传播学三大研究范式中,媒介环境学是后起之秀,开创于伊尼斯,崛起于麦克卢汉,成气候于莱文森、梅罗维茨。但是,媒介环境学源远流长,其源头可以追溯到美国社会学芝加哥学派的库利(Cooley)、帕克❷和英国的生物学家帕特里克·格迪斯(Patrick Geddes)❸等学者的思想。库利的思想已

---

❶ 乔尔·莫克尔.技术变化中的进化现象[M].//约翰·齐曼.技术创新进化论.孙喜杰,曾国屏,译.上海:上海科技教育出版社,2002:70.

❷ 库利、帕克的技术主义传播思想参见胡翼青的《再度发言:论社会学芝加哥学派传播思想》(中国大百科全书出版社,2007)、《传播学:学科危机与范式革命》(首都师范大学出版社,2004)两部著作的相关论述。

❸ 帕特里克·格迪斯(1854—1932),英国生物学家、社会学家、城市规划和区域规划理论先驱之一,刘易斯·芒福德(Mumford Lewis)的老师,著有《城市发展》《演变中的城市》《性的演进》等。他最早提出"媒介生态"的术语和理念,也是最早研究自然环境和人造环境以及人类文化的相互关系学者。

带有技术决定论的色彩，可以将其看成是媒介技术主义的萌芽。他在《社会组织》中用六章的篇幅讨论媒介技术与人类社会的关系，"率先诠释新传播媒介如何改变行为和文化，其功业不作第二人想"❶。同时，对传播媒介抱有十分乐观的态度，认为媒介能把人从"时间和空间、粗暴和压制的束缚之下解放出来"❷，是重整有机体社会、实现社会进步和加速民主社会进程最重要的希望。帕克从库利那里接过技术主义和乐观主义的旗帜，着重探讨传播技术与社会变迁的问题，指出传播技术是社会从传统走向现代的最重要推力，"传播显然是社会过程中根本的东西，因为物理学使传播手段的延伸和改进对社会的存在显然发挥着至关重要的作用，尤其是对理性组织起来的社会形态即所谓文明发挥着至关重要的作用"❸。除芝加哥学派、城市生态学之外，语言相对论、英国的新批评也是媒介环境学思想的主要源头，在此不多追溯。

  国内学者张咏华将媒介环境学的媒介研究范式称为"媒介分析"，认为其研究范畴是"媒介技术的产生和发展、各种媒介技术的特征及其作用、媒介技术及其发展史同人类社会变迁和文明发展史的关系"❹。自伊尼斯以降，媒介研究经过多伦多学派和纽约学派的大力发展，影响力不断攀升。1998年，两个学派组建成以纽约学派为骨干的媒介环境学会，问鼎北美传播学圈子。媒介环境学的研究目标和任务在波兹曼手中得到进一步明确，"媒介环境学研究人的交往、人交往的讯息及讯息系统。具体地说，媒介环境学研究传播媒介如何影响人的感知、感情、认识和价值。它试图说明我们对媒介的预设，试图发现各种媒介迫使我们扮演的角色，并解释媒介如何给我们所见所为的东西提供结构"❺。波兹曼的论述表明，媒介环境学研究的着重点是人：人之于媒介的角色地位、人与传播媒介的关系。

  媒介环境学将传播学的研究视角从传播内容、传播效果拉回媒介技术本身。他们采用历史的和交叉文化的研究视野研究传播技术，不但"特别注意

---

❶ 尼斯特洛姆语（1994）. 见：胡翼青. 再度发言：论社会学芝加哥学派传播思想[M]. 北京：中国大百科全书出版社，2007：134.

❷ 胡翼青. 再度发言：论社会学芝加哥学派传播思想[M]. 北京：中国大百科全书出版社，2007：137.

❸ 哈罗德·伊尼斯. 传播的偏向[M]. 何道宽，译. 北京：中国人民大学出版社，2003：麦克卢汉序言.

❹ 张咏华. 媒介分析：传播技术神话的解读[M]. 上海：复旦大学出版社，2002：1.

❺ 林文刚. 媒介环境学的思想沿革初探[M]// 林文刚. 媒介环境学：思想沿革与多维视野. 何道宽，译. 北京：北京大学出版社，2007：23.

阐述媒介技术及其发展史同人类社会变迁和文明发展史的关系"❶，而且"以媒介技术为焦点、以媒介技术及其发展史同人类社会变迁的关系为核心"❷展开研究，企图使人们看到传播媒介传播的内容之外媒介本身对人类行为和社会发展所具有的强大影响力。从伊尼斯的"媒介偏向论"到麦克卢汉的"媒介即讯息"再到波兹曼的"技术垄断"无一不是紧扣媒介技术本身进行研究，把媒介技术看成人类行为和社会发展的决定力量。

总的来说，莱文森继承了媒介环境学的媒介观、研究视角和研究方法。

（一）继承媒介环境学史学研究方法论

媒介环境学关注传媒技术自身及其对社会和人类的影响，注重直观和历史分析的方法。媒介环境学学者林文刚在编撰《媒介环境学：思维沿革与多维视野》一书时开宗明义："媒介环境学不仅仅是麦克卢汉研究，也不是埃吕尔研究、伊尼斯研究、芒福德研究、翁研究、波兹曼研究，或诸如此类的研究。实际上，本书尝试的是一种历史记述，试图描绘媒介环境研究的思想传统，描绘其中包含的整合一体的理论文献和多维学术视野；同时表述对文化、技术和传播的理解；旨在显示媒介环境学的思想传统是如何演化而来的。"❸在这里，林文刚交代了自己编著著作的意图是尝试一种历史记述，即对媒介环境学做思想史的研究，从而勾勒整个媒介环境学共同的理论谱系。媒介史学研究是媒介环境学切入媒介研究的传统方法论。媒介环境学史学研究方法具体表现有两个层面。

其一，对与媒介环境学相关思想做史学梳理，发掘媒介环境学的理论渊薮。作为一门新兴的研究学派，必然会到学科的理论历史中去寻找根基。如威廉·昆斯的著作《后工业时代的先知：对技术的诠释》对刘易斯·芒德福、西格弗里德·吉迪恩、罗伯特·维纳、伊尼斯、麦克卢汉、雅克·埃吕尔、巴克敏斯特·富勒（Buckminster Fuller）等七位重要的学者做了跨学科的综合研究，详尽描绘了媒介环境学的奠基性理论。将许多重要的思想家纳入一个系统来考察，从媒介环境学的视角对他们的思想进行传记式的扫描，这是媒介环境学学者进行媒介分析的重要方法论之一。又如，林文刚主编的《媒介环境学》对芒福德、埃吕尔、伊尼斯、麦克卢汉、波兹曼、詹姆

---

❶ 张咏华.媒介分析：传播技术神话的解读[M].上海：复旦大学出版社，2002：1.
❷ 同❶，2002：3.
❸ 林文刚.媒介环境学的思想沿革初探[M]// 林文刚.媒介环境学：思想沿革与多维视野.何道宽，译.北京：北京大学出版社，2007：4.

斯·凯利、本杰明·李·沃尔夫、苏珊·朗格等学者在媒介环境学中的贡献进行了比较整理，勾画出清晰的媒介环境学理论思想发展线索。

莱文森吸收了媒介环境学的这一研究方法，在《人类历程回放：一个媒介进化理论》中分析比较了一大批与其媒介进化思想有关的学者的观点，做了思想史上的梳理。莱文森列举的这些学者是：西格蒙德·弗洛伊德（Sigmund Freud）、富勒，爱德华·霍尔（Edward Hall），麦克卢汉；彼得·梅达沃，拉马克，达尔文和泰亚尔·德·夏尔丹，芒福德，伊尼斯；罗姆·乔姆斯基（Noam Chomsky），克劳德·列维-斯特劳斯（Claude Levi-strauss），波普尔，罗伯特·维纳（Norbert Wiener），齐格弗里德·克拉考尔（Siegfried Kracauer），安德烈·巴赞（André Bazin），通过这些学者理论中透露出来的媒介人性化的观点为媒介进化人性化趋势理论找到理论源泉和依据。媒介环境学这个术语本身就是对生物学术语的借鉴。在毕业论文第二章《技术作为延伸》中，莱文森将麦克卢汉与心理学家弗洛伊德、建筑学家富勒、文化人类学家霍尔四个人的主要思想放在一起比较，认为麦克卢汉的思想具有很强的穿透力，详尽地分析了技术延伸的日程表。论文认为：弗洛伊德阐明技术作为人类系统的延伸，解释他们是怎样满足原始人的渴求，意识到他们的延伸不仅是外在感官的延伸，也是内在想象的延伸；富勒认为，技术和人类身体本身是作为思想和自我的延伸，因此在生物和技术之间没有必然的冲突；霍尔则认为技术延伸是生物学上的适应或有益于生存，有助于像蜘蛛和人等类似的有机体更好地对付他们的环境。所有这些理论都是（媒介进化）人性化趋势理论大磨房里最好的面粉。❶

其二，对媒介技术的进化做史学上的梳理。从对媒介传播内容对人们影响作定性、功能和实证研究的圈子里跳出来，不纠结于对媒介做经济政治学的研究，而集中关注"媒介和技术对文化和社会在形式上和根本问题上的冲击"❷，即将媒介技术作为研究的焦点，用媒介技术史这根主线把人类文明的发展串联起来，这是媒介环境学的研究初衷和努力的方向。考量媒介和技术对文化和社会在形式上和根本问题上的冲击就必然要对媒介和技术做出史学上的研究，因此，对媒介和技术做史学视角上的研究成为媒介环境学最显要的研究传统之一。对媒介和技术做史学研究存在两种路径：一是把媒介和

---

❶ Levinson, Paul. Human Replay: A Theory of the Evolution of Media[M]. New York: New York University. Ph. D., 1979: 70-71.
❷ 林文刚. 媒介环境学的思想沿革初探[M]//林文刚. 媒介环境学：思想沿革与多维视野. 何道宽, 译. 北京：北京大学出版社，2007: 14.

技术史作为划分人类文明的标准,二是对媒介和技术的进化做线性梳理,查看重大媒介和技术的进化轨迹以及它们对人类社会和文明产生的重大影响。媒介环境学学者的这两种研究路径是相互交错、互相作用的。芒福德在《技术与文明》中将人类机器体系和机器文明划分为三个连续而又相互重叠、相互渗透的阶段:始生代技术时期、古生代技术时期和新生代技术时期。然后,考察了每个阶段的一些具有划时代意义的媒介和技术。在他看来,现代工业时代的关键机器是时钟。他如是说明观点:"在时钟发展的每一个阶段,它都是机器的出色代表,也是机器的一个典型符号;即使到了今天,时钟仍然无处不在,为其它机器所不及。"❶因此,时钟成为芒福德划分始生代技术时期与古生代技术时期的标尺。伊尼斯以媒介作为标尺将人类文明划分为九个时期:以莎草纸和圣书文字为标志的埃及文明、以拼音字母为标志的希腊—罗马文明、以羊皮纸和抄本为标志的中世纪时期、中国纸时期、印刷术初期、以报纸诞生为标志的启蒙时期、机器印刷时期、电影时期、广播时期。在此基础上提出了媒介传播偏向论,将媒介分成有利于时间上延续和有利于空间上延伸的两大类媒介。在伊尼斯看来,媒介和技术对社会形态、社会心理都会产生深刻的影响:"一种新媒介的长处,将导致一种新文明的产生。"❷麦克卢汉从媒介进化给人类社会带来的信息传播的变化特征提出了"部落化—非部落化—重新部落化"三个形态。他提出"媒介是人的延伸""媒介即讯息"等观点,用暗喻的形式将媒介技术与人类的关系形象地凸显出来,达到唤醒的目的,使传播学者从传统的内容研究、效果研究中惊醒过来,考量媒介和技术对人类和社会发展的重要影响。波兹曼同样以技术和媒介进化之于人类的强大作用为标尺将人类历史划分成使用工具阶段、技术统治阶段和技术垄断阶段三个阶段,认为"技术垄断是一种文化状态,也是一种心态。技术垄断是对技术的神化,也就是说,文化到技术垄断里去谋求自己的权威,到技术里去得到满足,并接受技术的指令。技术垄断需要一种新的社会秩序,所以,和传统信仰相关的大量文化成分必然会迅速消解。在技术垄断里感到最舒适惬意的人相信,技术进步是人类至高无上的成就,是解决最深沉两难困境的工具"❸。

---

❶ 刘易斯·芒福德.技术与文明[M].陈允明,等译.北京:中国建筑工业出版社,2009:15.

❷ 哈罗德·伊尼斯.传播的偏向[M].何道宽,译.北京:中国人民大学出版社,2003:28.

❸ 尼尔·波斯曼.技术垄断:文化向技术投降[M].何道宽,译.北京:北京大学出版社,2007:42.

莱文森充分运用了史学研究方法。《人类历程回放：一个媒介进化理论》《软边缘：信息革命的历史与未来》《思想无羁：技术时代的认识论》《数字麦克卢汉：信息化新纪元指南》《真实空间：飞天梦解析》《新新媒介》等著作中均对人类社会发展过程中发挥重大影响作用的媒介进行了分析，对人类文明做出阶段区分。《人类历程回放：一个媒介进化理论》从象形文字和拼音文字到印刷术、电报、摄像术、移动摄像术、留声机、对讲机、色彩以及吸收了电子的摄像分支：电话、收音机和电视等对人类文明带来的重大影响作了简要概析，从而演绎出人性化趋势的媒介进化理论。《软边缘：信息革命的历史与未来》同样从字母开始，然后考察了印刷术、摄影术、电报、电话、电视、广播等媒介和技术自身的演进和它们对人类文明的影响。《思想无羁：技术时代的认识论》放在"思想—语言—技术"互动的三角关系中考察人类文明历史中的媒介关系。他认为，在一切技术历史和传播历史中，电话和照片是两个最深刻的改变时间的成就，电话使信息瞬即传输，照片实现了永恒的保存。❶在《数字麦克卢汉：信息化新纪元指南》中，莱文森根据媒介传递信息的广度与深度、快与慢等互动特性对麦克卢汉的"地球村"做出的重新划分，即：广播时代儿童的村落、电视时代窥视者的村落和互联网时代参与者的地球村。进入数字化媒介时代以来，伴随互联网的诞生和迅猛发展，媒介进化出现了新气象，莱文森的专著《新新媒介》提出当代媒介"三分说"：旧媒介、新媒介和新新媒介。这主要是根据传播过程中媒介引起人们生产和消费信息地位的变化为标尺做出的划分。

（二）接受大媒介的观念

在经验学派和批判学派那里，媒介绝大多数情况下指报纸、广播和电视等大众传播媒介。他们的研究也大都局限于大众传媒的效果和内容研究，或对大众传媒作政治经济学方面的研究。媒介环境学却以媒介技术与人类文明的关系为研究起点，主张泛媒介论，一切"第二自然"、一切人工干预过物质的、物质符号的和精神的产品都是技术、文化、环境和媒介。其源头芝加哥学派同样持大媒介观。对媒介环境学学者来说，技术即媒介，技术即文化，技术即环境；技术、媒介、文化和环境之间几乎是同一的关系，可以画上等号。例如：库利当初界定的媒介就相当宽泛，他认为"表情、态度、姿

---

❶ 保罗·莱文森.思想无羁：技术时代的认识论[M].何道宽，译.南京：南京大学出版社，2003：174.

态、声音的语调、词语、作品、印刷、铁路、电话和一切可以成功征服空间与时间的技术"（Cooley，1967：61）❶。自伊尼斯以降，日渐形成的环境媒介学的所有成员无一不是"泛媒介论者"。他们认为，凡是能够负载信息的物质都是媒介。因此，凯瑞指出："在美国还没有其他人这么做的时候，伊尼斯为传播研究提供了一种学术探讨的模式，这种模式是历史的、经验的、解释的和批判的。"❷媒介环境学学者都怀有"一切皆为媒介"的"大媒介"观念。在伊尼斯那里，除报纸、广播、电视等大众传播媒介之外，莎草纸、石头、教堂、图书馆、货币，甚至口语、字母表、诗歌、戏剧、法律、文字、散文、漫画、哲学、数字、广告都被看成媒介。如在《传播与帝国》里，伊尼斯认为："欧洲小国寡民在民族主义的宣传中，主要依靠的是诗歌选集，这是他们最好的自我保护媒介。"❸麦克卢汉继承了伊尼斯的传统并尽力放大媒介的内涵。他解释说："我所谓的媒介是广义的媒介，包括任何使人体和感官延伸的技术，从衣服到电脑。我必须再次强调的要害之处是，社会受到更加深刻的影响的，是人们借以交流的媒介的性质，而不是交流的内容。一切技术都具有点金术的性质。"❹如在《理解媒介：论人的延伸》一书中，麦克卢汉就不吝笔墨地列举了26种媒介：口语词，书面词，道路与纸路，数字，服装，住宅，货币，时钟，印刷品，滑稽漫画，印刷词，轮子、自行车和飞机，照片，报纸，汽车，广告，游戏，电报，打字机，电话，唱机，电影，广播电台，电视台，武器，自动化。在他的眼中，一切人工制造物和技术都是媒介，而且"媒介是创造隐藏环境和效应的具有生命力的能量旋风，能够剥蚀和分解旧有的文化形式"❺。在他的影响下，媒介环境学学者认为：媒介不单单是信息的物质载体，它还是符号表达的方式、思想和意识的技术延伸；媒介是一种具有能动性的社会资源，以一种隐而不显的方式影响人的思想、塑造不同的文化环境和社会模式。❻

---

❶ 胡翼青.再度发言：论社会学芝加哥学派传播思想[M].北京：中国大百科全书出版社，2007：135.

❷ 罗杰斯.传播学史[M].殷晓蓉，译.上海：上海译文出版社，1997：512.

❸ 哈罗德·伊尼斯.传播的偏向[M].何道宽，译.北京：中国人民大学出版社，2003：99.

❹ 埃里尔·麦克卢汉，弗兰克·秦格龙.麦克卢汉精粹[M].何道宽，译.南京：南京大学出版社，2000：279.

❺ 罗伯特·罗根.第六种语言：网络时代的新传播词汇[M].林圭，译.台北：台湾蓝琼出版社，2001：25.

❻ 王冰.北美媒介环境学的理论想象[M].北京：光明日报出版社，2010：35-36.

莱文森秉承"大媒介"的理念，技术和媒介在大多数情况下是同一的，都是人的思想的物质表现，都储存或记录一切成功的知识。他在《思想无羁：技术时代的认识论》一书中对"技术—物质"区分成三个世界：技术是"技术—世界Ⅱ"应用于物质自然界"技术—世界Ⅰ"而锻造出来的"技术—世界Ⅲ"。因此，在他看来，一切经过人触摸过的或人造的物质都是技术。哪怕是说话声带引起的转瞬即逝的空气的震动和核试验室里生成半衰期达数百万年的新元素也可以看成是技术。说到底，"技术—物质Ⅲ"就是他眼中的媒介，两者是重合的。而且他认为传播技术和传播的目标也是同一的，都是要使信息实现跨越时空延伸，而且在延伸过程中实现——无论速度、性能，还是信息迁移准确度的——保真。莱文森这种将技术与媒介、传播技术与传播媒介同一的大媒介观，为考察技术和媒介发展、技术和媒介同人类文明的关系提供了深广的研究视野，为构建人性化趋势的媒介进化理论提供了宽广的参考资源。

（三）高扬媒介生态的研究视角

媒介环境学"关注重点涵盖整个人类文明的健康和平衡，既有微观的媒介媒体研究，也有宏观的文明演进研究，非常注重广义技术的发生、发展，具有强烈的人文关怀和道德关怀"❶。何道宽在这里虽然评论的是媒介环境学研究表现和目标，其实，这恰好反映出媒介环境学一脉传承的媒介生态的现实关怀、人文关怀和其价值取向：把媒介当作环境来研究，从生态的视角理解媒介和文化。大多数媒介环境学者认为："媒介对文化的影响表现在形式上和环境上，而人们的思维方式和社会组织则是由业已内化的主导性的传播模式塑造的。"❷对媒介生态的关注和揭示技术与媒介对人类社会和文明的影响是媒介环境学最显要的研究目标。切特罗姆在《传播媒介与美国人的思想》中回顾了传播媒介和美国历史的重要关系，认为有三种传播媒介对美国人的思想和文化产生了至关重要的影响，即电报、电影和无线电广播；由此产生了三种考察传播思想的传统，即拉扎斯菲尔德的"效果"研究方法的传统，以库利、杜威和帕克为代表的芝加哥学派探索现代媒介整体性质的传统，伊尼斯和麦克卢汉探究媒介对社会和心理组织影响的历史取向的传

---

❶ 何道宽. 媒介环境学派的理论命题、源流与阐释：媒介环境学评论之五[J]. 新闻与信息传播研究，2008（1）.

❷ 林文刚. 媒介环境学的思想沿革初探[M]//林文刚. 媒介环境学：思维沿革与多维视野. 何道宽，译. 北京：北京大学出版社，2007：10.

统。❶在切特罗姆总结出的三种传播思想的传统中，杜威、库利等已经开始把技术与社会进步之间的关系作为研究对象，这显然与后来的伊尼斯、麦克卢汉研究取向一致，是媒介环境学思想的重要渊源。媒介环境学学者尼斯特洛姆在博士论文《媒介环境学初探：研究人类传播系统的一体化概念范式》（1973）中将芒福德视为媒介环境学的奠基人，而将其著作《技术与文明》视作媒介环境学的开山之作；昆斯也把芒福德视为后工业时代的第一位先知。然而斯特雷特认为芒福德的老师——格迪斯才是媒介环境学真正的创始人。凯瑞也认为格迪斯是伊尼斯的直接影响者（Carey，1989）。❷格迪斯的人类生态学思想包括技术史，对媒介环境学先驱芒福德、伊尼斯、麦克卢汉都产生了重要影响。正如凯瑞所指出的："伊尼斯发现，格迪斯'确认了口头传统，其倚重点是对话和辩证法、价值和哲学思辨，口头传统是抵消技术文化的文化，技术文化是感觉的和流动的文化'。"❸诚然，芒福德是整体论者，在他的眼中，技术、文化和城市是一个整体。他也是技术有机论者，1934年提出技术有机论。凯瑞总结了芒福德技术有机论在媒介环境观念中的贡献：技术是生物学意义上的延伸，传播媒介是感觉器官的延伸，媒介改变人的感知，一种媒介的内容是另一种媒介，印刷机在西方的机械化中起到了至关重要的作用；电力技术使有机体统一和生态平衡得到恢复；媒介是无形的环境。❹这些理念大都被麦克卢汉吸收，进而成为莱文森的媒介进化理论的思想渊源。芒福德技术即容器、生态伦理观等观点更加接近媒介环境的观念，希望和憧憬技术有机论的未来——希望机器重新回到人们的掌控之中，希望机器进入有机和谐与生态平衡的状态；在未来的世界里，进步不会终止，进步指向人类的境遇而不是技术的扩张；所有人都在良好的生态环境中发展，人绝不会沦为机器的配件。❺芒福德的技术有机论对技术充满乐观态度，也饱含人文、道德和现实关怀。何道宽认为芒福德的技术历史分期的思想、有关技术和人类发展的技术有机理论和对"王者机器"即非人性的技术垄断和国家机器的批判的思想是媒介环境学最为重要的思想源头。显然，从

---

❶ Czitrom，Daniel J. Media and the American Mind[M]. Chapel Hill：Uniersity of North Carolina Press，1982.

❷ 兰斯·斯特雷特. 刘易斯·芒福德与技术生态学[M]//林文刚. 媒介环境学：思维沿革与多维视野. 何道宽，译. 北京：北京大学出版社，2007：51-55.

❸ 同❷：55.

❹ 同❷：62.

❺ 同❷：70.

生态学的视角切入媒介和技术同人类社会发展之间的关系是媒介环境学的传统，人与媒介的关系是媒介环境学关心的重点。

莱文森高扬媒介生态的媒介进化理念，在媒介技术的研究领域中积极建构媒介进化理论。这主要表现在：积极发展媒介环境学中有关人在媒介和技术进化中具有主体地位和能动作用的主张。

人之于信息和媒介，是不断发展的。人不仅创造信息和媒介，而且还能适应媒介和信息所引起的环境变化。然而，在经验主义那里，人却被看成一成不变的对象，人性因素也设定为永恒不变的常量；经常用定量分析的方法从个体现象推及至群体甚至整个人类，表现出以偏概全的倾向。经验主义忽视人的主体性是其明显缺陷，殷晓蓉对经验主义的评说一针见血，她说："在有些问题上，也就是在人类社会的事务有着与自然科学领域相类似的精确性、应用性和预见性的问题上，经验主义传播学的优势比较明显；而在另一些问题上，也就是诸如价值、意义领域，传播和社会秩序之间的关系等问题——它们突现了人类的能动性和由之构成的社会的复杂性上——经验主义传播学的方法和前提是不充分的，有缺陷的。"❶批判主义对人在媒介和技术面前的主体地位和能动性的认识也是远远不够的。他们认为在社会制度的支配下，传播技术的发展会进一步加深人的异化，因而对传媒和相关制度都会给予无情地批判，看不到人类理性之于媒介的能动作用。因此，胡翼青指出：批判主义论述所暗含的前提假设很明显：大众是没有主观能动性的任人宰割的羔羊，媒体是宰割他们的利器。❷由此可知，经验学派和批判学派不同程度地否定了人在技术和媒介面前的主体地位和能动作用。

莱文森矫正了经验主义和批判主义的缺陷，积极汲取媒介环境学中人文关怀的情愫，构架突出人的主体地位和能动性的媒介哲学观。他认为："有了技术之后，人就变了，人就从进化的产物变成了进化和变革的生产者，就从现存世界的理解者变成了新世界的创造者。技术的故事实际上是三个主人公——进化、思想和技术——的故事。思想是进化的产物和结果，它如何产生技术并表现于技术之中，以便反过来驾驭进化——这也是技术的故事。"❸从这段话中可以看出，生产者和创造者是莱文森媒介哲学观强调人在技术面

---

❶ 殷晓蓉. 战后美国传播学的理论发展——经验主义和批判学派的视域及其比较[M]. 上海：复旦大学出版社，2000：222.

❷ 胡翼青. 传播学：学科危机与范式革命[M]. 北京：首都师范大学出版社，2004：34.

❸ 保罗·莱文森. 思想无羁：技术时代的认识论[M]. 何道宽，译. 南京：南京大学出版社，2003：15.

前的主体地位和能动性的核心密码：技术是人脑中思想的物质表现，是人用来推进技术进步、改造或创造环境以及促进自身发展的重要工具。人不仅支配着技术和媒介的发展方向，也能改变自己同媒介和技术所构成的环境之间的状况。在信息化社会里，特别是在互联网中，人的主体地位和能动性得到了进一步彰显。互联网成功打破了传播控制，消解了中心，传播者与受众之间的鸿沟已经被填平，"将人、信息、媒介整合在同一物理表征（网络化介质）之中，人类才第一次实现了跨时空、平等、普遍地沟通的梦想"❶。其实，这正是人类与媒介技术关系中主体地位的彰显，人人（参与者）都成了互联网的主体，传播主动性得到大大提升。

同时，在考量媒介进化历史过程、特别是分析人与技术和媒介的关系中，莱文森饱含人文关怀，坚信人是主体，具有能动性。他对待技术和媒介的态度也与"技术悲观主义"情绪来了个彻底逆转，高唱技术乐观主义曲调，发掘了人在媒介选择面前的主观能动性，高扬人对媒介具有理论选择的大旗。

二、独个媒介环境学学者理论的助益

媒介环境学学者的理论成果是莱文森媒介进化理论形成的宝贵资源。在《人类历程回放：一个媒介进化理论》中，他追述了影响他媒介进化理论的媒介环境学学者的思想。就单个学者思想来说，最为重要的影响者当然是麦克卢汉。另外，芒福德、伊尼斯和波兹曼的媒介观也使莱文森获益良多，同样是媒介进化理论的重要源泉。

（一）麦克卢汉思想的启迪

麦克卢汉的媒介思想是莱文森进化理论不竭的理论根源。在第二章已经详尽论述了莱文森对麦克卢汉媒介思想的天才解读和超越，彰显出他和麦克卢汉思想之间的承继关系。可以这样说：麦克卢汉"借用了伊尼斯的工具并用它将一种审美的学说扩展为一种无所不包的社会变革理论"❷；同样，莱文森借用了麦克卢汉的工具发展出全部媒介进化理论。下面再从两方面做出简

---

❶ 杜骏飞.网络新闻学[M].北京：中国广播电视出版社，2001：14.

❷ 丹尼尔·杰·切特罗姆.传播媒介与美国人的思想：从摩尔斯到麦克卢汉[M].黄静生，黄艾禾，译.北京：中国广播电视出版社，1991：185.

要说明。

其一，从媒介进化的角度考察人的历史。莱文森认为，像当前媒介环境学学者的研究一样，麦克卢汉意识到技术延伸是人类系统能力的延伸，而这种能力的延伸使人类在获取更广泛范围传播技术的理解力上也迈出极为重要的一步；不过，他并不像人性化发展模式宣称的那样：接下来的一步是这种延伸怎样适应人类的环境。恰恰相反，他的研究坚持人类环境怎样在这种不完美延伸的影像中重新获得。之所以有这样的差异，主要因为麦克卢汉相信转换力从起源到延伸，延伸都是它的一种特殊的属性。比如，麦克卢汉用希腊神话中的美男子纳尔科索斯的例子来解释电力开关。纳尔科索斯误以为自己在水中的影子是另外一个人。由于镜子的作用，他的自我延伸使他麻木，直到他成了自己延伸或复写的伺服机制。换句话说，我们未能意识到作为我们自我一部分的延伸是由独立的力量所授予的，或许会控制着我们。❶莱文森接受麦克卢汉媒介技术之于人类的重要作用的观点，但是他认为人类之于媒介技术同样具有决定作用。这种两面性的媒介态度正是莱文森从麦克卢汉与其他媒介学者的媒介技术观的比较中发掘出来的。因此，麦克卢汉的媒介技术研究是莱文森将人纳入媒介发展史、从人类需求的角度考察媒介进化史的重要源头。

其二，媒介进化的人性化图谱。"人类历史是一部媒介进化史，媒介史即人类历史。"媒介环境学学者遵循着这个研究逻辑。他们大都描绘了媒介进化的人性化图谱。麦克卢汉可以看成是这个逻辑的始作俑者，莱文森则扛起了这面大旗呐喊。麦克卢汉从媒介进化的角度概括人类的历史，指出人类历史正经历着部落化—非部落化—重新部落化的过程。他认为，任何一种媒介都是人的能力和感官的延伸，他重塑社会，而社会又产生技术。人类经历了三种技术革新：其一是拼音文字的发明，它将部落人弹出了感官的平衡状态，突出了视觉；其二是活字印刷的推广，进一步加快了感官平衡的进程；其三是1844年发明的电报，它预告电子革命来临。电话、广播、电影、电视与电脑的进一步发展，用最终埋葬拼音文字的讯息塑造人的感知系统。电子革命将恢复人的感官平衡，使人重新部落化。❷"部落化—非部落化—重新部落化"彰显了麦克卢汉"人类史即媒介史，媒介史即人类史"的

---

❶ Levinson, Paul. Human Replay: A Theory of the Evolution of Media[M]. New York: New York University. Ph. D., 1979: 54-56.

❷ 埃里克·麦克卢汉，弗兰克·秦格龙编. 麦克卢汉精粹[M]. 何道宽，译. 南京：南京大学出版社，2000: 356.

研究逻辑。

在这里，麦克卢汉提出了"感官平衡"说，这与伊尼斯的时空偏向论类似。伊尼斯把对文字与口头语言的认识提高到人类理想文明的高度来加以拷问。认为传播的口头形态与知觉是紧密联系在一起的，口头传统喜欢倚重时间和人的个性，哪怕它被文字给"包围"起来。文明是社会组织的文字结构和口头结构的十分脆弱的平衡。时间与空间的协调发展是维持世界平衡的关键，对外部空间的征服与对个体人的关注是同步进行的文明，这样的文明才是理想的文明。麦克卢汉则认为一个新传播媒介的出现，往往使人类感官的均衡状态产生变动，不但使某一个感官特别突出，而且压抑其他感官的发展，造成时间和空间的改变，塑造了人类了解环境的新方式，并进而触发社会组织的改变。他指出：在口语传播时代，人类传播活动口、眼、耳甚至手、脚并用，因此各种感官都处于平衡状态。但是目前电子媒介的发展仍处于他所担心的失衡状态，人们对电视和网络保持着最大的热情。图像无疑是传播所关注的焦点，以广播为代表的声音传播退居一隅，虽然数字技术的逐渐推广为我们展示了未来视觉与听觉传播最完美的结合，但目前的传播格局仍体现出对听觉传播的忽视。事实上，不仅人类的理想文明要求视觉与听觉传播的平衡，同时，听觉传播的特性还表现在：声音是媒体的本质，即使是视觉符号，也脱离不了其声音的本质。只是自文字书写时代来临后，视觉空间因应而生，削弱了听觉空间，但却未曾消失。❶

莱文森的媒介进化原理、媒介进化人性化趋势以及媒介进化三阶段论等观点都深受麦克卢汉媒介人性观的直接影响。根据媒介人性化的进化趋势，莱文森认为赛博空间完全取代真实空间的情况绝对不会发生，因为在真实世界中触摸、感知和移动是我们生活中固有的必不可少的需求。❷真实空间最大的优势就是能够提供人类最真实的接触，即面对面的交流。从某种意义上说，媒介的进化就是它对在时间和空间上传播障碍的克服，不断满足媒介的小生境。就电子邮件来说，人类如果只一味依赖电子邮件而不进行面对面的交谈，势必缺少人情味；那么，自然的交流也就是净亏损。这是一种违背媒介人性化趋势的媒介交流，是不可能真实存在的假设。因此，莱文森指出："我们要小心谨慎，面对信息技术及其奇迹，我们不应该忘乎所以，不应该

---

❶ 孟伟. 广播听觉传播的人文解读[M]//胡正荣. 广播的创新与发展. 北京：北京广播学院出版社，2004：267-283.

❷ 保罗·莱文森. 真实空间：飞天梦解析[M]. 何道宽，译. 北京：中国人民大学出版社，2006：前言.

对人身在场的许多活动中许多得天独厚、非常重要的优势——不管是在地球上的优势还是在太空中的优势——视而不见。"❶

（二）伊尼斯的助益

伊尼斯的媒介时空偏向论也是莱文森媒介进化理论的重要来源。可以说，媒介进化原理、人性化趋势理论都是媒介时空偏向观的进一步发展。在"人类文明史就是媒介变迁史"媒介观的规引下，伊尼斯媒介理论的基本点就是"对任何文明都可以通过它的主要传播媒介来理解"❷。

1930年，伊尼斯出版第一本专著《加拿大的皮毛贸易》，通过对运河、铁路等交通系统以及关税制度的描述，阐释了欧洲皮毛需求、加拿大原料的开发与技术革新对加拿大发展的影响；认为西方文明的中心与边陲地区之间的差异对加拿大的经济发展有重要影响。1940年的《鳕鱼业：国际经济史》进一步对这个问题进行阐述。伊尼斯认为，传播系统在自然资源的开发与帝国权力的扩张之间起着举足轻重的作用。通过这些经济学理论著作，伊尼斯孕育了传播技术理论的原型。20世纪50年代的《帝国与传播》和《传播的偏向》这两部著作是伊尼斯传播技术理论成型、成熟的标志。在两部著作中，伊尼斯从媒介人性化的角度对传播媒介技术之于人类文明和社会发展的重大影响给以理论升华。他指出：任何文明都可以被视为具有主要传播工具的功能，传播技术是社会组织形式和文化模式的决定性因素；长期利用传播媒介将在一定程度上决定所传播知识的性质，其普遍的影响将最终创造出一种使现行生活方式和灵活性难以维持的文明，而新媒介的优势将会导致一种崭新的文明。❸

莱文森将伊尼斯的主要传播思想归结为四个方面：其一，技术媒介都具有延伸时间和延伸空间的倾向，但是两者是不平衡的；其二，在大多数社会中，占支配地位的媒介要么是倾向时间的聚合，要么偏重于空间的延伸，两者是不平衡的关系；其三，倾向于时间延伸的媒介有利于保持社会的恒定不变，倾向于空间延展的媒介促使社会迅速变化；其四，时间偏向的媒介或

---

❶ 保罗·莱文森.真实空间：飞天梦解析[M].何道宽，译.北京：中国人民大学出版社，2006：111.

❷ 玛丽·崴庞德.传媒的历史与分析——大众媒介在加拿大[M].郭镇之，译.北京：北京广播出版社，2003：138.

❸ 王纬.哈罗德·伊尼斯传播理论与美加的文化战[J].现代传播，1999（2）.

社会会被空间偏向的媒介或社会所代替，反之亦然。❶同时承认，伊尼斯的传播思想给他的人性化模式提供了三点启示：其一，人性化趋势，即无论技术初级阶段还是高级阶段，媒介的天性是复制人类的交流环境；其二，在低效、原始的技术阶段，人性趋势的表现是用一种单向延伸的扭曲的技术取代另一种，用一种反向的不平衡企图修整那种极端的不平衡，这种"补偿"式的结果当然导致另一种不平衡，因此，这种人性化运动可以说是"不成功的人性化"；其三，随着技术越来越精密，补偿过程变得精美以至于达到真正的延伸平衡；这种不断恢复前技术、多向度的传播是较为完美的人性化过程。❷

总之，伊尼斯的理论探讨把整个人类的历史当作科学研究的对象和实验室，探询历史的模式、传播的模式，为莱文森提供了一个关于媒介与人类发展关系的人性进化认识途径。

（三）芒福德的技术研究视角

刘易斯·芒福德是美国著名的技术哲学家、历史学家、城市规划家等，一生著作等身，出版了41部专著，10余部文集。他的技术有机论、技术生态和技术阶段论等技术研究视角对莱文森媒介进化理论的影响深入骨髓。"今天人类面临的主要问题之一是：我们的科学技术应当受到控制并导向为生活的目标服务，还是为了促进技术无止境的扩张，我们的生活应受到严密的组织和抑制。"❸带着这个疑问，芒福德开创了以技术史为基础的三个研究视角，即划分技术史阶段的研究视角、整体主义的研究视角和人文主义研究视角；另外，芒福德还区分了以生活发展为方向的综合技术和以权力为指向的单一技术，试图唤醒我们从根本上调整精神状态，以改变现代单一技术的文明；他认为人性的基础不是制造活动而是思维活动，不是工具而是精神。从某种意义上说，芒福德强调人之于媒介的理性把握和能动作用。在《技术与文明》专著中，以技术各自的能源、使用的原材料以及生产方式等对自然环境的改造程度为标准将技术划分成"水能—木材"体系的始生代技术时期、"煤炭—钢铁"体系的古生代技术时期和"电力—合金"体系的新生代技术

---

❶ Levinson Paul. Human Replay：A Theory of the Evolution of Media[M]. New York：New York Univer-sity.Ph.D.，1979：90.

❷ 同❶：100.

❸ 刘易斯·芒福德. 城市发展史：起源、演变和前景[M]. 倪文彦，宋俊岭，译. 北京：中国建筑工业出版社，1989：32-33.

时期。❶芒福德这种时期划分的做法为后来的媒介技术史研究树立起一座里程碑。芒福德的历史观是整体主义的，韩连庆认为是法国年鉴学派所持的"全面的（或整体的）历史观"，即芒福德扩大历史的研究对象，摒弃狭隘的政治史、人物史、代之以包括地理、生态、经济、社会、政治、科学、文化在内的人类全部活动的历史。❷因此，在芒福德看来，技术的发展是多种因素合力作用的结果，绝非一个单一的过程，它不仅受到各种社会和文化条件的制约和影响，也需要社会和文化为它的生存和发展提供适宜的土壤。不仅如此，芒福德还以人文主义者的深切关怀，通过对人类本性的深刻洞察，"以生命的名义展开了对技术问题的批判，为我们提供了一种技术研究的人文主义视角的'最合适的案例'"❸。在芒福德看来，技术在起源上是与人性整个联系在一起，原始的综合技术是生活指向而非狭隘的劳动指向。芒福德指出："使人的劳动机械化的过程，其实也就是迈向使机器人性化的第一步。这里的人性化指的是赋予自动运行的机器某些类似生命的特征。"❹特别是从乐章和乐器的喻体中可以见出他作为一个人文主义者对人性的深切关怀。他认为如果人类的历史是一部乐章，那么技术只是奏出乐章的乐器。

同时，芒福德提出机器的人性化导致了人的异化的观点，技术的发展奴役或伤害着我们的人类。他认为"代理的爱情、代理的英雄、代理的财富充填了他们操劳过度的穷困生活，让现实的芬芳进入他们的住处。机器体系本身变得积极主动、更加人性化，复制了眼睛和耳朵的自然特性。而利用机器作为逃避现实工具的人却变得更加被动，更加机械化了"❺。他指出：

电报等一系列的发明使信息传播和信息反馈之间尽管有空间的阻隔，但是时间的鸿沟上开始架起了桥梁：首先是电报，接下来是电话，无线电话，最后是电视。因此，现代传播借助于机械装置马上就可以信息回应，如同人—人传播一样迅捷。然而，这种立即传播虽然不再受制于时间和空间，但

---

❶ 刘易斯·芒福德. 技术与文明[M]. 陈允明，等译. 北京：中国建筑工业出版社，2009：102.

❷ 韩连庆. 什么是技术：论芒福德的技术观[M]//郭贵春，乔瑞金，等。多维视野里的技术. 沈阳：东北大学出版社，2003：169.

❸ 乔瑞金主编. 技术哲学概论[M]. 北京：高等教育出版社，2009：68.

❹ 同❶：133.

❺ 刘易斯·芒福德. 技术与文明[M]. 陈允明，王克仁，李华山，译. 北京：中国建筑工业出版社，2009：276.

是却受制于可利用的能量资源和机械的完美性和机器的易得性。❶

莱文森认为芒福德的这段论述抓住了人性化进化的实质和奥妙真谛：由于媒介的进化，他们不但延伸时间和空间，而且延伸空间和时间的同时伴随再次获得非延伸的结构，即所有传播中的人—人传播；同时，芒福德对人类文明的分期也是人性化理论的重要资源。但他又认为："芒福德看到了媒介进化的方向，但是他对其意义却视而不见。"❷其意是说芒福德未能深入他的技术人性化发现。

所以说，芒福德开启了人文关怀的媒介技术研究视角，成为麦克卢汉、莱文森媒介思想重要的考察态度和标尺；莱文森则继承了他的技术研究视角和研究方法，尤其继承和发展他的技术核心观点发展了自己的媒介进化理论。

（四）波兹曼的媒介思想的影响

波兹曼作为莱文森的博士研究生导师，对他的影响主要表现在两个方面：其一，莱文森从对波兹曼媒介悲观主义的反思中获得媒介进化理论的营养；其二，波兹曼人文关怀的媒介环境学思想对他的影响很大。

波兹曼是典型的媒介悲观主义者，《娱乐至死》《童年的消逝》和《技术垄断》淋漓尽致地表现出他的媒介悲观主义情绪。他认为，人类技术划分为工具使用时代、技术统治时代与技术垄断时代三个发展阶段；认为人类在工具使用时代信息稀缺，到了技术统治时代却产生了信息泛滥的问题，而到了技术垄断时代，不受控制的信息就几成灾祸了。莱文森在学术研究中非常尊重恩师波兹曼，但是，他更信奉"吾爱吾师，吾尤爱真理"。他一方面积极继承波兹曼的媒介研究精神和沿着他为媒介环境学框定的研究范畴展开媒介研究，一方面又严厉批判波兹曼对现代媒介技术、特别是电子媒介的责难和悲观主义的情绪。他在著作中经常不吝笔墨、毫不留情地批评波兹曼的媒介悲观主义论调，代以乐观的媒介态度突出人作为社会性动物的主观能动性和理性控制作用，展望新媒介的未来趋势。如莱文森曾发表《看电视的好处》一文，针砭波兹曼的电视有害论。通过分析电视的好处，莱文森批评

---

❶ Mumford, Lewis. The Myth of the Machine II: The Pentagon of power[M]. New York NY: Harcourt B-race Jovanovich, 1970: 295.

❷ Levinson, Paul. Human Replay: A Theory of the Evolution of Media[M]. New York: New York Univer-sity. Ph. D., 1979: 75.

道："在指控电视损害文化素养方面,他显然错了;还把电脑拽进来批了一通。手机和电脑上的文本驳斥了他的批评。……我尝试纠正他对电子媒介的看法,徒劳一场。"❶ 在《数字麦克卢汉:信息化新纪元指南》一书中也声明"不敢苟同波兹曼对媒介的过分悲观的批评",与他的媒介观分道扬镳。

波兹曼是媒介环境学的创建者。他不仅将"媒介环境学"这个术语制度化,还于1970年在纽约创办媒介环境学博士点。有学者认为波兹曼抓住了"媒介环境学"这个术语,看到了"它能够包容我们对人类传播媒介的思考,并成为其跳板",认为"波兹曼的名字与最紧密地和媒介环境学及其一切所指联系在一起,他对我们理解媒介的根源、沿革做出的一切贡献,构成了媒介环境学的总体理论,提供了一个内涵严密、说服力强和富有孳生力的视野,有助于我们理解媒介、文化以及作为文化的媒介"❷。

总之,波兹曼之于媒介环境学的理论贡献是用一种人文关怀的思想提供了媒介环境学的概念框架,框定了整个媒介环境学的研究领域。托马斯·F. 金卡雷利(Thomas F. Gencarelli)将他的贡献总结为四大主题:教育与媒介教育、从媒介的角度看语言、作为文化的媒介与技术、文化的保存(保守)主义。在《作为道德神学的社会科学》文章中,波兹曼用自己的滔滔雄辩优雅地说明了媒介环境学的终极目标:"我敢肯定,读者会原谅我们来一点偏向。我敢说,媒介环境学讲述的故事比其他学者讲述的故事重要。这是因为传播技术塑造人们生活的力量,并不容易进入人们意识的前列,虽然我们这个世纪屈从于新媒介君临天下的统治——无论我们是否喜欢这样说。所以为了人类的生存,我们不得不讲述这样的一些故事:什么样的天堂可能会得到,什么的天堂又可能会失去。我们不会是首先讲述这类故事的人。然而,除非我们的故事洪钟灌耳、经久不衰,否则我们便可能是最后一批讲故事的人。"❸

莱文森的媒介进化理论具有深厚的人文特质,引领媒介环境学朝着人本主义媒介研究转向。可以说,他的这种特质最为直接的影响来自波兹曼媒介环境学理论中的人文关怀和现实责任感。

---

❶ 保罗·莱文森. 手机:挡不住的呼唤[M]. 何道宽,译. 北京:中国人民大学出版社,2004:188.

❷ 托马斯·金卡雷利. 尼尔·波斯曼与媒介环境学的兴起[M]//林文刚. 媒介环境学:思想沿革与多维视野. 何道宽,译. 北京:北京大学出版社,2007:153,152.

❸ 同❷:194–195.

第三节　媒介进化理论的其他来源

媒介进化理论的形成和完善在很大程度上得益于莱文森本人的媒介实践，也得益于他对其他学科相关观点的积极嫁接。

一、莱文森的媒介实践

媒介实践是媒介进化理论的重要动力源。莱文森积极投身网络教育事业和倾力新媒介的使用和推介，在实践活动中把握媒介技术与人类行为和社会发展之间的关系。

（一）投身网络教育

1984年，西部行为科学研究院（Western Behavioral Sciences Institute）开启了用电话会议进行网上教育的新纪元。莱文森被该学院聘为会议主持人。❶他在网上组织了不少讨论会，规模一般达好几百人。比如他组织过"作为进化载体的信息技术""新地球村""空间：使宇宙人性化"等大型讨论会。通过教学实践，莱文森看到了网络教育之于传统教育的巨大优势和对人类行为、社会经济等方面的影响潜力。于是，他在1985年毅然辞去丰厚待遇的大学教职，和妻子蒂娜·沃齐克（Tina Vozick）一起下海，与社会研究型学院联合创办"联合教育公司"（Connected Ed.），自己担任总裁，开办网络教育。他采用电脑会议形式进行正规的研究生教育，并能授予硕士学位。他的网络教育学校的学生和教员均来自世界各地。到20世纪90年代，学生规模已达2000多人，来自日本、中国、加拿大等20多个国家；会议主持人也来自南非和苏联等国家。❷学生可以完全在网上考试拿硕士学位。当时从事网络教育的人不多，他成了第一批敢于吃网络教育这只螃蟹的人。莱文森本人还担任了大量网上教育课程教学，如人工智能与真实生活、电脑会议在商务及教育中的应用、国际电子传播问题、电子世界的伦理；公司开设的课程还有：电子传播的应用、电子法律、芯片经济、电子预测、电子出版、桌面出版系

---

❶ 网上教育的老师被称为会议主持人或协调人，学生被称为与会者。

❷ 保罗·莱文森.数字麦克卢汉：信息化新纪元指南[M].何道宽，译.北京：社会科学文献出版社，2001：245.

统、在线作家工作坊等。他还与英国巴斯·斯帕大学合作开设了创造性写作硕士课程。联合教育公司如今还与纽约技术大学联合办起了网上技术哲学博士班。

通过网上教育的实践，莱文森看到了数字化时代麦克卢汉理论的价值和重要意义，看到了它与媒介进化理论的适应性。如，他认为麦克卢汉难解的马赛克式文风与电脑会议等网上交流的特征不谋而合，非常适合因特网和网上浏览。麦克卢汉俨然是给因特网撰稿。麦克卢汉的写作风格就是数字式的、电子的、全息图式的"由若干富有洞见的小文章拼贴而成，这些文章彼此享有互相渗透的入场券"❶。

莱文森看好网上教育。较之面授和书本，他认为网上教育的显著特征有三："其一，无论何时何地刹那间就可以获取信息，换句话说，时空作为获取教育的制约因素已经过时；其二，网上提供信息的人可以互动，网络文本在一定程度上弥补了苏格拉底对文字的批评：你可以对网上文本提问题；其三，非同步对话，就是说，人们能够在不同时间参加会话。"❷并引用埃德蒙·卡彭特（1973）的话"电能使我们成为天使，不是教会学校那种意义上性善的、长着翅膀的天使，而是摆脱肉体的精神，能够顷刻间抵达任何地方的精神"❸；认为网上教育的学生和老师具有这种不受肉体限制的智能，克服了地理障碍、时间障碍、保存障碍、经济能力障碍、老师支配课堂的障碍和身体残疾的障碍。网上教育真正实现了麦克卢汉"处处是中心"的预言，推动了全民化、民主化教育的进程。

可见，莱文森进行网上教育不只是出于对新生事物的好奇和经济利益的驱动使然，更重要的是他对过实践思考媒介技术之于人类发展的重要意义和作用，并如何使新媒介为人类发展所用。《学习赛博空间：新型教育和媒介进化论文选》是莱文森实践赛博空间的经验总结，讨论和介绍如何运用网络媒介、网络媒介对旧媒介的影响、赛博空间的出现使真实空间之于人类时空观念的认识发生了重大变化等内容，发展了他的媒介史观，成为媒介进化理论的有力补充和精彩阐释。

---

❶ 保罗·莱文森. 麦克卢汉在新千年的地位［M］//莱文森精粹. 何道宽，编译. 北京：中国人民大学出版社，2007：171.

❷ 保罗·莱文森. 媒介关系思考：电脑中介传播、面授、书籍、电化 教学与传统教育媒介的关系［M］//莱文森精粹. 何道宽，编译. 北京：中国人民大学出版社，2007：213.

❸ 保罗·莱文森. 没有束缚的学习：网上教育与思想学园［M］//莱文森精粹. 何道宽，编译. 北京：中国人民大学出版社，2007：249.

(二) 使用新媒介

莱文森是新媒介的积极实践者，不仅是第一批吃互联网教育这只螃蟹的人，也是互联网中很多第二代媒介的最早使用者。

传播媒介不是简单地作为传播信息的工具，它也参与人类社会生活，塑造时代的性格。21世纪是媒体大发展的时代，人的异化、地区冲突、媒介失衡、全球化趋势等人与现代性冲突问题成为当代人文主义学者关注的焦点，而所有这些人类的现代性冲突问题又与新老媒介的发展有着内在的密切关联。特别是互联网的出现，人类有了第二生存空间，与真实空间一道重新构建人类的行为惯习；但是在互联网形成的赛博空间里，人类有着与在真实空间里截然不同的体验。互联网中出现的新媒介不仅是对以往旧媒介的补偿，更是人类思维的突破，无障碍传播的进一步突破。莱文森对网络新媒介表现出特有的欢呼，积极运用网络新媒介，歌颂新媒介的优点和长处。他把一切媒介看成一个相互联系的有机进化体，认为后一种媒介较之前一种媒介总是一种进步；而且，旧媒介和新媒介之间存在一种互相协同、互相催化的作用。对互联网，他是这样论述的："因特网及其体现、证明和促进的数字时代，是一个大写的补偿性媒介。这是电视、书籍、报纸、工作模式等的不足而产生的逆转，差不多是过去一切媒介之不敷应用而产生的逆转。……在新千年里，许多媒介集中起来、结合起来，以助于解决过去媒介面对的各种问题，这当然不是偶然的。数字媒介使传播速度加快、省事省力。"❶ 从这段文字里可以看出，莱文森对互联网及其数字媒介的前途充满信心，从进化的角度看到了媒介之间的有机联系，也看到了媒介功能的完善充满人性化趋势，是对人类需求的满足。他在《人类历程回放：一个媒介进化理论》中已明确指出："自古以来，媒介史一直在争夺我们的注意力和惠顾，媒介的生存竞争是达尔文一望而知的。人作出'自然选择'，决定哪些媒介生存。"❷

《新新媒介》是莱文森运用网络第二代新媒介感悟上的理论提升。书中列举的九种"新新媒介"莱文森都使用过。他使用这些"新新媒介"的时间先后为：脸谱网（2004年）、聚友网（2005年5月）、优酷网（2006年8月）、维基网（2006年8月）、博客网（2006年11月）、播客网（2006年12

---

❶ 保罗·莱文森.数字麦克卢汉：信息化新纪元指南[M].何道宽,译.北京：社会科学文献出版社,2001：288.

❷ 保罗·莱文森.新新媒介[M].何道宽,译.上海：复旦大学出版社,2011：51.

月)、掘客网(2006年12月)、推特网(2007年夏天)、第二人生(2007年11月)。可以看出,2006年是他使用新新媒介最活跃的一年。莱文森说:"互联网上的新新媒介不仅使渴望出版的人成为出版人。音频和视频这两种新新媒介还使我们成为制作者。"❶

不过,回到真实生活,莱文森同样看到了真实空间的重要性。他认为,无论如何赛博空间完全取代真实空间的情况绝对不会发生,因为在真实世界中触摸、感知和移动是我们生活中固有的必不可少的需求。❷真实空间最大的优势就是能够提供人类最真实的接触,即面对面的交流。人类媒介的进化,从某种意义上说,就是媒介传播对时空偏向的克服,满足媒介的人类小生境。赛博空间虽然成为人类的第二生存空间,但是它毕竟是虚拟空间,再怎么栩栩如生的展示、交流都只是间接的,不能给人真正意义上的触摸。因此,莱文森在《真实空间:飞天梦解析》打比方说:"在当今世界,电子邮件、手机、因特网等印刷机的后裔,使我们结成一个信息化的地球村。你不能凭借电脑显示器握手、喝茶。"❸人类如果只依赖赛博空间而不回到真实空间进行面对面的交谈,就缺少人情味,自然的交流就是净亏损。生活是一种充分参与的游戏,人不能只生活在信息世界中。"实际上,掌握的信息越多,我们就越想要去触摸、掌握、品尝、漫步,就越想身临其境地到信息显示的环境里去徜徉。"❹在现实中得到报偿才是人类追求的真正生活。

总之,莱文森对互联网及其新生媒介抱着乐观态度并积极使用它们。他始终站在人性化角度审视和阐释它们之于人类的积极意义,以及人类之于它们所具有的能动性和理性控制能力。他警醒人们说:"新新媒介赋予我们生产和自我投射的非凡能力,所以我们觉得它们是我们的延伸;但无论我们这种感觉是多么强烈,新新媒介都不完全是我们的延伸。"❺因此,他的媒介实践为媒介进化理论及其进一步深化提供了丰富的素材和实例,同时,媒介进化理论为他进行媒介实践提供了理论支持。

---

❶ 保罗·莱文森. 新新媒介[M]. 何道宽,译. 上海:复旦大学出版社,2011:56.
❷ 保罗·莱文森. 真实空间:飞天梦解析[M]. 何道宽,译. 北京:中国人民大学出版社,2006:前言.
❸ 同❷:中文版序.
❹ 同❷:5.
❺ 同❶:132.

二、媒介进化理论的其他跨学科源泉

一个新理论的生成往往是由过去许多理论共同催生的,尤其是跨学科理论带来的灵感的催生。传播学本身是一门交叉学科,从方法论到理论建构,政治学、社会学、心理学、符号学、语言学和新闻学等都是其广泛来源。莱文森的媒介进化理论正是跨学科考察和综合的产物。随着现代技术,特别是20世纪末以来信息技术、数字技术日新月异的发展,媒介技术与人类和社会发展的关系已经成为学术界关注的重要话题。可以说,目前所有的理论研究都或多或少地涉及媒介技术问题。在构建媒介进化理论的过程中,莱文森同样借鉴了其他学科,如心理学家弗洛伊德,建筑学家富勒,文化人类学家霍尔、列维-斯特劳斯,生物学家彼得·梅达沃(Peter Medawar),语言学家乔姆斯基,社会学家维纳,电影理论家克拉考尔、巴赞等学者的理论成果。莱文森直言不讳,它们对媒介进化理论的形成主要有两个观念的影响:一个是技术延伸观念,另一个是媒介人性化观念。

(一)技术延伸观念的影响

技术延伸论并非媒介环境学者的专利。精神分析学家弗洛伊德可能是最早提出"传播技术是人类身体和心理过程的延伸"的人。莱文森承认接受了他根据技术与人类感官之间的关系思考技术的角度。弗洛伊德借助改变或延伸器械等方式,观察对人感觉或其他生理系统引起的变化,认为技术延伸的动力来自人类的想象。在《文明与其不满者》中,弗洛伊德第一次详细评价了作为人类身体和心理过程延伸的传播技术:

> 借助任何一种工具,人类都可以不断完善自己的器官:无论运动上,抑或感觉上的器官;甚至克服器官的功能局限。借助机械能够产生更强大的力量,人类的肌肉能够全方位发挥作用;由于有了飞机和轮船,无论是水域还是天空都不能阻止人类的移动;借助眼镜,人类能纠正眼睛晶体中的缺陷;望远镜能够使人类看到更远的地方;通过显微镜,人类用作视网膜的结构,能够克服有限的能见度。人类创造的图片照相机能够留住转瞬即逝的视觉印象,正如录音机光碟能够保留所听到的声音一样;在本质上,照相机和录音机都将人类拥有的回忆和记忆等能力物质化。有了电话的帮助,人类就能够收听到远方的问候,这甚至在神话故事里也不能够实现。书写的源头是缺席

者的声音；住宅是母亲子宫的代替物。子宫是人类最先居住、很可能渴望永远居住的地方，因为住在里面既安全又舒适。❶

莱文森认为，在这段文字里，弗洛伊德至少有四点重要发现：其一，某一工业技术能延伸人类的体力，运输技术在空间中延伸人的躯体；从某方面来说，传播技术的运用也很相似。其二，传播技术超越时间和空间观念的生物局限而延伸人的感官。其三，传播技术不仅延伸人体的视力等外显的感官系统，也延伸和反映人类记忆和想象等内在的心理状态。其四，技术进步的推动力来源于人类想再次捕获已经失去的环境的内心渴求，而决不像埃吕尔所表述的人类仅迷恋并遵循其指令的技术特性。莱文森指出，最后两点与人性化模式特别吻合，通过技术作用与人类需求的相互关系的考察，弗洛伊德为技术人性化发展的研究提供了动力。因此，莱文森说："弗洛伊德的这几个意义重大的发现使他成了最早的人性化理论者。"❷

富勒在技术延伸论中做出了重大贡献，莱文森关注到了这一点。1938年，富勒在《通往月球的九条链索》中提出人体机器观。他认为人体是一台完美的机器，而人类文明（技术）是机器的附件，直接或间接地对人体进行操控；但是，无论主件（人体）还是附件（技术），如果没有人类精神或灵魂这位"神性头领"的引导，都终将是一个"低能的新奇玩物"。❸在富勒看来，人的眼睛、耳朵和神经系统都是人体的自我延伸，它们在独立的技术延伸的协助下，交互作用、相互适应和共同协作。莱文森认为富勒贴切地描绘了生物的和技术的两种传播方式，从两个方面支持了人性化主题：其一，支持了人类思想（理性）引导技术去创造与技术延伸和人体延伸相兼容的环境；其二，思想引导技术最终会使技术创造出人类的血肉之躯。❹莱文森一直对人类的智能生命的创造抱有极大的热情，这与富勒的影响不无关系。

霍尔提出了技术延伸是为了适应环境的观点。1959年，在《无声的语言》一书中，霍尔描述了蜘蛛网、海狸坝和人类技术之间的相似关系，即所有特殊的延伸都有助于生物体更好地适应它们的环境，在环境中生存下去。

---

❶ Freud, Sigmund. Civilization and Its Discontents[M]. Translated and edited by James Strachey. New York: Norton, 1930: 37–38.

❷ Levinson, Paul. Human Replay: A Theory of the Evolution of Media[M]. New York: New York University. Ph. D., 1979: 45.

❸ Fuller R. Buckminster. Nine Chains to the Moon[M]// Carbondale, Ill: Southern Illinois University Press, 1938: 18–19.

❹ 同❷: 48–49.

因此，生物体用偶然发展的他们身体的特殊延伸代替身体自身从事活动，使得身体自由。这些精巧的蜘蛛网、蚕茧、鸟和鱼类的巢穴是与生俱来的，然而人类出现的特殊身体延伸形成于他们对自己生存环境的开发利用。

如今，人类实际上已经完成了所有身体功能的延伸。武器演变从牙齿和拳头开始，而终结于原子弹。衣服和房屋是人的生物温度调控机制的延伸。家具替代了人蹲坐或直接坐在地上的方式。电动工具、玻璃杯具、电视、电话和书籍是实体延伸的例子。书籍能够携带人的声音穿越时间和空间。货币是延伸和储存劳动的途径。运输系统现在所做的是我们过去用腿脚和腰背完成的事情。实际上，所有人造物都可以看作过去用身体或部分身体功能的延伸。❶

莱文森赞同霍尔把技术当作适应环境的装置的观点，认为它与技术人性化发展不谋而合；但是，他机械地坚持技术的延伸能力，将原子弹与牙齿和拳头并置于一起，有悖人性化主题。莱文森从中受到启发，技术人性化发展必须考虑终极利益问题，即是否有利于人类的生存。

（二）媒介人性化观念的影响

从进化论意义上来说，技术延伸论实质上就是媒介人性化的表现。莱文森在进化论方面除直接接受和改造波普尔、坎贝尔、达尔文的进化论思想外，还接受了技术哲学、电影学、社会学等学科中的媒介人性化观念，前文已列举了一系列学者，如梅沃达、芒福德、伊尼斯、巴赞、维纳等。他说："梅达沃简要地探究了拉马克和达尔文进化论之间的相似点，提出了技术延伸进化与生物的器官和有机体的进化非常相似；芒福德清楚地认识到了技术的人性化进化；伊尼斯发现了媒介进化的基本结构，同时将媒介人性化过程溯源到技术的开始。他们的思想可能是不完美的，但却是重要的、早期的人性化理论。"❷下面主要看梅沃达的技术进化理论中人性化因子对他的启迪。

梅达沃提出工具和技术的进化类似有机体进化的观点。他认为，一切由人类发明的工具和机器都经历了它们自己的进化过程，然而这个进化过程与普通有机体的进化有着惊人的相似。同时，他指出生物的器官进化与技术

---

❶ Hall, Edward. The Slient Language[M]. New York: Fawcett, 1959: 60.

❷ Levinson, Paul. Human Replay: A Theory of the Evolution of Media[M]. New York: New York University. Ph.D., 1979: 102.

延伸二者之间的几个明显差异，并认为其原因主要是：生物器官是基因的直接产品，而这种基因是以一种自然选择或达尔文式的方式使之与环境发生联系；技术的延伸构思于文化的引领，这种文化的引领以一种增添附加物或拉马克式的方式传递，不过，在达尔文的模式中，技术进化与一般有机体的进化有某些明显的相似。他说：

> 在达尔文的模式中，技术进化与一般有机体的进化有某些明显的相似。例如，我们再来考虑飞机和汽车的进化。一个新的发明会展显出更为沉重的选择压力：消费者的需求、"市场力"和危机的作用。我的意思是飞机必定位于高空，而汽车必定朝前行驶。一个成功的新发明，飞机和汽车通过整个数量而风靡；正如喷汽式飞机代替了螺旋桨式的飞机而成为流行的类型。❶

莱文森认为梅达沃提供的技术进化理论描述从多方面预测了媒介进化人性化趋势：其一，技术的本质是延伸，延伸与人类系统之间是构成整体的、相互交换的关系；其二，技术进化的规则在许多方面与达尔文模式相似；其三，幸存的技术必须承担双重任务的"功能"和满足"消费者的需求"，用人性化趋势的术语来表述就是通过时间和空间延伸（即功能），同时重新恢复前技术的真实（即满足消费者的需求）；其四，不断前进的活跃的进化过程并不是独立的技术运用或埃吕尔们，而是不断人性化。❷同时，他又认为"梅达沃懂得媒介进化的意义却不能真正判定媒介进化的方向"❸。这显然是说，梅沃达的技术进化理论看到了技术进化中人性化的因子，但不能对其做出整体的理论把握。这正成为莱文森发展人性化媒介进化理论的重要根基。

另外，巴赞的电影理论、维纳的控制理论中的人性化观点也都对莱文森产生了重要影响。

莱文森认为，巴赞的电影理论解决人性化观点中"为什么"这个最根本的问题，对人性化趋势理论有三个的重要启发：其一，充分再现现实的欲求（恢复到前技术传播环境）在最初的技术发明中已经存在；其二，部分或

---

❶ Meawar, Peter. What's Human About Man Is His Technology[J]. Smithsonian, 1973 (4): 22.

❷ Levinson, Paul. Human Replay: A Theory of the Evolution of Media[M]. New York: New York University. Ph. D., 1979: 75.

❸ 同❷: 76.

不完善的再现现实引起的原因仅仅是因为在当时没有切实可行的能完全再现现实的技术（技术知识缺乏限制了技术的延伸，不能充分复制。也就是说，在当初的语境中，技术延伸现实最初是通过抽象或者歪曲现实的方式来进行的）；其三，部分再现现实仅仅是一个过渡性阶段（它是紧接而来的技术革新发生的基础）。巴赞有关部分复制的发明家的思想中涵盖了充分复制目标的观点，有助于我们用这些原理进一步关注有形事件和媒介。❶

对维纳的控制论，莱文森同样认为对人性化趋势理论有两个重要的贡献。控制论认为：无论是通过有机体还是技术传送信息，它们的本质属性是一样的；有机体和技术有着相同的传播模式。比如，它还认为：计算机的功能与人类的大脑越来越相似；计算机是媒介世界的"主交换机"，正如大脑是人类感官和神经系统的"主交换机"一样。莱文森认为，控制论做出了两个至为重要的人性化趋势推断：其一，生物体（前技术世界）已经发展出迄今最有效的交流模式，因为它们有几十亿年的时间，要么发展这种模式，要么淘汰它；其二，人类企图成为更为有效的传播者，这势必发展出更为接近生活和前技术系统的技术。❷

概言之，正是对这些跨学科理论的媒介人性化观点的论述接受和改造，莱文森最终确立了以人性化趋势为主体的媒介进化观。

（三）对科幻作品中媒介与人类关系观的反思

莱文森还从科幻作品中寻找媒介进化理论的灵感，这主要表现在他高扬媒介乐观主义。在很大程度上，他的媒介乐观主义深受美国科幻大师，特别是伊萨克·阿西莫夫（Isaac Asimov）科幻精神的影响。他反思科幻作品里那种常常认为机器人会伤害人类而不是人类可能会伤害机器人的思想倾向，整体接受了阿西莫夫的"机器人定律"，支持人类与机器人和睦相处的观点。

阿西莫夫是誉满全球的科幻大师，同罗伯特·阿恩逊·海因莱因（Robert Anson Heinlein）、亚瑟·查尔斯·克拉克（Arthur Charles Clarke）一道被列为科幻小说的三巨头。他一生著述500多部，单科幻小说就达100多部，曾获代表科幻界最高荣誉的雨果奖和星云终身成就"大师奖"。阿西莫夫不满那种始终认为机器人有可能伤害人类而不考虑人类会损害机器人的看法，因此，他的科幻作品始终充满着人文关怀，提出人类与宇宙万物的和平共处，对媒

---

❶ Levinson, Paul. Human Replay: A Theory of the Evolution of Media [M]. New York: New York University. Ph. D., 1979: 158–159.

❷ 同❶: 136–152.

介的开发利用认为应该遵循有利于人类生存发展、同时人类也不能随意损害媒介的原则。他的机器人小说，从第一篇机器人短篇小说《小机》（Robbie）里的机器人保姆、《兰尼》（Lenny）里的机器人心理学家苏珊·凯文（Susan Calvin）到《可避免的冲突》（The Evitable Conflict）里的机器人，用人道主义的手法将他们描述成人类幕后的保姆。特别是他在机器人三部曲❶中提出了"机器人定律"：机器人永远不能加害于人，行动或不行动对人造成危害都不行；机器人必须服从人的一切指令，与第一条定律矛盾的指令除外；机器人必须随时行动以确保自己的安全，与前两条定律矛盾的行动除外；人类的总体利益超过个别人的需要，机器人代表人类可以杀死一个人。❷

莱文森从10岁就开始读阿西莫夫的科幻小说，接受了作品中乐观的媒介态度、有利于人类生存发展，以及人类与媒介和谐相处的"机器人定律"的媒介主张。他指出：机器人"越是像人，让它们暴露于危险、伤害、死亡就越是不能为人接受；越是不像人，它们提供的关于我们没有直接看见或经验过的地方的报告就越是靠不住""我们造的机器人越聪明、越深思、越敏锐——越是能够贯彻阿西莫夫的定律——它们就越是需要我们的保护，因为它们或越来越像我们"❸。因此，阿西莫夫的机器人定律和与人类和睦相处的媒介思想成为莱文森媒介进化理论的重要支撑。他毫不忌讳地说明《追求真理》和《软边缘：信息革命的历史与未来》两书的论证都得益于阿西莫夫的启示。他说："假如此次航程仅仅是历史河流之一小段，阿西莫夫仍将是当然的向导，因为他通过其著作坚定的提倡，人类理性及其技术应用将是我们自我完善的最佳手段。但当我们致力于未来时，阿西莫夫的科幻小说将成为不可或缺的开场白。"❹

---

❶ 机器人三部曲是《钢铁洞穴》（The Caves of Steel，1953）、《赤裸的太阳》（The Naked Sun，1956）、《黎明期的机器人》（The Robots of Dawn，1983）。

❷ 保罗·莱文森. 手机：挡不住的呼唤[M]. 何道宽，译. 北京：中国人民大学出版社，2004：103-104.

❸ 保罗·莱文森. 真实空间：飞天梦解析[M]. 何道宽，译. 北京：中国人民大学出版社，2006：中文版序，103，104.

❹ 保罗·莱文森. 软边缘：信息革命的历史与未来[M]. 熊澄宇，等译. 北京：清华大学出版社，2002：前言.

第四章　莱文森的媒介进化理论（上）

第三章溯源了莱文森的媒介进化理论的理论渊薮，较为清晰地证实了媒介进化理论"是从生物、知识、认识、技术、媒介一步步深入论证的逻辑体系"❶。通过这个逻辑体系，莱文森构建了自己的媒介哲学观。在这个媒介哲学观的规引下，形成了以一种技术乐观主义情绪探寻媒介进化规律的媒介进化理论。本章和第五章主要论述莱文森的媒介进化理论谱系，以便做出整体把握。

第一节　莱文森媒介进化理论的发展轨迹

莱文森的媒介进化理论不是单一理论，而是一个有机谱系，包括媒介进化三阶段理论、人性化趋势理论、补救性媒介理论三大主体理论，以及媒介之媒介说、新新媒介说、"三种地球村"新说等媒介进化理论的次生理论等。通观他的媒介理论著作及主要论文等主要学术成果，媒介进化理论的形成发展过程可以划分为三个时期：媒介进化理论创说时期、媒介进化理论成熟时期、媒介进化理论丰富和运用时期。

一、媒介进化理论创说时期（1963—1979年）

1963年至1979年的这一时期，不仅是莱文森完成从大学到博士研究生的求学历程，也是他不断积累知识、步入传播学研究领域、着手创说媒介进化理论的时期。

莱文森在读本科时，就开始接触麦克卢汉的著作。据他自己回忆，刚入

---

❶ 戴元光，夏寅. 莱文森对麦克卢汉媒介思想的继承与修正——兼论媒介进化论及理论来源[J]. 国际新闻界，2010（4）.

学时，一位心理学教授指定他们阅读《理解媒介：论人的延伸》——麦克卢汉最负盛名的著作。虽然当时读得一知半解，但无疑为他后来倾心麦克卢汉的研究埋下了种子。大学期间主修心理学和社会学，这又为日后从事传播学交叉性研究做好了知识积累的准备。1974年，莱文森进入福德汉姆大学读硕士研究生，这是他从事传播学研究的起点。硕士生导师约翰·卡尔金（John Culkin）自称麦克卢汉迷。他不仅邀请麦克卢汉到福德汉姆大学担任阿尔伯特·施韦策人文讲座教授，还创立了非营利性的"理解媒介研究中心"；并且先后在安提奥（Antioch）学院和社会研究新型学院推出媒介研究的硕士学位。该学院的办学理念，用卡尔金的话来说，就是"完全建立在麦克卢汉的思想之上（1989）"❶。在他的引领下，莱文森的鉴赏能力和理论水平大大提高，开始踏上学术征程；系统地学习和了解了麦克卢汉，为日后对麦克卢汉做出天才般解读和超越做了最为重要的积累，也为媒介进化理论的建构提供了丰富的思想资源和坚实的理论支撑。莱文森对卡尔金的影响十分感激，《数字麦克卢汉：信息化新纪元指南》一书是献给他的。在书中，莱文森满怀诚挚地感激说："他知识渊博，对麦克卢汉理解透彻，古道热肠，乐于倾其所有给我们传授知识。我师从他学习麦克卢汉，不胜幸运，否则我的生活会是另一种样子，而不是现在的学者和媒介理论家。"❷

如果说卡尔金是莱文森学术的指路人，那么，尼尔·波兹曼（Neil Postman）则是将他送上学术坦途的推手。1976年，莱文森硕士毕业后，就到纽约大学攻读"媒介生态学"的博士学位，师从波兹曼。波兹曼在当时已是很有影响和学术地位的媒介理论家，执掌纽约大学的媒介生态学博士点。在他的耳提面命之下，莱文森更为系统地梳理和把握了人类文明发展史和媒介进化史，在传播领域的学术研究迅速成熟起来。波兹曼不仅使得他进一步了解麦克卢汉的思想，而且引荐他结识了麦克卢汉，成为麦克卢汉的"私淑弟子"。在纽约大学，莱文森还聆听了克里斯琴·尼斯特洛姆（Christine Nystrom）和特伦斯·莫兰（Terrence Moran）的教诲，并结识了一批很有思想的同窗：如约书亚·梅罗维茨（Josh Meiromitz）和E.瓦克特尔（E. Wachtel）等。莱文森的媒介进化理论从他们那里都得到了启迪。对波兹曼，莱文森的感激之情经常流露于字里行间，写道："不仅教我如何上课，而且使我洞悉

---

❶ 林文刚. 媒介环境学的思想沿革初探[M]//林文刚. 媒介环境学：思想沿革与多维视野. 何道宽, 译. 北京：北京大学出版社, 2007: 18-19.

❷ 保罗·莱文森. 数字麦克卢汉：信息化新纪元指南[M]. 何道宽, 译. 北京：社会科学文献出版社, 2001: 作者谢辞.

麦克卢汉，洞悉麦氏对世界的影响。他不仅给我引路，而且把麦克卢汉本人介绍给我。"[1] "尼尔·波兹曼不仅是我攻读博士点的精神领袖，而且是我的博士论文导师……是他告诉我们，为何要认真研究麦克卢汉。他的风范，鹤立鸡群，过去如此，现在亦如此。"[2] 2002年出版的《手机：挡不住的呼唤》一书是专门献给波兹曼的。媒介环境学者兰斯·斯特莱特（Lance Strate）指出："莱文森全部接受了波兹曼浅显通俗的创作风格，同时，运用这种风格把麦克卢汉的思想非常清晰地译述给大众。"[3] 不过，需要指出的是，莱文森的媒介进化理论体系恰恰是对波兹曼媒介悲观主义情绪的彻底背叛和逆转。

这一时期，给莱文森媒介进化理论影响最深的莫过于麦克卢汉及他的媒介观。莱文森媒介理论"核心的视野都是从麦克卢汉学来的"[4]。第二章第一节"莱文森与麦克卢汉的友谊"已做了详细论述，在这里就不再展开。

这个时期是莱文森的媒介进化理论的草创时期。整个理论框架已初具规模，最重要的媒介进化理论，即人性化趋势理论已经完整提出，同时媒介进化三阶段理论也在这个时期产生。1977年，莱文森在《等等》杂志上发表题为《玩具、镜子和艺术：技术文化之变迁》（*Toy, Mirror, and Art: The Metamorphosis of Technological Culture*）的论文，标志他不仅开始以宏大的视野、从史学的角度进行媒介进化理论的探索，也较为完整地提出了他第一个媒介进化理论：媒介进化三阶段理论，即媒介进化要经历玩具、镜子和艺术这三个阶段。据他自己说，这篇论文是他最受欢迎、被重印次数最多的论文。[5] 这一时期的重要论文还有《互动式媒介的"冷热"界说》（*"Hot" and "cool" Redefined for Interactitive Media*, 1976）、《〈麦克卢汉〉序》（*Preface to M. McLuhan*, 1977）、《技术之未来》（*The Future of Technology*, 1978）、《进化的四轮车》（*Tetradic Wheels of Evolution*, 1978）等。这些论文都是莱文森的媒介进化理论的有机部分。1979年，毕业论文《人类历程回放：一个媒介进化理论》从人性化趋势的视角研究了媒介进化，回溯了媒介进化理论的历史渊源，推演出媒介进化理论的主要原理，提出媒介人性化趋势的进化理论。媒介进化的人性化趋势理论标志媒介进化理

---

[1] 保罗·莱文森. 数字麦克卢汉：信息化新纪元指南[M]. 何道宽，译. 北京：社会科学文献出版社，2001：作者谢辞.

[2] 同[1]：26.

[3] Strate, Lance. Look out old Mac is Back [J]. The review of communication, 2001：151.

[4] 同[1]：25.

[5] 同[1]：200.

论的主体框架已经搭建。"根据这个理论,进化过程中的媒介选择,越来越支持'前技术'的人类传播模式,形式上和功能上都是如此。因此,我这个理论,与麦克卢汉媒介观中充满活力和人性的成分,是非常契合的。"❶尤其引人注目的是,论文勾画了一幅从言语、拼音文字、印刷术到全息术和未来媒介等,沿着人性化趋势进化的媒介图谱。人性化趋势的媒介进化理论是莱文森媒介进化理论谱系中最具有莱文森特色,也是最为成熟、最有影响的理论,它标志着媒介进化理论的框架基本奠定。

二、媒介进化理论成熟时期(1980—1999年)

1980年至1999年的20年,是莱文森媒介进化理论的进一步完善和成熟时期;也是他打破学院束缚,开始媒介实践,投身网上教育,关注网上新媒介和媒介新现象的重要时期。这一时期是莱文森思想最活跃、理论著作最多质量最高的时期,撰写了不少有影响力的理论著作。1985年,莱文森投身网络远程教育,认为它是"面对面"传统教育模式的"一种深刻的解放"❷;他积极推行网上硕士学位试点,成为网上教育滥觞时期大胆吃螃蟹的拓荒者之一。实践积累的经验为他进一步夯实和深化媒介进化理论提供了思想认识上的支持和例证上的保障。

1984年,莱文森在《大众传播与科技研究》上发表了题为《媒介进化与理性对媒介决定论的制约》(*Media Evolution and Rationality as Checks on Media Determinism*)一文,第一次明确提出"补救媒介之媒介"有关论述,逐步形成第三个媒介进化理论:补救性媒介理论。

莱文森有影响的理论著作《学习赛博空间:新型教育和媒介进化论文选》《软边缘:信息革命的历史与未来》《思想无羁:技术时代的认识论》《数字麦克卢汉:信息化新纪元指南》等都产生于这个时期。《学习赛博空间:新型教育和媒介进化论文选》(1995)是一本论文选集,收录1977—1990年发表的11篇论述媒介进化历程和赛博空间里各种新现象的论文,偏重电脑学习和网上交流的讨论,成为一本介绍赛博空间和网上学习的"入门教材"。《软边缘:信息革命的历史与未来》《思想无羁:技术时代的认

---

❶ 保罗·莱文森.数字麦克卢汉:信息化新纪元指南[M].何道宽,译.北京:社会科学文献出版社,2001:54.

❷ 同❶:197.

识论》既是媒介哲学著作，也是两部媒介史。这一时期，莱文森有影响的论文也发表不少，例如，《麦克卢汉与理性》（*McLuhan and Rationality*，1981）、《进化语境下麦克卢汉的贡献》（*McLuhan's Contribution in an Evolutionary Context*，1981）、《麦克卢汉被误读》（*McLuhan's Misunderstood Message*，1981）、《媒介进化与言语媒介的首要性》（*Media Evolution and the Primacy of Speech*，1981）、《技术给哲学的启示》（*What Technology Can Teach Philosophy*，1982）、《网上新学校》（*The New School Online*，1984）、《麦克卢汉与电脑会场》（*Marshall McLuhan and Computer Conferencing*，1986）、《有灵性的写作：文本的电子解放》（*Intelligent Writing: The Electronic Liberation of Text*，1989）、《麦克卢汉的空间观念》（*McLuhan's Space*，1990）、《杂草之网络》（*Web of Weeds*，1995）、《学习无羁：网上教育与精神学苑》（*Learning Unbound: Online Education and the Mind's Academy*，1997）、《论书之书》（*The Book on the Book*，1998）、《轻飘飘的热线传播，凉悠悠的文本》（*Way Cool Text Through Light Hot Wires*，1998）、《从守门人到红娘：即将到来的出版形式》（*From Gatekeeper to Natchnaker: The Shape of Publishing to Come*，1998）。这些论文不断演示、推进并丰富媒介进化理论的内涵，使之趋于成熟。

1999年，《数字麦克卢汉：信息化新纪元指南》[1]的付梓可以看成媒介进化理论成熟的标志。它以"麦克卢汉是对的，至少他提供的框架是对的"为研究基点，放眼数字时代考察麦克卢汉理论的先知先觉性，"不仅谋求提供进入数字时代的向导……而且谋求证明麦克卢汉思想隐而不显的准确性"[2]。在数字化媒介语境下重新发掘了麦克卢汉一系列媒介思想的时代意义和理论价值，标志着莱文森修正了自己对麦克卢汉是技术决定论者的偏激判断："麦克卢汉肯定不是绝对马克思主义意义上的媒介决定论者。"[3]莱文森因之获得"数字麦克卢汉"的称号。更为重要的是，该书在数字化语境下发展和完善了媒介进化理论：媒介进化的人性化趋势理论、媒介进化三阶段理论和补救性媒介理论在这本书中都已经建构得相当完备，从而使得他在数字化媒介时代传播学界的学术地位得以确立。它运用人性化趋势理论分析了媒介与

---

[1] 2000年，《数字麦克卢汉：信息化新纪元指南》获得"刘易斯·芒德福杰出学术成就奖"。

[2] 保罗·莱文森. 数字麦克卢汉：信息化新纪元指南[M]. 何道宽，译. 北京：社会科学文献出版社，2001：5.

[3] 同[2]：286.

人类之间的互动互利关系，并连同《软边缘：信息革命的历史与未来》《思想无羁：技术时代的认识论》一道深入浅出地分析了"媒介之媒介说"和补救性媒介理论。因此说，这个时期是媒介进化理论的成熟时期。

三、媒介进化理论丰富和运用时期（2000年至今）

莱文森历来以饱满的热情关注和实践新生媒介和新生事物。新千年之后，数字传媒技术迅猛发展和成熟，媒介新现象，尤其互联网媒介上的新媒介层现错出、日新月异，他大胆学习、积极使用，成为这些新生媒介的最早运用者和获益者。

2000年以来直到现在，基本上是莱文森投身媒介实践，运用媒介进化理论剖析新生媒介及其新现象、例证和丰富媒介进化理论的时期。《真实空间：飞天梦解析》《手机：挡不住的呼唤》《新新媒介：论人的延伸》等都是这一时期出版的媒介理论著作。这些著作是他关注数字时代技术与人类文明和社会政治关系的产物，具有强烈的现实责任感和浓烈的数字化时代意味；同时，展示出他关注社会生活，对新生媒介具有浓厚的兴趣和人文关怀的情怀。他将自己的媒介进化理论运用到社会现实中，分析媒介的进化，预测媒介的未来。这一时期，关注数字化媒介及其进化趋势始终是莱文森最重要的研究视点。比如，《真实空间：飞天梦解析》论述人类与环境之间必然是一种互动的关系，无论实境包括地球或太空，还是赛博虚拟空间都应该进行互动。在论述了这层关系的基础上，强调人类在虚拟空间环境下少不了与真实空间的互动。莱文森认为，虚拟空间的出现，不可能取代真实空间的地位。人类肉体在真实空间中运动，而不是在赛博空间，这是人类的要求。"因特网既使人获得解放又使人感受到挫折。人不能只靠信息生存——实际上，掌握的信息越多，我们就越想要去触摸、掌握、品尝、漫步，就越想身临其境地到信息显示的环境里去徜徉。说到底，形象和景色不可能让人满足。表征的东西不足以令人满意。生活是一种充分参与的游戏，我们渴望在现实之中得到报偿。"❶前文已经引用的这段文字足可说明莱文森互动的、人本主义的媒介观。马克·波斯特在《第二媒介时代》中说："由于我们的身体已经紧密地维系着网络、数据库和信息高速公路，所以它们不能给我们提

---

❶ 保罗·莱文森. 真实空间：飞天梦解析[M]. 何道宽，译. 北京：中国人民大学出版社，2006：5.

供一个不受观察的避难所,或提供一个可以划定一条抵抗界线的堡垒。通往更彻底的解放的道路必须通过信息方式的主体形成,而不必通过现代性的早期时代的主体形成以及该时代快速消失的文化。"❶ 这句话说明了与莱文森同样的意思:人类对真实空间的依赖以及自身主体性的确认。2009年,莱文森出版新著《新新媒介》,书中列举出九种"新新媒介",提出了"媒介三分说"。媒介三分说是莱文森对媒介类别的重新划分,他将媒介划分成旧媒介、新媒介、新新媒介,其划分标准正是媒介进化原理的演绎。

第二节 媒介进化的主要原理

可以说,媒介进化原理,是莱文森构建媒介进化理论的核心密码、DNA。在《人类历程回放:一个媒介进化理论》中,他提出了人类媒介进化的三个时期:

技术性媒介进化的三时期模式:第一个时期,所有的传播都是非技术和面对面的传播。这种传播存在描绘对真实世界感知特点的诸多要素,如色彩和运动;也存在传播能力在时间和空间上的生物性局限。第二个时期,技术设计成传播在时间和空间上对生物性局限的克服;然而,有效克服了这些生物性局限,早期技术却偏废了人们想望的现实世界环境中的许多成分,如色彩和运动的感知。第三个时期,由于技术的越来越高级精密,他们设法恢复早期技术中丢失的面对面传播的要素,同时继续扩展在时间和空间上的延伸。❷

这段论述在莱文森后来的所有著作都有所涉及和说明,这是他在考量人类媒介进化历史过程中提出的总的媒介进化规律,确立媒介系统发展和动态进化的三时期模式,成为发现媒介进化原理的重要建构基点。第一个时期是前技术时期,人类交流带着"生物性交流"的原初特性,即非技术的、面对面的直接交流。这个时期的交流符合人类最基本的生理、感知特性,是媒介人性化趋势的首要判断标准,也是其基本内涵。第三个时期是高级技术时期,而第二个时期是原始技术时期(在《手机:挡不住的呼唤》中莱文森称为"得失皆有时期")。在这两个时期中,第三个时期是对第二个时期的弥

---

❶ 马克·波斯特.第二媒介时代[M].范静哗,译.南京:南京大学出版社,2001:128.
❷ Levinson, Paul. Human Replay: A Theory of the Evolution of Media[M]. New York: New York University. Ph. D., 1979:12.

补，而弥补的正是第二个时期信息交流中所失去的第一个时期交流符合人类生理和感知特性的那部分内容。因此说，三个时期的提出，使莱文森从纷繁芜杂的现象中找到了媒介进化的一般规律。通过一般规律这个工具，他又提出了必须围绕人这个中心的媒介进化总原理，同时生发出三条基本原理，即净利原理、延伸原理、共同进化与会聚原理。

一、媒介进化总原理：适人需者存

达尔文主义的生物进化观认为，生物进化遵循"物竞天择，适者生存"的自然选择原理。莱文森考量技术和媒介进化史发现，技术和媒介进化与达尔文主义描述的生物进化观惊人相似，只不过生物进化是自然的选择，而媒介进化是人类按照自己的需要做出的理性选择。于是，他仿拟生物进化原理提出媒介进化总原理："媒介竞人择，适人需者存"。同时认为，媒介之间同样存在相互竞争，它们争夺的是人类的需求。人类的需求决定媒介的存亡或发展。换句话说，媒介的进化由人类需求来决定，是人类理性的选择。"媒介适人择"，要适合什么样的人择呢？它主要有两层主旨：一层是要吻合小生境的传播模式，另一层是要对应小生境传播模式中的某一种要素。

（一）吻合小生境传播模式

既然媒介是以人为中心，围绕人的需求竞争和进化，那么媒介进化的环境就是人，就是由人的需求组成的环境。媒介在竞争中要获得生存和发展，如果符合了人类小生境的需求就可立于不败之地。那么，什么是媒介的人类小生境？

莱文森通过追问发现：一种媒介的存活系数与前技术人类交流环境的近似程度直接相关。所有媒介进化呈现出复制真实世界水平不断提高的趋势。其中有些媒介——甚至早期的人性化传播标本——设法达到与真实的传播环境某种程度的和谐一致。所谓媒介的人类小生境就是指媒介要吻合人类前技术世界的传播模式，要满足人类对前技术交流环境的追求。也就是说，媒介进化的小生境是在前技术世界里，传播技术尚未出现，人类只能借助自身感官与外界进行交流，获取信息。通俗地说，人类小生境就是面对面人际传播的特性。前技术时期的传播模式，莱文森列举了最主要的两种：只听不看和边走边谈；而前技术时期的生存环境就是人类得以生存下来与自然环境某种要素相适合的生物感知特性，即契合小生境中的某一种要素。

1. 只听不看的模式

莱文森认为："只听不看是一个普遍存在的、自然的、'前技术'的人类传播模式，然而只看不听则不然……广播存活下来并且在某些方面甚至超过了它的竞争对手，正是由于它从最开始就满足、接近、涉及一个基本的人类传播模式。"❶广播何以生存，而无声片何以死亡？其主要原因是广播满足前技术时期人类交流只听不见的特性，而无声片只看不听的传播模式则违背这一特性。莱文森认为，人类原始交流主要是视觉和听觉参与的交流，可以分为视觉和听觉同时参与交流、只听不看的交流和只看不听的交流三种形式。在前技术世界里，只用听觉不用视觉在生理上和一般交流中都是很方便的，是前技术交流的主要特征；而只看不听的交流对于人类信息传播来说是很少见的。韦尔施说："视觉是个性的感觉……听觉则不同，它联系着民众，联系着我们的社会存在。……我们去听，然后才能接纳语言，才能自己言说。"❷贝尔纳·斯蒂格勒则指出，语言（声音）绝不可能削减其他传播体的多样性、独特性和特有性，同样也不能削减其自身的特性，即它的特有语言性。❸这说明，语言（声音）与听觉是密切联系在一起，通过听而不是通过看来把握的。下面是莱文森的一段精彩论述：

如果你只想听不想看，只需要闭上眼睛就可以办到，我们每次在睡梦中被吵醒的传播模式就是这样的传播模式。实际上，我们在黑暗中听人家讲故事，偷听隔壁的人说话，竖起耳朵听山那边的动静等，也是用这种传播模式。相反，只用视力而不用听力的传播模式，从生理上说是很难成立的。在自然环境里，这样的事情几乎是闻所未闻。在真实世界里，视觉总是得到声音的陪伴，如果想要在用眼睛看的时候不用耳朵听，我们就不得不用手指塞住耳朵，这既不舒服，效果也不一定好。看起来，在前技术传播的全套剧目里，只听不看似乎是不可或缺的一部分，只看不听却不是这样。此外。在前技术世界里，只用听觉不用视觉对人的生存具有很高的价值，因为每天晚上夜幕必然降临，但决不会万籁俱寂。❹

---

❶ 保罗·莱文森. 思想无羁[M]. 何道宽，译. 南京：南京大学出版社，2003：98-100.

❷ 韦尔施. 重构美学[M]. 陆扬，张岩冰，译. 上海：上海译文出版社，2002：223-224.

❸ 贝尔纳·斯蒂格勒. 技术与时间2：迷失方向[M]. 赵和平，印螺，译. 南京：译林出版社，2010：201.

❹ 保罗·莱文森. 媒介进化的原理：适者生存[M]//莱文森精粹. 何道宽，编译. 北京：中国人民大学出版社，2007：33.

可见，在莱文森看来，只听不看是前技术阶段人类传播的一种模式，如果媒介符合这一模式必能存活下来。因此，那些与前技术传播环境基本比较协调的媒介，没有发生大的变化也能存活下来；而有些媒介包括与之同时代的和后来的媒介在进化过程却持续遭遇了急遽变化，大多是这个原因。他认为，这种类似于生物进化的规律是可以预见的："一些古老的有机体如海星，历经亿万年不变却存活下来；而有些有机体要么濒临消亡，要么已经消亡。可以说，存活下来的有机体都找到了自己的'小生境'——对特殊环境需求的满足性回应——然而，其他的仍然在'寻找'小生境。在媒介进化的过程中，媒介回应的环境必然是前技术的环境，或者是人们喜欢或渴望再现的真实世界的传播模式。一种媒介对前技术世界做出了满意的回应，或者接近前技术世界的某些基本要素时，就可以说，这种媒介找到了它的'人类'小生境。"❶莱文森从对广播存活和发展的分析中演绎出媒介进化的"小生境"，能有效地解释媒介或生或死的原因，为媒介进化找到了一条基本原理。

2. 边走边谈的模式

边走边谈是莱文森列举的第二种前技术时期人类传播模式，媒介生存的人类小生境。他认为，边走边谈不仅是人类最遥远、最原初的交流方式之一，也是至今人类最普适的信息传播方式。《真实空间：飞天梦解析》《手机：挡不住的呼唤》等著作论述了这种传播模式。他强调指出，边走边谈是一种耦合的生物远古性，在生命滥觞时说话和行走就捆绑在一起相互持存。他有这样一段描述：

我们走出非洲时已经会说话。此前的类人猿显然走路说话都不如智人。进化改善了我们凭借交流而取得的运输效果，使我们能够谈论即将去的地方，这种更加有效的运动使我们的交流有了更好的现实检验标准。人的运动和信息的运输成为一只滚动中的硬币的两个侧面。运输和交流——走路和说话——并肩前进。❷

莱文森用硬币的两个侧面说明走路和说话之间相互依存的对子关系，推衍在这种对子关系中滋生出来的一系列对子媒介。他说，走路和说话的对子关系催生了铁路与电报、自行车与电话、汽车与广播、飞机与电视的伴生关

---

❶ Levinson, Paul. Human Replay: A Theory of the Evolution of Media[M]. New York: New York University. Ph. D., 1979: 229–230.

❷ 保罗·莱文森. 真实空间：飞天梦解析[M]. 何道宽，译. 北京：中国人民大学出版社，2006：17.

系。朝着边走边说这种结合方向进化的媒介符合人类的小生境模式。正因为此，他对手机的出现给予了热心关注，认为手机的出现创造了千里一线牵的信息传递局面，而手机与互联网的联姻进一步增强了人类漫游世界的能力。它是目前人类媒介中将走路和说话的对子关系结合得最好的媒介，虽然远程感知不等于远程运输，但是手机再一次将人类传播回复到前技术时期"边走边谈"的状态，远远超出其他媒介。

（二）对应小生境传播模式的某一种要素

媒介符合人类小生境中某一传播模式可以存活和发展，同理，符合前技术传播模式中某一种要素的媒介也能够存活发展。

前技术传播要素是指什么呢？莱文森在《人类历程回放：一个媒介进化理论》中明确提出了前技术的三个类别可以识别其身份：第一个类别是前技术的内容，包括颜色、第三维、声音等，它们是我们用摄影术再现的；第二类别是前技术的程序，有同步性、互动性、及时性，它们是我们用电子媒介再现的；第三类别是最模糊的构造成分——想象力，它不是我们用技术进行文学再现或复制的源泉，而是给技术的延伸机制本身提供刺激。[1]不过，在探讨言语抽象性媒介时还提出了第四个类别，即言语本身的抽象性机制。

说到底，莱文森所指的前技术传播要素是人类在前技术世界里形成的认知和感知外界环境的生理和心理特征，即要符合人类认知的生理和心理惯习。比如对颜色、对声音、对形状、对物态等所形成的感知惯习。人类感知的世界是五彩缤纷的世界，没有色彩，只有黑白的现象不是普遍存在的，因此，人们习惯感知彩色的世界。彩色照片的出现为人们充分而真实地复制现实世界提供了技术支持，而黑白照片不能。他认为这正是黑白照被彩照所取代的原因，黑白照片现在被挤压进了怀旧的或艺术的领域里。又如就动静物态来说，虽然世界永远处在运动的状态，但是在绝大多数情况下，人类感知到的却是一个静止的物态。静态是人类普遍的感知，"凝视远方、凝视一个近距离的物体、观赏一幅静态美景时，世界似乎都是静止不动。"可见，静态摄影捕捉到了真实世界里传播方式的一个方面。正因为这样，所以静照在动态摄像全息术出现后仍能立于不败之地。再如声音：现实世界中虽然声音来自四面八方，在大多数情况下，声音是多角度的；不过，听人说话时，声

---

[1] 保罗·莱文森.媒介进化的原理：适者生存[M]//莱文森精粹.何道宽，编译，北京：中国人民大学出版社，2007：42.

音却只来自一个方向，即人的嘴巴，且人类习惯从众多的说话人中集中精力听一个人说话。莱文森用人类感知一般声音和说话声的习性说明了调幅和调频广播都能存活的原因："调幅单声道存活在复制谈话的环境里，调频立体声存活在用音乐复制一般声音的环境里。"❶

媒介的人类"小生境"说到底就是要求媒介进化要符合人类在前技术世界里所形成的认知和感知信息的生理和心理特性。无论是小生境的传播模式还是符合小生境中某种要素，其实都是要求媒介符合某一种人类的信息传播和接受惯习。因此，莱文森从媒介史中总结出来的媒介进化总原理"媒介竞人择，适人需者存"具有代表性，基本上符合人类对媒介的选择规律和媒介存活规律。莱文森用这条总规律为我们找到了一条考察媒介与人类发展关系的主轴线，将传播技术进化史上零散的媒介珠串起来作整体观。在这个总原理中，人类是媒介进化的中心，人类的需求成了媒介存活的要件和媒介进化的动力。这是莱文森在继承媒介研究传统的基础上，抛弃了技术决定论者的悲观情绪，而高扬乐观情绪，突出人的主体地位的表现。这是莱文森媒介进化理论谱系的主调和指挥棒。

二、媒介进化基本原理

在媒介适合人类需求者存活总原理的前提下，莱文森提出了媒介进化的三条基本原理，与总原理互为补充。这三条原理被具体运用到媒介进化理论谱系的各条子理论建构中。

（一）净利原理

净利原理是莱文森考察前后媒介存活的重要尺度。他认为，如果某一种媒介较之以往的媒介有"净利"，那么这种媒介能够存活和发展；如果亏损，那么即使它吻合前技术人类模式或前技术某一个要素，也是不能存活和发展的。就是说："一个媒介要想存活，它不仅要获得与前技术相近的传播模式，而且这种近似性还必须有'净利'，即较之以往媒介或同期媒介有'净利'。如果媒介一方面与现实一致，而在其他方面扭曲了现实，那么它

---

❶ 保罗·莱文森. 媒介进化的原理：适者生存 [M]//莱文森精粹. 何道宽，编译，北京：中国人民大学出版社，2007：35.

是不可能存活的。"❶可见,"净利"的本质就是后一种媒介在复制现实的精确度上比前一种媒介要有"胜出"。这是媒介进化净利原理的实质。

莱文森用这个原理说明了20世纪50年代出现的三维电影夭折的原因。他指出,三维电影虽然提供了真实世界的第三维度,其存活率和真实世界的近似性也有很大的相关性,理应很好地存活下来;但是,三维电影在提升了复制第三维度的能力的同时,却减少了其他方面的复制能力,两者相抵后不是净利而是亏损。他继续指出:在看三维电影时,人们不得不戴上特制的、外观丑陋的眼镜,脑袋也得尽量固定不动。这些条件在真实世界里领略是不需要的,也就是说这些条件背离了人类的生理需求和人性。人类从三维电影中获得的满足和愉悦较之二维电影是亏损而不是净利,因此,夭折是必然的。

需要指出的是,在净利原理中,媒介存活起决定性作用的是复制现实的精确度,而不是复制现实的范围。即使一个媒介复制现实的范围很窄,如果它复制的精确度非常高,那么这样的媒介是可以存活下来的;反之,则不尽然。比如,广播复制的是声音、静态摄影复制的是形象静态、调幅和调频电台复制的是谈话和一般的声音,复制的范围都相当的狭窄,它们却存活了下来。因此,莱文森强调:"在媒介存活的条件里,除了与真实世界'很相似'的对应之外,对应的精确性是必要条件,对应的范围却未必很重要。"❷

净利原理从媒介复制现实的能力方面来界定,是莱文森衡量和解释媒介存亡的重要原理,能有效解释媒介史上不少新生媒介只能昙花一现的原因。

(二)延伸原理

延伸原理是莱文森的第二条媒介进化基本原理,主要是从媒介保存跨越时空能力的方面来界定的,与净利原理互为补充。莱文森说:"媒介的存活不仅有赖于它再现现实的能力,而且有赖于它保存先期媒介跨越时空延伸的能力。"❸从这句话里可以找出媒介存活的又一个条件:媒介对跨越时空能力的保存或延伸。

---

❶ Levinson, Paul. Human replay: A Theory of the Evolution of Media [M]. New York: New York University. Ph. D., 1979: 237.

❷ 保罗·莱文森. 媒介进化的原理:适者生存[M]//莱文森精粹. 何道宽,编译. 北京:中国人民大学出版社,2007: 36.

❸ 同❷: 39.

第四章
莱文森的媒介进化理论（上）

任何媒介都是人类用来帮助自己提高突破在时间和空间上生物局限的延伸能力的技术。媒介的偏向问题，古希腊的哲学家苏格拉底就早已发现。在《斐德罗篇》中他抨击书写给人类带来的危害：

> 人一旦学会了写字，就会在他的灵魂中植入遗忘；他们就会停止运用记忆，因为他们依赖所写的东西，不再从内心称呼事物，以记住这些东西，而是通过外在的记号这个途径；你发现的不是一种用于记忆的诀窍，而是一种用于提醒的东西。你给弟子的不是真正的智慧，而仅仅是智慧的伪装。❶

由这段文字可以见出，苏格拉底认为书写是对口语传统和知性的破坏，具有感性的偏向，可以说，这是讨论媒介偏向问题的萌芽。最早明确提出媒介偏向观的伊尼斯认为"任何媒介传播形式都有偏向，以传播的本性，它最擅长缩短发送信息的时间并控制空间，或强化集体的记忆与意识并控制空间"❷。麦克卢汉在伊尼斯时空偏向的启发下提出了媒介改变人的感官生活的观点，将媒介的偏向性"人体外在的时空转向了人的感官知觉"❸。莱文森循着伊尼斯、麦克卢汉的媒介偏向论阔步行进，考察媒介的进化规律，发现存活的媒介与其延伸时空倾向的能力有很大关系，提出了媒介进化的延伸原理。

电话是在电报的基础上发展而来的。它不但保持了电报瞬即发送的系统，而且用人的声音取代电报的点、画，较之电报获得了净利，存活是必然的。但是，电报在电话流行的世界里依然好好地活着，为何？莱文森根据媒介延伸原理给出了答案：电报能够提供永久性记录。这就说明，电报不但提供了强大的空间发送能力；而且维持了时间延伸方面的永久性，然而电话恰恰丢掉了时间延伸的永久性。正因为这样，电报能活至现在并将在未来继续存活下去。可见，先行的媒介如果拥有后续媒介丢失的时空延伸，即使它复制现实世界的性能很低，也一样能存活。

根据莱文森的延伸原理，我们不难得出结论，媒介进化的任务有二：一是再现前技术环境；二是回到现实世界人类的生物局限，且必须进行技术延伸。那些再现现实世界某一方面却不能维持其延伸能力的媒介没有达到小生境的境界，要存活下来是难以想象的。

---

❶ 詹姆斯·凯利.作为文化的传播[M].丁未，译.北京：华夏出版社，2005：128.
❷ 同❶：131.
❸ 王冰.北美媒介环境学的理论想象[M].北京：光明日报出版社，2010：22.

(三）共同进化与会聚原理

共同进化与会聚原理是莱文森考察媒介间的合作关系与融合现象的重要原理。具体而言，这个原理有两层含义：其一，几种媒介可以合作，以求贴近前技术，从而存活下来；其二，媒介进化有会聚的趋势，合作的媒介各自履行延伸和复制的任务。媒介即环境，人即媒介的环境。❶莱文森认为："媒介使用情况和内容的分化未必意味着媒介结构或信息加工能力的分化，实际上，情况似乎刚好相反。也就是说，提供最个性化服务的媒介往往具有最广度的整合和泛化的结构……媒介整合的趋势使之能够提供更加个性化的节目。而且，一切前技术传播都是个性化的、个人的，但是媒介个性化服务能力的增加，和人性化趋势理论完全是一致的。"❷"媒介之媒介"说正是根据这个原理推衍出来的。

共同进化与会聚原理是对前两个原理的补充，是媒介间共存现象的一般规律。莱文森认为："随着技术性媒介变得愈来愈高级，他们导致和容许的传播也更加与非技术或前技术传播相似。移动摄像和视频电话比之静态摄影和电话更似面对面传播。"❸这说明合作的媒介与人类某种传播模式接近的程度比它们单独能够达到的程度要高得多，媒介的共同合作或融合更容易达到媒介的人类小生境。例如，电话和广播合作，电话可以弥补广播互动性的不足，而广播能够弥补电话发射范围的不足；又如电报和照片的使用能够完成空间和时间的互补。媒介融合是媒介进化过程中的重要现象。因此，莱文森认为：几种媒介会聚成单一复杂的技术是媒介的天性。❹

一切进化都是共同进化，媒介进化也不例外。这种媒介观点并非莱文森特有。约翰·汤普森在《互相影响和共同进化》一书中认为：共同进化是互相影响的物种间交互的进化演变。而斯图尔特·布兰德（Stewart Brand）界定说："进化就是不断适应环境以满足自身的需求。共同进化，是更全面的进

---

❶ 保罗·莱文森. 媒介进化的原理：适者生存[M]//莱文森精粹. 何道宽，编译. 北京：中国人民大学出版社，2007：39.

❷ 同❶：49–50.

❸ Levinson, Paul. Human Replay: A Theory of the Evolution of Media[M]. New York: New York University. Ph. D., 1979：11.

❹ 同❸：241.

化观点,就是不断适应环境以满足彼此的需求。"❶他们的观点说明,媒介进化过程中,媒介之间是相互作用、相互影响的,进化的目标是朝向未来而非定格在现在。媒介合作和会聚是媒介进化的趋势。美国传播学者罗杰·菲德勒(Roger Fidler)在20世纪90年代提出的媒介形态变化基本原则与这个原理相似。菲德勒提出了媒介形态变化六个原则,即共同进化与共同生存、形态变化、增殖、生存、机遇和需要、延时采用。❷他认为,一切形式的传播媒介都在一个不断扩大的、复杂的自适应系统以内共同相处和共同演进,每当一种新形式出现和发展起来,它就会长年累月和程度不同地影响其他每一种现存形式的发展;各种各样的技术和媒介形式可以聚合在一起,尤其是数字技术的发展,这种聚合趋势愈显明晰。例如,个人电脑的只读光盘可以混播文本和音频与视频的静止图像剪辑,增加原先各种形式的主要特点;无线电报是先前诸多技术发现,如麦克斯威尔(Maxwell)的电磁学定律(1864年)、赫兹(Hertz)的无线电波传送规律(1887年)❸等的集大成者。

共同进化与聚合原理对考量数字化技术时代的媒介进化来说是最佳尺度;对我们分析媒介融合现象及如何促成媒介融合等都具有方法论上的意义。这正是莱文森的媒介进化理论在数字化媒介时代的价值之所在。

(四)抽象机制原理

净利原理、延伸原理、共同进化和聚合原理是复制性媒介存活和进化的原理,那么言语和拼音文字这些抽象性媒介的存活和进化是否也遵循这些原理呢?莱文森提出了抽象机制原理,认为言语是一种特殊的抽象性媒介,它通过本身的抽象机制得以存活并经久不衰。因为媒介进化关键的一个选择压力是"人类抽象能力的保存、再现和提升"❹。

芒福德、沃尔特·翁(Walter Ong)等学者都把言语排除在技术之外。芒福德认为言语根本就不是技术,语言是人类属性的基本表现。他在《机器的

---

❶ 凯文·凯利. 失控:全人类的最终命运和结局[M]. 东西文库,译. 北京:新星出版社,2010:153.

❷ 罗杰·菲德勒. 媒介形态变化:认识新媒介[M]. 明安香,译. 北京:华夏出版社,2000:24-25.

❸ 弗朗西斯·巴勒. 传媒[M]. 张迎旋,译. 北京:中国传媒大学出版社,2007:24-25.

❹ 保罗·莱文森. 数字麦克卢汉:信息化新纪元指南[M]. 何道宽,译. 北京:社会科学文献出版社,2001:75.

神话I》中说："语言是对表达和传递的意义积累而成的早期形态,在推动人类发展过程中,语言的作用极其巨大;它的重要性,用凿子开山是不能企及的。凿山需要的只是使用工具那种相对简单的协调,然而产生言语则是许多器官精密的互相作用,是十分醒目的进步。"❶翁也认为言语不是技术而是前技术,言语是人的产物,因而具有非技术性的人性;然而,文字是工具生产的,因而是技术。将言语等抽象媒介排除在技术之外,企图保持媒介进化基本原理的普适性。莱文森认为翁的这种做法是站不住脚的。

自伊尼斯以降,更多的媒介分析学者抱着泛媒介、泛技术的立场。在他们的眼中,无论口头的还是书面的,无论电子生产的还是人体器官直接或间接生产的一切人工制品都是人的延伸,都是技术。基于这个立场,莱文森否定了翁将言语排除出技术领域的做法,确信言语就是技术。他说:"语言的起源不是此前已存在的人类抽象模式的复制,而是超越时空的极其原始的技术尝试,是对前技术环境极端扭曲的结果(或同步条件)。"❷这句话显然把语言看成是一种原始的尝试性技术,言语是抽象媒介。

抽象与言语的关系是什么呢?抽象本身是言语用来超越时空的技术,不过在实现超越的过程中,抽象机制偏离了前技术里的现实成分,包括视觉和听觉的成分。言语的抽象使抽象成为人类的必需,为自己在现实中开辟了一方独特的小生境,即由纯抽象的内容构成的抽象系统。而且,非复制性技术始于言语,靠拼音文字而得到进一步的抽象,靠印刷术得到进一步延伸。莱文森认为:在诞生之前,纯抽象内容的样式先于复制性媒介出现,这套抽象系统和真实世界毫无直接关系,甚至连指涉关系也不存在;因此,复制性媒介无法进入这个小生境,而只有抽象性媒介才能担负起抽象观念的传播,而且是垄断性传播。❸正由于言语的小生境产生于复制性媒介之前,无疑其最近似前技术环境,因此,除静照外,言语始终以某种方式成为成功的复制性媒介的内容。

莱文森将言语的抽象机制看成是与前技术环境十分接近的言语小生境。言语的抽象机制是简单的抽象机制。在前技术环境里,也就是说在口语的社

---

❶ Mumford, Lewis. The Myth of the Machine, vol. 1: Technics and Human Development[M]. New York: Narcourt Brace Jovanomch, 1996: 8.

❷ 保罗·莱文森. 媒介进化的原理:适者生存[M]//莱文森精粹. 何道宽, 编译. 北京:中国人民大学出版社, 2007: 44.

❸ Levinson, Paul. Human Replay: A Theory of the Evolution of Media[M]. New York: New York University. Ph. D., 1979: 265-266.

会里，言语的交流应该是感性的、熟悉的，不需要太多的抽象。因为传播双方面对转瞬即逝的言语不可能花时间去前思想后，修饰润色。口头传播不可能像文字传播那样对人类的认知活动进行层层演绎、高度抽象。言语对这个小生境里的抽象观念进行传播。抽象媒介靠复制性媒介的进一步抽象或延伸。可以看出，莱文森将言语看成是与印刷术（文字）等复制性技术相并列的非复制性技术。这种媒介有自己独特的运行原理，即对抽象观念的抽象和传播。根据麦克卢汉"前一种媒介是后一种媒介的内容"的原理，言语无疑是复制性媒介的内容。

因此，在莱文森看来，言语的那种简单的抽象机制就是言语存活的小生境，在拼音文字的传播下进一步抽象。麦克卢汉曾认为拼音文字是对言语的抽象，是抽象的抽象、双层抽象。同理，"电报的内容是三重抽象——电码信号表征字母，字母又表征口语，口语又表征现实"❶。莱文森则将原始的抽象机制看成言语的小生境，说明言语得以存活并能发展得很好的原因，完成了为"言语也是技术"观点进行的辩护。抽象机制是抽象媒介的小生境。莱文森在《软边缘：信息革命的历史与未来》中认为："人类发明的所有信息技术，没有任何一种技术能够和我们人类基本要素的语言中心相提并论，除非它是对语言的超越和通过某种方式所进行的替代。但是，这些技术还是在有限的层次上对我们的生存产生了深远的影响。"❷他在《人类历程回放：一个媒介进化理论》中说："在人性化趋势理论框架中解释抽象媒介的存活，或许最大的启示就是：前技术环境的标准是迄今用来衡量媒介进化和存活的规尺，就像基因一样是标准的、难以变化的。百年之久的黑白照片并没有改变前技术环境的颜色标准，但是前技术世界里客观具体的现实却由于一万年来甚至更久的抽象语言的作用而发生了很大的改变，事实上创建了一个新的前技术现实的标准。第一个观察是我们的理论拒绝接受媒介决定论的原因。第二个观察是理论认识的事实：在漫长的历史时期里，即使是人性里最稳定的方面也会随着环境的变化而改变。"❸

通观莱文森媒介进化的原理，无论是适应复制性媒介还是适应抽象性媒

---

❶ 保罗·莱文森. 数字麦克卢汉：信息化新纪元指南[M]. 何道宽, 译. 北京：社会科学文献出版社, 2001：80.

❷ 保罗·莱文森. 软边缘：信息革命的历史与未来[M]. 熊澄宇, 译. 北京：清华大学出版社, 2002：2-3.

❸ Levinson, Paul. Human Replay: A Theory of the Evolution of Media[M]. New York: New York University. Ph. D., 1979：272.

介的原理，都是围绕媒介进化总原理衍生出来的。无论言语还是文字、印刷术、广播等，抑或未来媒介的生存和进化都遵循这些原理。归根结底，莱文森提出的这些媒介进化原理用他本人的一句话来说就是"一种媒介能够在多大程度上存活，取决于它完成下列任务的程度，一是对人类有多大意义，二是承担其他媒介不能承担的任务，或不能完全胜任的任务"❶。这正是判断新生媒介能否很好发展下去的"存活原理"。

三、人类媒介进化简史

媒介研究，是传媒环境学的重要研究取向。它善于从宏大的历史视野去探索媒介技术与人类文化和人类社会之间的深层关系，揭示媒介的影响。伊尼斯率先开创媒介研究的取向，麦克卢汉继承了这个取向，引其在传播学登堂入室。莱文森则是数字化时代媒介研究最重要的代表和推手。

媒介研究最重要的方法就是采用史学梳理法。他们都乐于将媒介技术进化史用阶段划分的方式来论述，以对人类文明有重要影响的媒介作为阶段划分的临界点。前文论述过：芒福德将时钟作为现代工业的关键机器，沃尔特·翁则在《口语文化与书面文化：语词的技术化》一书中直接分成两个阶段：口语阶段和书写阶段。

人类传播活动是借助媒介的信息传递过程，不存在无媒介的信息传递。媒介是人类传播活动过程中信息传递的载体或通道，而且它本身就是信息。在进入分析媒介进化理论之前，不妨先回顾媒介的进化历程。

有意思的是，美国传播学者弗德瑞克·威廉斯（Frederick Williams）在《传播革命》一书中将人类媒介传播划分为四个时期，即语言传播时期、文字传播时期、印刷传播时期和广播传播时期，并将它们分别标刻在一个表盘上：0：00—20：00是语言媒介传播时期，20：00—22：38是文字媒介传播时期，22：38—23：57是印刷媒介传播时期，23：57—0：00是广播媒介传播时期。❷这个刻度表盘形象地描述了人类媒介进化的历程，表明其进化速度越来越快。传统的划分将人类传播媒介分五个进化阶段，即口语媒介阶段、文字媒介阶段、印刷媒介阶段、电子媒介阶段以及方兴未艾的数字媒

---

❶ 保罗·莱文森.论书籍之书：对数字时代书页命运的预测[M]//莱文森精粹.何道宽，编译.北京：中国人民大学出版社，2007：268.

❷ 弗德瑞克·威廉斯.传播革命[M].韩玉兰，译.台北：台湾允晨出版公司，1983：16.

阶段。

口语媒介阶段：众所周知，面对面的语言传播是人类最原始、最有效的传播方式，它通过肢体、大脑等人类身体器官进行信息传递，是直接交流和双向互动的。人类最早发明的传播媒介是口语，它是一部抽象的发音表意符号系统，遵循抽象机制的媒介进化原理。大约"距今4万到9万年前，现代人类获得了说话的身体能力。作为家族或部落群体内部人际沟通实际需要的自然发展结果，口头语言的基本形式也许出现在这个进化过程中相当早期的阶段"❶。口语媒介阶段，人们可以充分借助身体动作、姿势、表情等视觉因素和说话者的语气、节奏、语调、音调等听觉因素完成信息传播和交流。

文字媒介阶段：文字媒介也是一套抽象的符号系统，使得口语媒介转瞬即逝的信息能够保存下来，直接交流变成了间接交流。它大约出现在公元前3500年。那个时候，在中国已经存在"图画文字"；到了商代，则有"象形文字"。相传伏羲画八卦，仓颉造字。文字的产生使人类告别了口耳相传的原始传播而进入了文字传播阶段。文字媒介的出现，突破了时空局限，能实现历时异地传播；同时也促进人类的理性发展和人的个性发展。但是，正如莱文森指出的："尽管文字的出现带来了巨大的便利和深远的影响，但当我们沉浸其中时，文字企图描绘的真实世界反而离我们更远了，这便是我们需要付出的代价。"❷

印刷媒介阶段：印刷媒介的出现，是以文字媒介为内容的新媒介，增强了信息复制的能力，加速了信息的传递，早在我国南北朝时期就出现了手工雕版印刷术。宋代毕昇发明泥活字。1450年前后，德国人约翰内斯·古登堡（Johannes Gutenberg）发明金属字模的活字印刷术，这项技术迅速得到推广。18—19世纪欧洲工业革命带动的印刷机械化奠定了大众传播的雏形，推动了廉价报纸的产生。早在1833年，美国印刷工人本杰明·H.戴伊（Benjamin H.Day）在纽约创办的《太阳报》，因其售价便宜，只要一便士，所以也称便士报。便士报在创刊的第一年，发行量就超过了一万份，而当时世界上其他的报纸普遍只有几百份、上千份的印数。

电子媒介阶段：电子媒介是文字媒介、口语媒介等抽象媒介的抽象，是符号化的符号化。它使得信息得以保真，通过"电子"大大扩展了传播的速度和广度，实现信息的瞬即传播。电子技术出现于19世纪30年代。1837年，

---

❶ 罗杰·菲德勒.媒介形态变化[M].明安香，译.北京：华夏出版社，2000：48.

❷ 李四达.数字媒介艺术史[M].北京：清华大出版社，2008：12.

美国人塞缪尔·莫尔斯（Samuel Morse）在前人的基础上发明并完善了电报技术。1838年，电报出现，人类第一次实现了信息的瞬息传播和交流，从而揭开了大众传播时代的序幕。1844年5月24日，莫尔斯通过架设在华盛顿特区和巴尔的摩之间20英里长的铜线，将"上帝创造了什么"（"What hath God wrought"）这样一句话用电码成功地发送出去。彼得斯写道："在19世纪，打破空间束缚的革命有一个标志，这就是电讯技术。跨越距离的同步传播——先后靠文字、言语、声音、形象的同步——凭借电报、电话、广播和传真而得以实现。精确的视觉和听觉再也不局限于瞬间的远距离接触了，这是开天辟地以来首创的新鲜事；唯一的局限是电报线路的长短（和资金的多少）。"❶电报使媒介间的功能聚合开始出现。报纸和电报的聚合，波兹曼也描述说："报纸利用电报的第一个例子，出现在莫尔斯公开演示电报功效的一天之后。《巴尔的摩爱国者》利用莫尔斯建立的华盛顿–巴尔的摩线路，为读者提供了众议院对俄勒冈事件所采取的行动的报道。报纸以这样一句话结束了这条消息："……我们为读者提供的消息是截止到两点钟的来自华盛顿的消息。空间的隔阂已被彻底消除。"❷1876年，电话问世。美国人亚历山大·贝尔（Alexander Bell）首次将人声转换成强弱不等的电流进行传输，发明了电话。真正称得上电子媒介的是19世纪末20世纪初先后出现的广播、电影和电视及其衍生物。电报、电话等电子技术实现了远距离点对点的信息传输，而电子媒介广播、电视通过文字、声音、图像延伸了人体的感官。电子媒介的发明和普及预示着大众传播时代的真正到来，开启了人类文明的"读图时代"。1895年，意大利人古列尔莫·马可尼（Guglielmo Marconi）在德国科学家赫兹的无线电研究基础上，试验无线电通信技术获得成功，并于1901年实施了横跨大西洋的信号传输试验。同年，法国人卢米埃尔兄弟在巴黎一家咖啡馆里放映了由他们发明的电影；1920年11月2日，世界上第一家电台KDKA在美国匹兹堡成立。电报的发明、蒸汽机的广泛应用、铁路网的铺设、轮船的发明，等等，人类在延伸自己的手与脚、拓展自身活动的空间范围方面取得了极大的突破。

数字媒介阶段：主要是指以互联网为核心的传播媒介。1946年，世界第一台电脑主机"埃尼阿克"由埃克特等人研制成功。互联网络依靠光纤、卫星网络等高速畅达的信息传递通道，将声音、文字、图像等快速传至拥有

---

❶ 约翰·彼得斯. 交流的无奈：传播思想史[M]. 何道宽, 译. 北京：华夏出版社，2003：130.

❷ 尼尔·波斯曼. 娱乐至死[M]. 章艳, 译. 桂林：广西师范大学出版社，2004：89.

终端的每一个公司、每一个家庭甚至每一个人。在20世纪后半叶互联网的出现标志着数字媒介阶段出现。20世纪90年代中叶开始，互联网突飞猛进地发展，出现了第一代互联网数字媒介，传统媒介也纷纷数字化。进入21世纪以后，出现了第二代互联网媒介，莱文森称为"新新媒介"。李四达认为："从1996年到2000年，多媒体计算机和因特网成为20世纪末期最令人瞩目的技术成就而被载入史册。至此，世界逐步进入'数字媒介'时代。"❶基于移动通信技术的"第五媒体"手机今天也逐渐担负起大众传播的功能。手机短信将人际传播与大众传播完满结合，实现了人类"随时随地传递信息"的理想。目前，电子计算机技术、现代通信技术、数据库技术等一系列高新技术的飞速发展和有机结合，对社会生活各方面的影响空前巨大。❷可以说，任何一种数字媒介都是以口语、文字、印刷和电子媒介为内容，融声音、图像于一身的聚合性媒介。有效克服信息传播的时空障碍，逆转到双向互动、瞬即交流的"面对面"直接传播，数字媒介显得更为人性化。

第三节　人性化趋势的媒介进化理论

人性化趋势理论是莱文森媒介进化理论的主调理论，充分展示出人本主义的媒介研究立场和媒介乐观主义。1979年，莱文森系统提出人性化趋势的媒介进化理论。在《人类历程回放：一个媒介进化理论》里，他从人性视角出发推演出媒介进化规律及趋势：遵循人类理性选择，朝向人类跨越时空的瞬即交流；同时揭示了媒介进化的终极目标：服务和满足人类的需求。人性化趋势理论为他日后的研究定下了人本主义基调，也旗帜鲜明地表明他与波兹曼的媒介悲观主义情绪决裂。

一、媒介人性化的界定

传播是人类的一种活动；传播学是研究人类传播活动的科学。因此，考量媒介与社会和人之间的关系，是传播学关注的重要主题。哈罗德·D.拉斯韦尔描绘的5W模式——谁、说什么、对谁说、通过什么渠道、取得什么效果

---

❶ 李四达.数字媒介艺术史［M］.北京：清华大出版社，2008：23.
❷ 潘祥辉.媒介演化论：历史制度主义视野下的中国媒介制度变迁研究［M］.北京：中国传媒大学出版社，2009：271-272.

奠定了传播学研究的五个领域，即控制分析、内容分析、媒介分析、受众分析和效果分析。显然，这五个研究领域都免不了涉及人与媒介的关系问题。媒介控制人类抑或媒介满足人类的需求也就成为这个问题的两个方面。在传播学史上，三大研究学派：无论经验学派、批判学派还是媒介环境学派，"不管它们各自的取向为何，目标何指，价值何在，都是关于媒介、人和社会三者之间复杂关系的理解和探索"❶；当然，这些理解和探索在人类社会的现实和未来发展中为三者之间的关系提供了一个比较合适的观照尺度。

（一）三大学派对人与媒介关系的不同考察视角

自20世纪初传播学诞生到20世纪50年代，传播内容、传播效果一直是传播学学者研究的重点，学术兴趣之所在。传播技术本身的研究一直被人们所忽略。但是透过厚重的传播学主流的研究，仍可以依稀找到对人和媒介关系的间接研究。法兰克福批判学派将马克思主义和精神分析理论融于一身，其研究视角主要放在传播技术（大众传播媒介）对人类文明理性的控制上。在他们看来，技术和媒介完全被统治者支配，完全为统治者的意识形态服务，是权力的工具；而大众在技术和媒介面前完全丧失了自主权，为其奴役。法兰克福对技术与媒介的悲观论调主要是为了批判资本主义意识形态对社会的控制，"技术上的合理性就是统治上的合理性"，带有很强的意识形态批判色彩；但是，这些论述已经萌生出对媒介技术与人的关系问题思考的苗头。

经验学派着力于传播过程和传播内容对人造成影响的效果研究，企图找寻出传播活动影响人的规律，以便提高传播的效率。正如罗杰斯指出的：经验主义学派的研究"是有关媒介内容的特殊的、可测度的、短期的、个人的、态度和行为的效果研究，以及媒体在舆论的形成中并不是非常重要的结论"❷。其实，经验主义学派和批判学派的研究模式一样都可以看成是"人—媒介—人"的模式：人或信息传播者为了信息的传播，需要借助一定的媒介来传播；通过媒介，人或信息接收者能否有效接收信息。在他们的研究中，人与媒介的关系表现为人与媒介传播内容的关系。在传播理论史上，经验主义学派对传播效果的研究，有关人对传播信息接收的观点明显经历了——魔

---

❶ 周葆华. 效果研究：人类传受观念与行为的变迁[M]. 上海：复旦大学出版社，2008：257.

❷ 转引自胡翼青. 传播学：学科危机与范式革命[M]. 北京：首都师范大学出版社，2004：25-26.

弹论→有限效果论→使用与满足理论——一个从完全被动接收到能动选择信息的理论发展过程。而且，在经验主义学派的视野中，对人的关注表现出一种程式化的倾向，即人是一成不变的，人类的行为是相似的，基本忽视人的社会性、主动性和价值选择，忽视了人这个主体之间的差异。因此，卢卡奇批判道：经验主义学者们"为庞大的机器体系所震撼，拜倒在商品世界的淫威之下，两眼为日益膨胀的客体力量所遮蔽，从而根本看不到人的存在和价值，看不到人的主体与意识"❶。他的批判虽然有些偏颇，但是抓住了经验主义学派，至少是早其经验主义学派所存在的问题关键。

批判学派强调人是传播学研究的对象，人具有主观能动性；然而他们认为在社会制度的宰制下，传播技术的发展却使人不断异化。于是他们站在维护和解放人性的立场上，采用批判的方式对大众传媒和现存社会制度进行无情地抨击。如，马尔库塞在《单向度的人》中认为大众媒介在扼杀人的多样性和思想的丰富性的过程中扮演着刽子手的角色，造成现代人行为和思想上的单面性，从而成为"单向度的人"；因此，他对大众媒介予以猛烈批判。批判学派的批判意欲强调人的主观能动性，但是他们对大众传播和现存社会制度的无情否定，又使得他们否定了人的主观能动性，一样地陷入了经验主义学派忽视人主观能动性的泥淖之中。尤其是批判学派对大众媒介和新生媒介有一种极端的排斥情绪，一味认为现代人会被媒介和其所营造的大众文化所异化。批判学派对新生媒介诚惶诚恐，对它们带给人类和社会的未来极度悲观，产生了诸如"单向度的人""沙发土豆""容器人"等悲观论调，无法看到新生媒介人性化的一面和它们带来的光明未来。因此，于海指出：批判学派"尽管对现实的批判是'无情的'，但一说到将来就'黯然失色'了，他们并没有指出能鼓舞人们斗志的振奋人心的奋斗目标"❷。于海的看法无疑切中了批判学派在否定现存社会的同时也否定了人的能动性这个问题的要害。

通过比较可见，经验学派和批判学派对于媒介技术，前者注重实践，探求它们如何运转，企图以此实现其最大功效，为人类的某种功利目的的实现而服务，表现出以工具崇拜和技术主义为生存目标的价值观，是一种工具理性媒介技术观；后者注重价值判断，探求媒介活动为谁运转和为何运转的问题，以此对媒介技术行为的目的和价值进行批判，是一种价值理性媒介技术观。

---

❶ 李彬.传播学引论：增补版[M].北京：新华出版社，2003：337-338.
❷ 于海.西方社会思想史[M].上海：复旦大学出版社，1993：462.

关注社会、人与媒介、媒介与媒介之间的关系一直是媒介环境学的重点，其中对媒介做人性化的考量，是媒介环境学包括芝加哥学派在内的考察媒介的一个重要尺度。20世纪初，格迪斯创立了"人类生态"的概念，考察技术对人类文明的生态影响。这一观念被他的学生芒福德很好地继承。芒福德对技术时代进行了阶段性的分期考察，将技术历史划分成始生代技术时期、古生代技术时期、新生代技术时期，提出了技术有机论的观点。有人认为媒介环境学是一种自主性媒介技术观。❶所谓自主性，美国技术哲学家兰登·温纳（Langdon Winner）在《自主的技术》一书中认为："技术在三种意义上可以理解为自主的。首先把它看作一切社会变化的根本原因，它逐渐改变和覆盖着整个社会；其次大规模的技术系统似乎可以自行运转，无须人的介入；最后，个人似乎被技术的复杂性所征服和吞没。"❷自伊尼斯以降，研究媒介技术与人类文明之间的关系日渐受到关注，特别是麦克卢汉接过他的衣钵摇旗呐喊，最终使得这个研究视角成为一种研究范式。媒介环境学以宏大的视野和史学方法关注媒介技术本身变化对个体和社会的长远影响，认为媒介技术在一定程度上具有独立性，是社会变革的强大力量。因此，从某种意义上说，将媒介环境学的理论视为自主性媒介技术观有一定的道理。因为无论麦克卢汉、波兹曼还是莱文森等都认为媒介技术有一个不证自明的预设，即它们具有自主系统的特点，能按照自身特质和内在规律不断进化；但是，他们的理论更多地看到了媒介技术是人类的选择，媒介发展过程中不断人性化的一面。同时，他们对这个自主系统的把握虽然有分歧，但是，麦克卢汉的"媒介即讯息""媒介是人的延伸"，波兹曼的"媒介即隐喻""媒介即认识论"的观点从某种程度上来说都阐明了媒介发展中人理性选择的作用。如"媒介是人的延伸"，麦克卢汉看到媒介是不强加给人的，而是人在征服自然界的过程中对自身器官不足的弥补，以求获取更为强大征服力的本质。这个界定暗含媒介是人的选择、媒介人性化趋势的内涵。又如，波兹曼谈论媒介环境学的全部重要命题时说："我们何以为人，我们在人生路途中得到的关怀上做得怎么样——在这些问题上媒介应该有助于增强我们的洞察力。"❸从中可以见出，他们都有从人文关怀的角度考察媒介与人的关系的倾向。而莱文森由于经历了电子媒介技术的鼎盛时期和数字化媒介技术一日

---

❶ 詹莉芳. 试论哲学文化视镜中的媒介技术观[J]. 文化学刊，2010（3）.
❷ 吴国盛. 技术哲学经典读本[M]. 上海：上海交通大学出版社，2008：47.
❸ 尼尔·波斯曼. 媒介环境学的人文关怀[M]//林文刚. 媒介环境学：思维沿革与多维视野. 何道宽，译. 北京：北京大学出版社，2007：50.

千里的高速发展期,看到了人和媒介的关系中人的重要作用的日渐突显;因此,他将那种预设系统大胆推进,从人文的角度进一步发展媒介技术乐观主义,强调媒介的人性化发展趋势。人性化成为莱文森的媒介进化理论的核心命题。如果从整个学派的发展轨迹来看,就正如胡翼青所言,经验主义学派和技术主义"都开始进一步重视人的重要意义,并都出现了向主体回归的发展趋势"❶。而且,莱文森等大多数第三代媒介环境学学者更倾向于强调人和媒介之间的互动关系、人之于媒介的理性选择和能动作用。从这个意义上来说,媒介环境学的理论并不完全赞同自主性媒介技术观。

(二)媒介人性化趋势的内涵

虽然媒介环境学的每个成员都关心媒介的人性化问题,但是,他们对人性化的理解却不尽相同。伊尼斯从有助于促进时空观念的平衡上来考量媒介的人性化;麦克卢汉放到媒介与人的感官平衡上来考察;波兹曼则根据善恶好坏的伦理观来判断媒介的人性化,并把时间作为考量的尺度。伊丽莎白·爱森斯坦(Elisabeth Eisenstein)在专著《作为变革动因的印刷机:早期近代欧洲的传播和文化变革》中研究了印刷媒介的发展和西方社会之间的关系,认为印刷媒介人性化表现在于推动知识和文化的对外开放,使人和知识之间建立个人化的关系,人类的精神世界因之而发生变化。不妨来欣赏该专著结束语最后一段中的精彩论述:

> 思想生活和精神生活绝对不是未受影响,相反,由于15世纪欧洲复制书籍新工具的倍增,思想和精神生活发生了深刻的变化。传播变革改变了西方基督徒看待《圣经》和自然界的方式。它使圣言表现出更多样的形式,却使上帝的手创更加统一。印刷机既为直解《圣经》的原教旨主义奠定了基础,也为近代科学做好了铺垫。它始终是人文主义学术不可或缺的要素。❷

什么是媒介的人性化呢?波兹曼在《媒介环境学的人文关怀》一文中用提问的方式界定了人性化进步的观点。他一共提出了四个问题:一种媒介在多大程度上有助于理性思维的应用和发展呢?媒介在多大程度上有助于民主进程的发展?新媒介在多大程度上能够获得更多有意义的信息?新媒介在多

---

❶ 胡翼青.传播学:学科危机与范式革命[M].北京:首都师范大学出版社,2004:202.

❷ 伊丽莎白·爱森斯坦.作为变革动因的印刷机:早期近代欧洲的传播与文化变革[M].何道宽,译.北京:北京大学出版社,2010:438.

大程度上提高或减弱了我们的道义感，提高或减弱了我们向善的能力？❶可见，波兹曼将促进理性思维、有益民主发展和净化社会道德作为衡量媒介人性化进步的尺度。从媒介影响的角度说明人性化的内涵，这也是绝大多数媒介环境学者的视角。到了莱文森，他极力挖掘、吸取和总结各种理论中有关技术和媒介的人性化倾向的研究，确立了从"人性"的角度阐释媒介如何沿着符合人性的要求进化，从而提出人性化趋势的媒介进化理论。

1. 媒介人性化的内涵和实质

人性化趋势是莱文森《人类历程回放：一个媒介进化理论》中首次创造出来的词语，用它来描述媒介技术在进化过程中表现出来的一种越来越符合人类需求和便于人类使用它进行信息交流的倾向。但是，媒介人性化绝不等同于媒介智能化、媒介类人化。媒介智能化和类人化是指媒介将进化成类似人类的生命体，具有可以与人类抗衡的智慧和能力，成为"第二个人类"。这种"智能人类"是不可能出现的。莱文森对媒介智能化、类人化机器人的进化趋势所持的态度是："和人相比较，机器人作为太空探测最重要的优势是：损失一个机器人至多不过是在时间和经费方面带来不方便而已——那没有生命损失。"❷同时，他强调人类对机器人的爱护，有力地声援阿西莫夫的"机器人定律"，呼吁人类与机器人的和谐共处。

莱文森认为，在进化的过程中，媒介的人性越来越多，而人为性越来越少，使媒介进化方向呈现出更为适合人类感官生理特性的趋势。人性化趋势的英文单词是anthropotropic，莱文森用anthropot和tropic两个语素拼合而成，其anthropot表示human，tropic表示an affinity for。❸为什么媒介的进化会呈现出人性化趋势？在《思想无羁：技术时代的认识论》一书中，莱文森站在媒介哲学的高度审视道：

我们在技术中看见的东西，是我们的预想的反映，正如我们在自然界看到的东西是我们预想的东西一样。实际上，技术尤其是如此，因为技术是人类认知的物质产品，自然界的物体则不是。尽管如此，正如我们对自然界感知的主观基础，并不能够阻挡我们区分现实与幻想一样，同样，我们对技术

---

❶ 尼尔·波斯曼. 媒介环境学的人文关怀[M]//林文刚. 媒介环境学：思想沿革与多维视野. 何道宽，译. 北京：北京大学出版社，2007：47-48.

❷ 保罗·莱文森. 真实空间：飞天梦解析[M]. 何道宽，译. 北京：中国人民大学出版社，2006：95.

❸ Levinson, Paul. Human Replay: A Theory of the Evolution of Media[M]. New York: New York University. Ph. D., 1979：14.

的感觉的主观色彩,未必能够妨碍我们区分人性含量不等的技术。因此,在摄影术从黑白照、彩照、再到电影和二-三维图像(全息图像)的演进过程中,在这个同样由人生产和感知的领域,我们看到了机器的变革:机器和人的感知是对应性从少到多,最后就产生色彩、动画和第三维功能。❶

莱文森在这段论述里为媒介人性化作出了界定:媒介进化不断朝着有利于满足人类需求和符合人类感知外界世界等心理和生理特性的方向进化;同时,媒介也朝着越来越便于人类使用的方向进化,越来越朝着便于人类捕获和传递信息的方向进化。莱文森曾简要勾勒了一个媒介的人性化线路图:在最初的时候,人类视觉、听觉和记忆获取信息的能力是十分有限的,然而,人类能享受一个虽未扩展但却平衡的传播环境;接着,人类发展出媒介突破这些限制,但作为突破的代价牺牲了平衡和人类的其余要素,比如,字母文字同真实世界总体而言根本没有类同之处;最后,人类日益探寻那些保持和继续过去的延伸性突破,同时又可获取到曾经丢失的人类传播世界中的自然性要素的媒介。❷这正是本节开头描述的莱文森媒介进化的三个时期模式。根据他的阐释,媒介的人性化主要是指第三个时期媒介的进化状态。第三个时期的媒介为了达到有利于人类的信息捕获和传递,必须恢复和延伸在第二个时期媒介使人类失去的第一个媒介时期的那种感官上的平衡和那种面对面交流时空上的平衡。这就是莱文森强调的:"技术的人性化即自然化,尤其是传播媒介的人性化即自然化。"❸这正是媒介人性化的主要内涵。

因此,媒介的人性化内涵具体体现在两个方面:一是人性化即媒介的自然化,媒介获取外界信息必然具有真实的一面,与人类生活于其中的自然界特性保持一致;二是媒介符合人类在信息交流中感官平衡的需求。现代技术和媒介不是以取代自然能力的方式而是以恢复和延伸自然能力的方式,使人类能够达到自然能力过去不能达到的领域。同时,在传播媒介的发展中,它们对现实的技术再现是以人类的感官感觉构建的现实作为基础的。

媒介人性化趋势实质上是一种技术乐观主义的具体表现,是对人的主体地位、主观能动性的强调,凸现媒介满足人类的能动需求。人本主义的技术

---

❶ 保罗·莱文森. 思想无羁:技术时代的认识论[M]. 何道宽,译. 南京:南京大学出版社,2003:233.

❷ 保罗·莱文森. 软边缘:信息革命的历史与未来[M]. 熊澄宇,译. 北京:清华大学出版社,2002:60-61.

❸ 同❶:121.

乐观主义认为：人类在征服自然的进程中，技术的发展能够在深度和广度上推进这一进程，使人从自然和生命的压迫中解放出来，从而推动人类文明和社会的发展；同时也看到了技术对人类的负面影响，并认为可以通过进一步发展科学技术和人类的理性控制得到解决。技术悲观主义则不然，它虽然看到了媒介有利于人性化进化的一面，但是强调媒介带给人类人性的负面影响甚至危害，如人性被技术的异化：人与自然的疏离、人性的丧失以及人格被技术发展所危及等，甚至人类遭受毁灭。如埃吕尔在《技术社会》一书中断言人之于技术就像苍蝇被粘在粘蝇纸上一样，对历史上的一切技术都给以猛烈抨击。这种观点被莱文森称之为"埃吕尔式的错误（Ellulian error）"。波兹曼也力诉印刷媒介的害处："摧毁了世界宗教社群的凝聚力、破坏了口语传统的亲密与诗意、削弱了地区的忠诚度，又创造了残酷无人味的工业体系。"❶而且对技术悲观主义，他也不置可否地认为："所谓悲观主义者浑身流露着对技术的谦恭态度，他们就像古埃及的法老塔姆斯。"❷1980年，莱文森针对波兹曼的电视有害论，撰写了《看电视的好处》一文，尽显电视之好处，即电视媒介人性化的具体表现，公然与悲观论调对抗。他说：

  显而易见，电视内容不会提供观众太多的思考，也不会因此对他们有太多的苛求：观众在观看时可以吃、可以睡，甚至可以不在电视机前观看。电视是一个私人媒体，观众在自己控制的环境中舒适消费。同时，与电影和书籍必须从每一个新"节目"中获得回报相比，电视只需要一次性投入，它之后的编程几乎是免费的。电视的好处具有多样性：在任何特定时间，无论深奥的抑或平庸的编程都可以从一个电视台传送到另一个电视台或传送到有线电视系统。略大于生活的质量——丰富的色彩、声音和定位拍摄的电视编程——也使其成为一个非常感性的媒介。电视还有许多其他好处不仅来自其整体构架中，还来自具体主题和其方案的一些内容。……电视最大好处在于其变化的能力。❸

莱文森对任何一种媒介特别是新生的媒介都抱着看好的态度，认为它之

---

 ❶ 尼尔·波斯曼. 通往未来的过去——与一十八世纪接轨的一座新桥[M]. 吴韵仪，译. 台北台湾商务印书馆，2000：149.

 ❷ 尼尔·波斯曼. 技术垄断：文化向技术投降[M]. 何道宽，译. 北京：北京大学出版社，2007：71.

 ❸ Levinson, Paul. The Benefits of Watching Television, Paper Presented at the Wednesday Seminars at Fairleigh Dickenson University[R]. Teaneck, NJ. 1980, October 15.

于前一种旧媒介都是朝向符合人性的方向前进了新的一步。对人类的创造性同样抱乐观态度,尽管媒介自身存在这样那样的不利人性化发展的因素,但是人类的创造力是无穷的,能不断修正或创造新媒介克服这些不利因素。

2. 媒介人性化的具体表现

媒介技术是人类思想的物质呈现,人类借助它传递信息和延伸人体感官、克服生物局限。因此,媒介的人性化必然是媒介对人类本质属性的体现,是为了满足人类的各种需求。从这个角度出发,媒介人性化可具体化为三个方面。

其一,不断朝向人类感官的生理和谐。媒介是人体的延伸,特别是感官的延伸。在莱文森看来,当技术发展到有得有失的第二个时期时,人类感官在第一时期的和谐性被彻底打破后,得到的是空间的延伸,失去的是人类感官和谐性的消失。第一时期是前技术阶段,人类的交流能力仅限于眼睛(视觉)和耳朵(听力)的生物边界,仅限于双腿拓展和移动这些边界的力量,仅限于边界移动时记忆力容许我们交流的范围。❶进入第三个时期,媒介进化力求恢复人类感官的生理和谐,给人的感官带来愉悦。因此,这个时期是媒介恢复人类感官和谐的阶段。莱文森在著作中不时地畅想那种媒介人性化带来的和谐状态:人们能够在任何地方、任何时间获取一切信息,形象、声音这些实实在在的真实可以获得,就连抽象的证词我们也可随心所欲地获取。这也是他媒介进化理论中乌托邦思想的表现,这个状态能否实现不得而知,至少现在还远没有完成。

莱文森总结道:"一般地说,人感知的形象是动态的,是有颜色与之同步的,我们看见的是彩色而不是黑白,是三维而不是两维。"❷黑白照无法反映色彩缤纷的现实生活,彩照大为人们喜爱,黑白照被挤入怀旧和艺术的狭小区域;动态摄影也也成为一种全息术迅速统领了摄像技术,动态、声音、色彩、三维,拓展和深化了摄影术表达现实的能力,为我们在观看照片捕捉人与世界形象的能力上敞开了一道大门。听而不看是人类感知的一种方式,较之看而不听更符合人类的感知惯习。

其二,媒介必须满足便于人们交流的需要。沿着走路和说话这种对子关系协调发展是媒介人性化的重要内涵。彼得斯在《交流的无奈》一书中认

---

❶ 保罗·莱文森. 手机:挡不住的呼唤[M]. 何道宽,译. 北京:中国人民大学出版社,2004:45.

❷ 保罗·莱文森. 思想无羁:技术时代的认识论[M]. 何道宽,译. 南京:南京大学出版社,2003:177-178.

为人类有史以来的沟通方式只有两种，即对话和撒播。对话即交流，撒播即运输。莱文森认为走路和说话是人类的生物远古性。这两个特性就像一枚硬币的两面，是并肩前进的对子关系。从这个方面来说，媒介的人性化就表现在这两个特性的协同发展。在媒介发展史上，铁路与电报、自行车与电话、汽车与广播、飞机与电视都发展成为对子关系。莱文森认为手机是一桩漂亮的交易，将走路和说话结合得十分完美，恢复了走路和说话的平衡。流动即是撒播，是人类传播的一个重要特征，是人性化的一个重要生理特性。轻便、可流动的特性也是媒介人性化的重要体现。在伊尼斯那里就是媒介的空间偏向。克服空间偏向，朝向流动性发展是媒介人性化追求的本质。从雕刻到文字是对流动性的追求，电报、广播、电视都是对信息流动性的追求。手机，在莱文森看来是流动性演绎得最好的典范。人们拿着手机，声音、语音、图像和文字招之即来，无论何时何地，都可以进行信息交流和互动。

罗素·纽曼（Russo Neuman）对新技术变革作出了乐观的展望：新媒介变得更便宜，受众使用它们变得更为便利，新技术改变了受众对地理距离的看法，新技术加快了传播的速度，新技术加大了传播的容量，传播的渠道会变得越来越多，互动性传播会变得越来越多，使用者对媒介的控制权会变得越来越大，彼此分离的传播形式之间会有越来越多的交流。❶ Schernent 和 Cutis也认为："从最早的媒介形式（岩洞壁画）一直到最新的，扩展了传送容量、速度与效率的数码媒介形式，媒介技术呈现出一种连续性的发展趋势。"❷信息交流越来越便捷、信息贮存不断实现时空障碍的跨越，媒介进化过程中的这些变化无疑都是人性化趋势的重要内涵。

其三，功能聚合的复合媒介。媒介功能的聚合，即媒介朝向兼顾时空延伸和恢复人类感官和谐的复合媒介的方向发展。复合媒介是媒介朝向人性化发展的必由之路，是媒介进化第三个时期的重要追求和媒介的人性化特征。"新媒介这个词汇，从20世纪60年代以来一直沿用至今，涵盖了一种不断扩展的多样的应用传播技术。"❸莱文森认为，电报是媒介技术有得有失阶段的

---

❶ Neuman R. The Future of the Mass Audience[M]. New York：Cambridge University Press，1991.

❷ 丹尼斯·麦奎尔. 麦奎尔大众传播理论[M]. 崔保国，李琨，译. 北京：清华大学出版社，2006：14.

❸ 同❷：24.

高峰和全盛期。❶文字被弗洛伊德看成"不在场者的声音",它记录下了说话人所要传达的信息,然而,文字毕竟不能记录下说话人的声音和面貌。电报使人们完成了信息的长距离书写和信息传播,但是莫尔斯电码是抽象的抽象的抽象,是三重抽象❷。电报让现实做出了巨大牺牲。复合媒介就是对这种牺牲的重新恢复,企图恢复到第一技术阶段。摄影术是迈向第三时期重要一步。手机就是多种媒介功能的聚合:既像书籍和收音机一样接收信息,又像柯达照相机一样产生信息,还像半导体收音机一样能够立即远程收发信息,更像电话一样能够互动。可见,手机不仅实现了媒介人性化流动性追求,也呈现了媒介功能的有机聚合。因此,莱文森称手机为"可漫游的媒介之媒介"❸。再如,CD的进化史。CD的问世以1984年菲利浦(Philips)公司和索尼(Sony)公司竞相发售的光盘(Disques Compacts Audio)为标志。1985年出现了CD-ROM,它可以承载文本和静态画面。从此,声音和图像被编译为数码,这一数字语言可以通过电话网络传送文本和图表。1988年,又出现了可存储录像的CD-ROMXa;1992年CD-Video诞生,通过它可以在电视屏幕上读取电影。发展到1997年,DVD(Digital Versatile Disc)面世,既可与电视连接,也可在电脑上使用,可谓真正全能的CD。❹从CD-Audio到CD-ROM再到DVD充分展示了媒介聚合的人性化趋势。

二、媒介进化人性化趋势理论的内容

前面已经讨论了媒介人性化的内涵和具体表现。要言之,媒介人性化是媒介与人类和社会相互促进、共同发展关系的生动描述,人类发明媒介的目的就是要使其符合人类发展的愿望。诚然,人类愿望的内涵是不断发展变化的,具有明显的时代特性,不同的时代,人类的愿望必然有所不同。而且人是社会的人,其类特征是人之为人的社会性特征。从这个层面来说,媒介人性化同样具有时代和社会的要求。因此,媒介人性化表现出的共同特征必然

---

❶ 保罗·莱文森. 手机:挡不住的呼唤[M]. 何道宽,译. 北京:中国人民大学出版社,2004:46.

❷ 三重抽象指电码是书面词的抽象,书面词是口语词的抽象,口语词是脱离现实的抽象。

❸ 同❶:48.

❹ 弗朗西斯·巴勒. 传媒[M]. 张迎旋译,北京:中国传媒大学出版杜,2007:45.

是人类媒介追求的总倾向性。这个总倾向性就是人类选择媒介的标准，即符合人的类属性。

媒介进化人性趋势理论是莱文森直观媒介进化规律的主要理论成果，揭示了媒介进化与人类社会之间的密切关系。它是以达尔文的生物进化论为理论预设提出来的。"媒介以达尔文进化论的方式演化，人创造媒介显然如此，而且选择媒介。选择媒介有两条标准：一是我们想要凭借媒介来拓展传播，以求超越耳闻目睹的生物局限。这一点只重申了麦克卢汉媒介超越时空的延伸论，是他创造性地采用和发展伊尼斯的思想而提出来的。二是人类在早期的延伸中，可能已经失去了某些生物学传播成分，我们想要重新捕捉住这些昔日的传播成分。换句话说，我们渴望回到昔日自然传播的故乡，虽然我们在延伸的过程中超越了这个故乡。"❶莱文森的这段阐述表明，媒介进化的方向和前技术时代的人类传播方式越来越协调一致，与此同时，媒介维持着超越时空的延伸，这样的延伸由人类的幻想提供灵感。因此，莱文森的媒介进化人性化趋势理论主要包括两个方面的内容：其一，借助媒介突破人类自身的生物局限，实现时空上的延伸；其二，借助媒介重新捕捉在初始延伸中已经失去的那部分自然。

莱文森指出："技术的人性化即自然化，尤其是传播媒介的人性化即自然化。"❷任何成功的媒介都必然是"复制、对应、调适、再现了无中间的、生物学传播中的某些重要的方面或方式"❸。比如，埃及的圣书文字、希腊的拼音文字、中国的象形文字、电报等，使语词延伸了千万年、延展了千万里，实现了人类时空局限的突破。照片却能捕捉住文字中失去的那部分直观形象，电话、唱机和收音机重新捕捉住了语音。莱文森说过："如果要估量任何一种媒介存活的前景，我们就有必要区别其中的两种特征：固有的、不能压缩的特征和短暂的、过眼云烟的特征。……第一特征是该媒介的基本属性，一旦变化，无论用什么合理的名字来说，它都应该是一种新的装置。第二种特征是可以改变的，或者其变化是可以想象的，而且即使改变之后，该

---

❶ 保罗·莱文森. 数字麦克卢汉：信息化新纪元指南[M]. 何道宽, 译. 北京：社会科学文献出版社, 2001：73.

❷ 保罗·莱文森. 思想无羁：技术时代的认识论[M]. 何道宽, 译. 南京：南京大学出版社, 2003：121.

❸ 同❶：75.

装置本身也不会伤筋动骨。"❶其实，媒介进化理论的这种关系在其他社会学者那里也得到了不同形式的阐述。如社会学家丹尼尔·贝尔指出：当代文化正在变成一种视觉文化，而不是一种印刷文化，其原因与其说是电影和电视，不如说是人们在19世纪中叶开始的地理和社会的流动以及应运而生的一种新美学。❷这句话间接肯定了大众传播之于文化的影响，当然它直接肯定的是现代运输手段的发展，比如火车、汽车等交通工具不仅从时间上缩小了空间距离，压缩了自然距离，也缩小了观察者与视觉经验之间的心理和审美距离，从而说明了媒介之于人类社会的重要影响。具体来说，正如媒介人性的内容一样，媒介进化人性化趋势理论包括三个方面。

（一）从媒介进化自身规律来说：媒介使用功能越来越符合人类感官愉悦的要求，媒介外形设计越来越符合人性审美需求

埃弗里特·罗杰斯在《传播技术：社会里的新媒介》（*Communication Technology: The New Media in Society*）一书中提出了人们普遍接受新技术、新媒介的五条标准，即相对便利性、兼容性、复杂性、可靠性和可感知性。也就是说新技术、新媒介较之旧技术、旧媒介使用起来更为便利、简单，甚至不需要任何专门培训，人们就能使用；质量和安全性能更高；在人际交往中能感受到更多的益处；而且新技术、新媒介与旧技术、旧媒介具有兼容性。❸可以看出，罗杰斯的这五条标准与从媒介功能与外形设计方面的人性化表现不谋而合。

声音无所不在。虽然科学家们研究结果表明人对外界的感知80%来自视觉，只有20%来自听觉和其他感官❹；但是，"我们可以从一个非常广泛的范围内听到任何一个方向、任何距离以外传来的声音。……而眼睛却是有限的、定向的，在任何时刻都被局限在远远小于听觉世界的一半的范围以内。耳朵是包罗万象的，对无限范围内产生的任何声音都始终是敏感的……它充

---

❶ 保罗·莱文森. 论书籍之书：对数字时代书页命运的预测[M]//莱文森精粹. 何道宽, 编译. 北京：中国人民大学出版社, 2007：269.

❷ 丹尼尔·贝尔. 资本主义文化矛盾[M]. 赵一凡, 蒲隆, 任晓晋, 译. 北京：生活·读书·新知三联书店, 1989：156.

❸ 罗杰·菲德勒. 媒介形态变化：认识新媒介[M]. 明安香, 译. 北京：华夏出版社, 2000：10-12.

❹ 张凤铸. 扬声音之优势——增强广播的感染力[M]//胡正荣, 曹璐. 广播的创新与发展. 北京：北京广播学院出版社, 2004：55.

满空间。我们说'夜晚将充满音乐'就像空气中充满芳香"❶。无线广播诞生后就迅速成为最受欢迎的大众传播媒介。这不仅因为它价格便宜、操作简单、携带方便，更因为它时效迅速、传播广泛、不受地域限制。

　　莱文森提出了四种"元认知"（meta-cognitive）的技术，即：延伸我们对外部世界的感知的技术，比如望远镜和显微镜；提升内部认知机制的技术，比如电脑；凭借高度抽象来传播信息的技术，比如口语和书面语；凭借高度写实来传播信息的技术，比如摄影术和录像技术。❷媒介使用功能的发展符合人的要求，主要指媒介功能与人的生理感官特性相吻合，即媒介功能更便于人的使用。媒介外形设计必定越来越舒适人类的感官"区分了技术与非技术传播的不同后，进化的意义就变得更为清晰。一方面，技术传播，通过机械、电子或其他人为的发明，如印刷术、电报、摄影等的介入而实现；另一方面，非技术或前技术传播无须借助人发明的媒介就能实现有效传播。如'面对面'交谈或无须任何帮助的对周边环境的观察。（值得注意的是这种非技术或前技术环境存在是历史的，或在特殊的技术引入之前，也是现时的，如当我们亲身交谈或凝视天空中的星星。）""对于上面的观点有一个清晰的描述：随着技术媒介越来越复杂，他们能生产或考虑与非技术或前技术传播更为相似的传播。移动摄影和可视电话比静止照相和固定电话更接近面对面的传播。"❸

　　现代媒介设计是实用与审美的结合，这两者特别是后者表现出人性化走势。我们来看看电脑人性化的进化过程。电脑发展到1979年，法国将计算机和电信技术结合起来创造出迷你电脑（Minitel），1981年美国IBM公司生产首批个人电脑（Personal Computer），1984年马克（Mac）私人电脑问世。这种电脑在使用方面一种比另一种更为便捷，在设计上也是一种比另一种更为人性化。便捷性表现在电脑的体积越来越小，重量越来越轻，信息储存量却越来越大，运转速度越来越快。单就电脑硬盘的储存量来说，由最初的不足1GB发展到现在的1TB以上。固态硬盘、优盘、移动硬盘等补救性媒介的发明，使电脑的便捷性还表现在储存的信息可以通过这些补救性媒介与其分

---

❶ 张凤铸. 扬声音之优势——增强广播的感染力［M］. 胡正荣, 曹璐. 广播的创新与发展. 北京：北京广播学院出版社, 2004：55.

❷ 保罗·莱文森. 作为进化载体的信息技术［M］//莱文森精粹. 何道宽, 编译. 北京：中国人民大学出版社, 2007：77-78.

❸ Levinson, Paul. Human Replay: A Theory of the Evolution of Media［M］. New York：New York Univer-sity. Ph. D., 1979：10, 11.

离,随身携带。电脑由办公室、家庭和学校进入候车室、飞机等任何公共或私密领域。

弗朗西斯·巴勒认为"从根本上讲,媒介的影响力取决于社会本身,即它的组织和动作,并依赖于整个社会的势力网及公众舆论所信赖的引导者在社会中的地位"❶。在媒介技术与社会关系的影响问题上成果斐然。英国文学家及史学家雷蒙德·威廉姆斯(Raymond Williams)的《电视:科技与文化形式》(1974年)就是以电视技术为研究对象,探讨科学技术、社会制度与文化之间关系的经典之作;但威廉姆斯超越了"媒介技术决定论"的束缚,以辩证的方式作出理性分析,坚持马克思主义立场,强调人类对技术的主观能动性。这与莱文森的媒介进化理论突出人的能动性有异曲同工之效。

(二)从人性化的角度来看:媒介必然沿着人类传播要求的方向进化

人类的传播要求可概括为三个方向的追求:其一,媒介进化促成人类传播的双向互动。媒介进化模式遵循从低级双向互动至单向传播再到双向互动传播。其二,由单一向复合的方向进化。如因特网媒介。其三,人类传播向便捷性方向进化。莱文森借用达尔文的进化论观点阐述了这层意义。他认为,人是媒介的环境,媒介必须在适应人这个环境中学会生存。用"物竞天择,适者生存"来套媒介与人的关系就是:媒介竞人择,适合人类需要者生存。那么人的需要是什么样的需要呢?在《手机:挡不住的呼唤》中,莱文森具体而微地进行了分析。发明家的意图、政治家和商业界领袖的决策,虽然短期内可能会影响媒介的发展,但是从长远来看,与媒介的生存是没有很大关系的,不是人类的需要。人类的需要就是人数众多的消费者的消费需求和消费倾向。莱文森通过对手机等媒介发明和流行的考量得出的这种界定有失全面。本书认为,决定媒介存活的人类和社会的需求应该是适合人性化发展的需求。莱文森或许意识到了这一点,在该书补充论述说:"任何媒介的成功都意味着它经受了人的考验,手机……满足了人的某种需要,无论这需要是肤浅的心动还是深刻的渴望。"同时,他认为手机的发展必将成为人类的新宠,"这个需要与人类的历史一样古老——这就是走路说话的需要,交

---

❶ 洛特菲·马赫兹.世界传播概览:媒体与新技术的挑战[M].师淑云,程小林,等译.北京:中国对外翻译出版公司,1999:367.

流和移动的需要,这个需要使人有别于其他的动物"❶。从这些补充中,莱文森引出了这一线路图更深层的意蕴:吻合人类小生境的媒介生存。

但是,莱文森认为:"传播媒介服务认知时,在许多层次上成为双刃剑:其一,它们辅助(言语还允许)认识过程的后两个阶段(批评和传播);其二,其功能本身依靠一个以上的人参加(传播媒介的这个社会本质,使之成为理想的社会批评媒介和传播媒介);其三,它们既服务于智力的领域又服务于非智力的领域;其四,和超认知装置一样,传播媒介在结构和内容中传递不同的信息。其五,电脑这种关键的超认知技术,又成了核心的传播媒介。"❷

人类理性选择的媒介生存线路。莱文森认为人在媒介技术面前是主动的,能做出理性选择,"人是积极驾驭媒介的主人""人决定媒介的演化——哪些存活,哪些落到路边,哪些命悬一线,哪些如日中天"❸。人的理性选择决定了符合人性需求的媒介更具有生命力,在激烈的竞争中最终存活下来。同时,人"不是在媒介中被发送出去,而是发号施令,创造媒介的内容。对别人已经创造出的内容,人们拥有空前的自主选择能力"❹。人的理性选择正是传播技术变迁中人性化彰显的最好注释。传媒既没那么中立,也并非如此独断专行,或以救世者自居。技术不会强加给我们什么,技术只提供可能,由人类来决定如何加以利用和组合。媒体在刚刚问世的时候,既没有调动证,也没有派遣令,其命运决定于人类根据自身的欲望、需求和信仰赋予其用途。进行改革的不是戈登堡,恰恰相反,是利用印刷术为自身观点作宣传的人。❺

(三)从媒介与自然关系的传播效果来看:媒介必然朝着不断消弭时空障碍的方向进化

詹姆斯·凯瑞指出:"每一种现代媒介都提高了控制空间的能力。它

---

❶ 保罗·莱文森. 手机:挡不住的呼唤[M]. 何道宽,译. 北京:中国人民大学出版社,2004:13.

❷ 保罗·莱文森. 思想无羁:技术时代的认识论[M]. 何道宽,译. 南京:南京大学出版社,2003:136.

❸ 同❶:12.

❹ 保罗·莱文森. 数字麦克卢汉:信息化新纪元指南[M]. 何道宽,译. 北京:社会科学文献出版社,2001:56.

❺ 弗朗西斯·巴勒. 传媒[M]. 张迎旋,译. 北京:中国传媒大学出版社,2007:101-102.

们通过缩减人与地点之间发送信号的时间（讯息发送与接收之间的时间差）来实现这一点。……现代传播媒介具有一种共同的效果：它们扩大了接收的范围，却缩小了发布的范围。大量的受众能够接收，却不能直接做出反应或参与激烈的讨论。结果，现代媒介产生了控制巨大空间和庞大人口的潜在力量。"❶媒介是时间的重要表现形式，时间在本质上与媒介紧密相连。一般来说，人类在媒介中能感受到的有两种时间：客观时间和主观时间。客观时间是一种有规律的重复性的物理现象的时钟测量，而主观时间则是一种心理性现象，它来自于人的身体对外界事物或事件的感受。❷媒介是极具空间延伸性、拓展性与侵略性的物件。莱文森认为，人性化趋势的媒介进化是再现真实世界的水平不断提高，同时这样的再现又试图维持，甚至增加原始媒介在时空方面完成的延伸。只要先行的媒介提供了后继媒介失去的时空延伸，即使它们复制真实世界的水平偏低，也能存活下来。如电报。虽然电报只能用点、画符号提供现实世界较低的真实性等，但它具有很强的空间发送能力，能够提供永久记录，维持时间延伸方面的永久性，所以能够存活下来。文字的出现，使人类由口语传播时代进入书写传播时代。"文字是人类创造的第一套完整的视觉符号体系，有了文字，人类的信息活动实现了体外的记录、保存和传播。"❸而且，在时空障碍上的有效克服，这种媒介会迅速得到扩散，惠及更多的人群。有学者写道："今天我们已享有许多特权，这些特权在从前只有王侯、贵族或部分的知识阶级才够资格享受。比如我们几乎能立刻知道世界上各个角落所发生的重要事件，能够与专家学者或评论家们沟通意见，也能够在自己家里或办公室里欣赏最高级的戏剧和音乐，观赏世界小姐选美的实况，而且又能够旁听议会审议的情形或法院审案的经过，也能够参与各种盛典或收听空中教学等等，这些正是大众传播迅速发展的结果。"❹这段文字正是采用对日常生活中一些变化的描述来实现对媒介克服人类生物局限和延伸时空能力的礼赞。

诚然，媒介的轻巧化趋势也必然是人性化理论的重要内涵。通观媒介进化历程，莱文森认为人类的媒介发明会不断朝着便于移动、个人使用等方向进化，这是人性化趋势理论的题中应有之义。电脑、手机、摄像机等的进化

---

❶ 詹姆斯·凯瑞. 作为文化的传播[M]. 丁未，译. 北京：华夏出版社，2005：106-107.

❷ 梁国伟. 绽出在电视媒介形态中的时间意识[J]. 当代电影，2006（1）.

❸ 郭庆光. 传播学教程[M]. 北京：中国人民大学出版社，1999：42.

❹ 谢铭仁. 大众传播要论[M]. 台北：台湾东吴大学出版社，1974：80-81.

就充分说明了这一点。这些现代电子媒介或朝着轻薄型方向进化或朝着功能聚合型方向进化，总之朝着越来越适合个人使用的方向进化。数字媒介的进化更是不偏不倚地朝着便于个人使用的方向进化，表现出前所未有的"互动性""个人化程度以及小众化本质"及"不受时间限制的异步"性等特性，给社会传播体系以革命性的影响。❶而这些影响，从某种意义上来说，正是人类传播克服时间障碍的重要表现。莱文森因之在《新新媒介》等著作中提出了"私媒介""媒介之媒介"说等观点。

总之，媒介进化的人性化趋势理论从一个侧面深刻地说明了人之于媒介的能动选择。正如莱文森指出的："媒介以达尔文进化论的方式演进，人创造媒介，而且选择媒介。"❷人类凭借媒介再现前技术环境，捕捉已经失去的生物学传播成分；同时也凭借媒介超越人类感官的生物局限，拓展传播能力。人性化趋势理论说到底就是从便于人类使用媒介的角度对媒介进化特性的生动形象描述。

三、意外的后果：媒介进化的非人性化

目前无论对技术持何种态度，都认为技术就是一把双刃剑，在给人类带来福祉的同时也会产生恐慌和危害。如"法国哲学家葛兰格尔认为，科学技术革命既能促进人的自身发展和完善，同时又能给人类带来种种非人性的社会后果"❸。马克斯·韦伯认为，人们所持的一套信念和价值观是他们追求某一种生活方式的驱动力。❹人们的行为、动机以及与之共生与互动的情绪，成为其中的主要元素。一般来说，人的理智对社会的发展具有更突出的作用，而人的情绪则与社会的稳定、均衡直接相关。高度的社会变动、竞争，社会的陌生化、情绪化现象也特别突出。大众传播媒介这个具有高度社会魔力的精灵现代"为人类的信息交往和精神交往插上了翅膀，当然也为社会的情绪

---

❶ 麦奎尔. 麦奎尔大众传播理论[M]. 崔保国，李琨，译. 北京：清华大学出版社，2006：104.

❷ 保罗·莱文森. 数字麦克卢汉：信息化新纪元指南[M]. 何道宽，译. 北京：社会科学文献出版社，2001：73.

❸ 钟晶晶. 突破人类交流困境的努力[J]. 新闻记者，2006（3）.

❹ 安东尼·吉登斯. 社会学[M]. 赵旭东，等译. 北京：北京大学出版社，2003：842.

化带来了一个具有高度扩散力的社会装置条件"❶。麦克卢汉（1969）声称："所有的媒介，从音标到计算机，都是人体的延伸，都对人造成了深刻持久的变化，并且改变了他的环境。"❷

在媒介进化过程中，莱文森认为有一个共同之点就是人的理性选择。然而他也看到了媒介技术之于人类理性不能操控的一面，并提出了"意外的后果"媒介进化观。"意外的后果"是媒介人性化趋势的特殊的现象，同样贯穿了整个媒介进化史。"意外的后果"具体化为三层要义。

（一）意外的后果指媒介的用途与发明者的初衷相悖

莱文森认为在信息技术领域人的意志从开始到发明到实施都一直起作用的情况是非常少的。他说："人类的技术当然包含了发明人的意志。……但是同生命的进化一样，人类社会中发明的产生、影响和保存不仅仅遵循发明人的意志。起选择作用的社会环境像树上的苔藓一样可能发生改变；某种发明可能在根本没有树而只有灌木和花的环境中得到迅速的发展。"❸从这段话中，我们可看出，莱文森所说的媒介意料之外的结果是针对发明者的意图和初衷、推广者的期待上来说的，而与媒介的用途和影响没有关系。❹如果一项发明与发明者和推广者最初的意图相背离，那么这无疑是意外的后果。莱文森反复用贝尔发明电话、爱迪生发明留声机为例进行说明。前者发明电话最初只是为了发明助听器，以增加妻子听觉能力；后者只是想迅速推广电话录音机。20世纪的广播电视也是由于企图用电话来传送声像的梦想得到的意外惊喜。因此，莱文森说："在这个意义上，20世纪传播最突出的成就，来自于电话尚未实现的构想。"❺无论哪种意外的后果都是技术发明者无法预料到的。

但是，从以上意外的后果的媒介发明例证中，莱文森也看到了技术发明

---

❶ 詹绪武，董广安.变迁中的传媒与社会公共情绪[M]//童兵.技术、制度与媒介变迁：中国传媒改革开放30年论集.上海：复旦大学出版社，2009：88-99.

❷ 罗杰斯.传播学史：一种传记式的方法[M].殷晓蓉，译.上海：上海译文出版社，2002：430.

❸ 保罗·莱文森.软边缘：信息革命的历史与未来[M].熊澄宇，译.北京：清华大学出版社，2002：8.

❹ 保罗·莱文森.数字麦克卢汉：信息化新纪元指南[M].何道宽，译.北京：社会科学文献出版社，2001：131.

❺ 保罗·莱文森.思想无羁：技术时代的认识论[M].何道宽，译.南京：南京大学出版社，2003：179.

的如何被使用，很大程度上取决于市场应用、金融状况和习俗。也就是说，媒介产生意外的后果，是发明人无法控制的，而是由市场应用、金融状况和习俗等多种因素共同作用的结果。不过，他认为，媒介进化不是自然的选择，而是人的选择，媒介是适合人类需要的生存；媒介进化从长远来看，发明者的意图、政治家和商界巨子的决策都是无法操控的，媒介进化的方向说到底是人数众多的消费者决定的。也就是说，操控媒介意外后果发生的始作俑者往往是消费者。

（二）意外的后果表现出媒介使用者的非人性化的一面

威廉姆斯指出："在很多例子中，我们都可以看到，科技往往产生了原先并没有预料到的使用情况与效果。"❶可见，威廉姆斯同样看到了媒介技术进化中"意外的后果"这个现象。菲德勒可能也受到了莱文森意外的后果的启发，表达了同样的观点："大多数新兴技术将不会恰如他们的开发者所设想的那样被使用。这已经是贯穿了整个二十世纪的模式，也无疑将是二十一世纪及其之后的模式。"❷因此，对使用者非人性化的用途的现象，不少媒介学者都有所论及。

媒介的使用往往与发明者的意图相违背，特别是有些人使用媒介从事违背人类利益和社会发展的需要。莱文森认为任何媒介都是双刃剑，并好用枪械、刀子和枕头的例子来说明。他说：刀子可以用来砍柴，也可以用来杀人；枪械可以用来杀人，但也可以用来捕杀猎物以便充饥；同样枕头让人睡觉舒适，但也可以用来窒息杀人。媒介技术是好是坏，人类的指引起着决定性的作用。这就是说，媒介非人性的一面就是媒介使用者对媒介人性化的违背。人类应该尽量规避和制止媒介的非人性化的使用。

虽然非人性化自始至终伴随媒介人性化的进化过程，但是，在莱文森看来，媒介的生存大权最终操控在人的理性把握范围内。也就是说，人类最终凭借理性的选择能够有效规避和制止非人性化的媒介使用。他对人类对技术的理性选择充满信心："任何信息技术所产生的影响都是复杂的意料之外的结果，加上我们能够对信息技术所产生的影响进行评价和可能的调整——我们登上了一个有关信息技术发展历史和发展未来的旅程，一个信息技术的发

---

❶ Wiilliams, Raymond. 电视：科技与文化形式[M]. 冯建三, 译. 台北：台北远流出版事业股份有限公司, 1992：162.

❷ 罗杰·菲德勒. 媒介形态变化：认识新媒介[M]. 明安香, 译. 北京：华夏出版社, 2000：148.

展如何对我们的世界产生影响的旅程,一个信息技术的发展将如何影响未来世界的旅程。"❶尤其是数字化媒介时代语境中,媒介进化的非人性化的倾向更能有效控制。"在新的数字地球村里,是没有野蛮人的。作为新时代的公民,我们享有前所未有的——虽然不是无限的——权力去阻止不符合我们利益的逆转。至少,我们有权力迟滞这种逆转前进的步伐,以保存和开发我们喜欢的媒介环境。……在我们的数字时代,媒介的活力正在转换成为人的活力,这种活力是人类业已得到增强和提升的控制能力。"❷

媒介进化没有遵循媒介人性化的发展趋势,出现了有悖人类理性选择的宗旨。使用媒介时,常常会出现违背人类的生存愿望。这些结果主要指媒介发展中的负面作用,是人类非理性的选择。如,媒介常被战争利用或控制,"二战"时希特勒就利用广播媒介加强对人的思想控制。媒介受雇于战争,其疯狂的运用导致了媒介的严重非人性化。

说到底,意外的后果其实质就是媒介技术在进化过程中失去了人类理性的掌控,出现了与人性化趋势背道而驰的非人性化现象。

(三)意外的后果表现出媒介进化过程中没有预料到的、伴随而现的新问题

莱文森指出:"技术及其影响的首要原理是,它们最深刻的影响常常是无意为之的。"❸可见,意外的后果也是针对媒介对使用者造成的意想不到的后果来说的。这一点有别于使用有意为之的非人性化表现。莱文森认为手机不仅使人的交流能力获得了增长,斩断了把人束缚在室内的绳索;但是手机无意之中造成这样的后果:"手机可能会在不受欢迎的时候响起;有照相功能的手机可能会在不得不互相迁就的情况下把朋友和陌生人同时拍下来。"❹虽然媒介是人的理性选择,但是媒介技术在发展过程中,会偏离人的理性控制,出现"意外的后果";而且,无意产生的结果自始至终贯穿在人类媒介

---

❶ 保罗·莱文森. 软边缘:信息革命的历史与未来[M]. 熊澄宇,译. 北京:清华大学出版社,2002:10.

❷ 保罗·莱文森. 数字麦克卢汉:信息化新纪元指南[M]. 何道宽,译. 北京:社会科学文献出版社,2001:289.

❸ 保罗·莱文森. 论书籍之书:对数字时代书页命运的预测[M]//莱文森精粹. 何道宽,编译. 北京:中国人民大学出版社,2007:270.

❹ 保罗·莱文森. 手机:挡不住的呼唤[M]. 何道宽,译. 北京:中国人民大学出版社,2004:10.

技术选择的过程中。"意外的后果",莱文森在他的著作中多处论述。说到底,媒介进化过程中没有预料到的、突然发生的新问题也是"意外的后果"的重要表现,是媒介进化非人性化趋势的重要内涵。

例如,莱文森对手机抱以热情地歌颂,但是,他同样指出手机给人类带来了意想不到的尴尬。他在《手机:挡不住的呼唤》中列举了大量手机带来的对人性的困扰。如他认为手机铃声可能是引起不和的源头,用形象的比喻描述了这样一个场景:"巴士正在开,周围的手机响个不停,你却没地方去,也不能跳车。……刺耳、响亮、使人头皮发麻的说话声,就像被虫子咬了感觉很痒一样,你被迫去挠痒痒。"[1]

在莱文森看来,媒介进化在某种意义上是"人性化"的,即适合人类需求的过程;特别是从媒介整个进化的主脉来看,媒介是按照人类所希望的要求进化的。然而他又认为,媒介进化意外的后果和人性化之间又是一场拔河赛或拉锯战,也自始至终贯穿于媒介进化的过程中。

莱文森把媒介进化的"意外的后果"作为媒介人性化趋势理论的一个特例提出,其目的意在强调媒介之于人类是一把双刃剑。发明者或使用者在发明或使用媒介时都无法完全操控住媒介的用途。不过这种对媒介使用的无法操控而出现的意外后果却正是媒介不断进化的重要源泉。人类为了弥补媒介的意外后果必然不断改进媒介,推动媒介不断朝向人性化的方向进化。因此,媒介的意外的后果是媒介人性化趋势的题中之意。

总之,通过对媒介进化人性化趋势理论的整体考量可知,莱文森是从人本主义立场对媒介进化做出的形而上的理论提升,突出人类在媒介进化过程中的主体地位和理性选择。同时,他以媒介乐观主义者自居,与他的前辈们来了个彻底地逆转,丢掉了"技术悲观主义"的情绪。他的媒介进化理论高扬媒介乐观主义、软媒介决定论以及媒介人性化等论调,勾勒的媒介进化线路图谱飘散着浓厚的乐观主义和人本主义特质。可以说,媒介进化的人性化趋势理论是莱文森媒介进化理论谱系中最具有创新和开拓意义的理论,成为他区别于其他媒介环境学学者的媒介研究理论、张扬"人本主义"媒介立场的重要标杆。

---

[1] 保罗·莱文森. 手机:挡不住的呼唤[M]. 何道宽,译. 北京:中国人民大学出版社,2004:65.

第五章　莱文森的媒介进化理论（下）

第四章讨论了莱文森的媒介进化人性化趋势理论。这个理论是莱文森纵观整个媒介进化历史的基础上，从人对媒介理性选择的角度做出的形而上的思考，揭示出媒介之间关系的内在进化规律。本章要继续讨论媒介进化理论谱系中的补救性媒介进化理论、媒介进化三阶段理论和其他次生媒介进化理论。

第一节　补救性媒介理论

补救性媒介理论，莱文森是从媒介与媒介之间的功能互补性视角探讨媒介与人类关系的"外在"表现形式，找寻媒介进化的一般规律。从某种意义上说，补救媒介理论是媒介人性化趋势理论的补充。补救性是媒介人性化趋势的另一种表现形式。该理论在1984年最早提出。是年，莱文森在《大众传播与技术研究》（*Studies in Mass Communication and Technology*）杂志上发表题为《媒介进化与理性对媒介决定论的钳制》（*Media Evolution and Rationality as Checks on Media Determinism*）一文，提出"补救媒介之媒介"（media-remedial media）的概念。1988年，莱文森在《思想无羁：技术时代的认识论》一书中首次对"补救性媒介"的内涵做出阐释：补救性媒介就是对人类隐私损失进行补救的媒介。因此，保护人类隐私被认为是补救性媒介产生的最直接原因。保护人类隐私以免遭受侵扰成为早期补救性媒介功能之一，是补救性媒介理论考察的主要内容。

媒介技术对人类隐私的侵扰，不少媒介环境学学者都论述过。芒福德指出：技术侵扰隐私，损害思维和社会性，而且这种侵扰和损害无法控制和补救；波兹曼也认为媒介技术损害人类理性和隐私；麦克卢汉则强调人在媒介技术面前无能为力，有如技术的性器官。莱文森对这些观点不以为然。他看到了人类在媒介进化过程中的能动作用，媒介是经过人类理性选择的媒介。他意识到有些技术无意之间削弱了我们的隐私，而有些技术却又出乎意料地提供了新的隐私。因此，他认为人类能够有意识地构建一些技术，用来调节或抵消现存技术引起的隐私损失。这就是补救性媒介的一个重要内涵。也就是说，莱文森首先是从媒介与人类隐私的关系中看到了媒介的补救性特性，提出了补救性媒介理论。但是，他还辩证地看到"并非在任何情况下，理性的最终胜利是打了包票"❶，技术在进化过程中存在非有意的甚至是危险的结果。在后来的媒介理论著作中，莱文森不断丰富和深化补救性媒介理论的内涵。补救性媒介理论成为与媒介人性化趋势理论互为补充的一条重要理论。

一、媒介补救性的主题

任何一种后继媒介都是一种补救措施，都是对过去的某一媒介或媒介某一种先天不足的功能的补救或弥补。这是莱文森补救性媒介理论的重要内涵。众所周知，以往的媒介分析只注重技术带给人类的重大影响，即使在考量媒介史时也很少将媒介与媒介之间共同进化的关系纳入理论探究的范畴，而认为那是理所当然的事，熟视无睹。莱文森却将技术哲学、社会学、人类学等知识结合起来，将媒介进化人性化放在一种动态的状态下观照媒介与媒介之间的有机联系，开启了媒介环境学动态媒介史观的媒介研究视角。2005年前后，日本学者远藤薰提出"互媒体性"❷。用这个术语解释媒体间如何相互作用，同时这种作用关系如何发展变化。笔者认为，"互媒体性"正好恰切地说明了媒介与媒介之间的互补关系，但它不像"补救性媒介"理论能很好地描述媒介不断朝前进化的动态关系。因此，可以把它看成媒介之间补救性和人性化观点的另一种表述。

（一）任何媒介都不是完美的，但总是朝着不断完美的方向进化

不完美理论最初是由美国实用主义创始人查尔斯·桑德尔·皮尔士（Charles Sanders Peirce）提出来的，后得到波普尔的发展。前文论述了波

---

❶ 保罗·莱文森. 思想无羁：技术时代的认识论[M]. 何道宽，译. 南京：南京大学出版社，2003：285.
❷ 杨霜. 试论"互媒体性"[J]. 新闻与传播研究，2010（4）.

普尔的非完美主义和错误难免的观点。波普尔认为一切技术和知识都是不完美的，甚至有时是错误的。要特别指出的是，技术和知识的非完美性和错误难免性不是一成为变的，而是相对的、不断变化的，具有时代阶段性。莱文森从总体上接受了皮尔士和波普尔的非完美理论和错误难免性观点。同时，从芒福德、沃尔特·翁、麦克卢汉、波兹曼等学者对媒介技术的批判中，从他们对媒介损害理性的言论中，莱文森看到了理性在媒介进化过程中的强大作用，看到了人的理性对媒介技术不完美特性具有努力补救的作用。因此，他认为，任何媒介和知识都是有缺陷的，不完美是它们固有的特性，因为这种不完美性，媒介可能会让人失去生理上的某些方面；不过，媒介是人类理性的选择，媒介进化正是为了补救那些人类已经失去了的生理方面的平衡，抑或媒介进化不能完全满足或克服人类与自然、人类之间信息交换的某些障碍。换句话说，人既然发明了媒介，就必有办法扬其长而避其短。

其实，完美的内涵在莱文森这里有两层意思：一是相对于媒介技术来说，后继的媒介技术往往是针对已有的媒介技术的补充，填补媒介技术上的不足。完美是相对的。当一种媒介在技术上表现出它的缺陷时，人类就会设法发明或设计一种新的媒介来补救。不过，这种补救不是对旧媒介技术的完全替代，而是修正或弥补。莱文森乐意将新媒介看成对旧媒介的补救。比如，将因特网看作补救性媒介的补救性媒介——是对报纸、书籍、电台和电话等媒介的改进。以往不少学者看到了媒介间功能的互动关系。例如，菲德勒认为"新媒介并不是自发地和独立地产生的——他们从旧媒介的形态变化中逐渐产生。当比较新的传媒形式出现时，比较旧的形式通常不会死亡——它们会继续演进和适应"[1]。但是，更多的理论关注的是新媒介对旧媒介间的冲击，不断出现"电视消亡论""报纸消亡论"的论调，把新旧媒介的进化看成水火不相容的。补救性媒介理论无疑是对那种认为新旧媒介关系是一种争夺生存空间、你死我活的斗争关系媒介观的颠覆。

二是从人对媒介的使用来说，后继媒介技术越来越朝向人性的方向发展，满足人类的需要。在媒介的进化过程中，人对媒介有满足和幻想的动机，有企图弥补失去东西的动机。动机可能只是人们办事的工具，但一旦与技术结盟，就会产生强大的推力，走向圆梦过程[2]；圆梦，在莱文森看来，

---

[1] 罗杰·菲德勒. 媒介形态变化：认识新媒介[M]. 明安香，译. 北京：华夏出版社，2000：19.

[2] 保罗·莱文森. 真实空间：飞天梦解析[M]. 何道宽，译. 北京：中国人民大学出版社，2006：82-83.

是人类对自身渴望和需要的实现和满足，无疑，圆梦也是媒介人性化的实现。电话录音使我们可以不必接那些如果不接又怕失礼的电话，保护自己。对隐私的保护，是媒介补救的动机之一。对于隐私保护意义上的补救性媒介，他追溯到窗帘的发明。窗帘是他阐释补救性媒介进化最鲜活的例子。他认为"窗帘可以被看作是补救的补救的一个完美的结局"❶。这得益于E.瓦克特曼（E. Wachtel）在《窗户对西方艺术和视野的影响》（*The Influence of the Window on Western Art and Vision*，1977，1978）中对窗户和窗帘的论述。莱文森借鉴性地发挥了这个例子。他说：人类的祖先为了遮风避雨，就用墙建起住处。但是墙阻隔了阳光、月光和新鲜的空气，于是在墙上凿了一个洞。洞可以透进阳光、月光和空气；但是洞在暴雨和严寒的天气，人们却得不到足够的温暖和干燥。于是，他们又发明了窗户。对于洞而言，窗户是一个"极不平凡的补救性媒介"。然而，窗户在为里面的人提供向外看的便利的同时，也为外面的人向里看——"偷窥"提供了便利。于是，窗帘诞生，后来百叶窗等的发明进一步提高了窗户的补救性功能。窗帘与窗户结合，窗帘挡住了"偷窥汤姆"（Peeping Tom）的视线，偷窥者便无计可施。"从墙到墙上的洞，到窗户到窗帘的进化，为响应人类的需要和设计而产生的媒介的进化提供了一个范例。"❷这个范例就是媒介之间的互相补救。补救性也充分展示了媒介进化过程中人性化的一面，演示了媒介与媒介之间不断朝向相对完美的进化过程。

可见，人类对完美的追求、对借助媒介实现最大可能地获得信息传播的自由自在、对自身隐私最大限度的保护，与任何媒介技术都具有不完美性之间的矛盾是补救性媒介不断出现的重要动力。莱文森还举出了一个颇有说服力的例子，即人类对计算机调制解调器处理数据速度的追求。早期个人电脑的调制解调器处理数据的功能是每秒钟300比特，当时已认为是闪电速度，而当互联网调制解调器每秒钟能处理56000比特时，有些人觉得还是太慢，宽带上网那样的速度也仍然让人有时沮丧。因此，在他看来，所谓的"'完美'交流就是完全符合我们眼前诱人的幻想和冲动的那种交流"❸。正是人们对于

---

❶ 保罗·莱文森. 软边缘：信息革命的历史与未来[M]. 熊澄宇，译. 北京：清华大学出版社，2002：113.

❷ 保罗·莱文森. 媒介进化的原理：适者生存[M]//莱文森精粹. 何道宽，编译. 北京：中国人民大学出版社，2007：38.

❸ 保罗·莱文森. 手机：挡不住的呼唤[M]. 何道宽，译. 北京：中国人民大学出版社，2004：141.

媒介不完美的完美追求，才使得新的补救性媒介不断出现。而且，对媒介补救，莱文森始终抱着乐观态度，"任何时候，只要能够说，尽管有其不足，一种技术及其补偿措施给我们提供的好处大于过去的好处；只要能够说，一种设施的新旧服务和利弊总体上比过去的设施好，只要它利大于弊，那么我们就能够恰如其分地说，我们取得了进步"❶。

（二）媒介补救是在人的理性作用下的补救

莱文森是软媒介决定论者，认为信息技术和事物产生的可能性要由人来变成现实。在分析媒介影响时，人始终是要被考虑的首要因素。无论技术调适能力多么强大，它本身也无法单独完成伟大的叙事，酿造醇香的美酒还需要借助我们人类的大脑。❷这句话表明，媒介的补救是在人类理性选择的尺度下进行的；媒介间的补救是人类对媒介进化过程做出的理性选择，不是技术自发而为的。

在理性控制下，媒介进化是为了更好地实现人类生存、发展的需要，为了人类更为自由自在地获取和传递信息的需要。新媒介是对过去一种或多种媒介不足的补救，而这种补救将使得媒介更适合人类接受信息，更加符合跨时空延伸信息、传达更为精确信息的要求。莱文森认为电视进化提供了十分生动的例证。早期，电视从可视电话的意图中问世后，一直被指责会毁灭大脑，并把电视图像看过后转瞬即逝当成它的根本特征。如芒福德批评说：电视正在建立一个没有记忆的社会，人脑的理性受到损伤，人类只知道直接刺激和直接感知。❸其实，电视播放录像带，即使是现场直播的录像带也是可以保存的，这完全回击了那些对电视是过眼云烟的诅咒。特别是后来出现了摄像机、家庭录像机等，这些都给看电视的人切实可行的记忆和期待意识。他在对电视进化的检验中发现：当人类理性发现了势不可当的流行技术中的一个问题时，就会着手去设计一种新的补救性技术，以解决这个问题。❹因此，

---

❶ 保罗·莱文森. 手机：挡不住的呼唤［M］. 何道宽，译. 北京：中国人民大学出版社，2004：142.

❷ 保罗·莱文森. 《黑道家族》成功的要素：裸露、每周播放三次、不必插播的广告［M］//莱文森精粹. 何道宽，编译. 北京：中国人民大学出版社，2007：27.

❸ Mumford, Lewis. The Pentagon of Power. New York：Harcourt Brace Jovanovich，1970：278.

❹ 保罗·莱文森. 思想无羁：技术时代的认识论［M］. 何道宽，译. 南京：南京大学出版社，2003：285.

录像带、摄像机、家庭录像机等一系列的媒介发明，都是人类对电视图像转瞬即逝的根本问题进行理性补救的结果。

媒介技术对人类自身生理局限的弥补性功能或许会让人们陷入对它的迷思状态，出现盲目崇拜。莱文森指出："也许媒介会使我们麻木，会使我们着迷，但是麻木和痴迷状态总是短暂的"❶；更重要的是"人的理性和判断能力可以对未来产生正面的影响——我们可以驾驭逆转的方向，使之向着这个方向前进"❷。因此，人性化趋势理论主要立足媒介的进化过程，是媒介进化的普遍规律；补救性媒介则是从人类理性的角度来整体考量媒介进化史，认为媒介的进化规律其实是在遵循人类的理性选择，是人类用主观能动性描绘出的媒介关系图谱，可以看成人性化趋势理论的另一种描述。

二、媒介形态变化理论与补救性媒介理论

20世纪90年代，罗杰·菲德勒（Roger Fidler）在媒介理论著作《媒介形态变化：认识新媒介》（*Mediamorphosis: Understanding New Media*，1997）中提出了媒介形态变化理论。媒介形态变化理论探讨的是新媒介技术出现的规律以及新旧媒介之间的关系。较之莱文森的媒介补救理论，具有"异曲同工"之妙。两者在阐述新旧媒介的更替问题、新媒介技术的发展动力问题上具有相同的观点。

（一）新旧媒介更替的规律

格雷姆·伯顿（Graeme Burton）认为技术的长期性影响在总体上不是革命性的大爆炸，而是进化性的文火慢炖。❸菲德勒和莱文森都形而上地阐释了媒介的更替规律。他们都认为新旧媒介之间的关系不是你死我亡的竞争关系，而是新媒介具有对旧媒介压倒性的优势，彼此间是互相补充、共同发展的协调关系。

一种新技术、新媒介之所以得到运用和推广，是因为在满足社会和人类需求等方面都具有旧技术、旧媒介所不具有的绝对优势。这样，新技术、新

---

❶ 保罗·莱文森. 数字麦克卢汉：信息化新纪元指南[M]. 何道宽，译. 北京：社会科学文献出版社，2001：263.

❷ 同❶：285.

❸ 格雷姆·伯顿. 媒介与社会：批判的视角[M]. 史安斌，译. 北京：清华大学出版社，2007：231.

媒介的出现，必然对旧技术、旧媒介的生存空间造成强劲的挤压；但是从后视镜中可以看到：新技术、新媒介的出现绝不是凭空产生、从天而降的，必然具有对旧媒介、旧技术的承继性。同理，对于旧技术、旧媒介而言，新技术、新媒介的出现，不会导致它们的消亡，它们会积极地去适应新的压力，做出改变，以求继续保存下去。菲德勒提出了六条媒介形态变化基本原则，即共同进化与共同生存、形态变化、增殖、生存、机遇和需要、延时采用。前三条原则深刻地阐释新旧媒介、新旧技术的变化规律：一切形式的传播媒介都在一个不断扩大的、复杂的自适应系统以内共同相处和共同演进，每当一种新形式出现和发展起来，它就会长年累月和程度不同地影响其他每一种现存形式的发展；新媒介决不会自发地和孤立地出现，必然是从旧媒介的形态变化中逐渐脱胎而来；当比较新的形式出现时，比较旧的形式就会去适应并且继续进化而不是死亡。一切形式的传播媒介为了在不断改变的环境中生存必须努力去适应和进化。❶然后，他得出结论："新媒介的成功形式就像新物种那样，并不是无中生有地突然冒出来的。它们与过去有着千丝万缕的联系。""新媒介并不是自发地和独立地产生的——它们从旧媒介的形态变化中逐渐产生。当比较新的传媒形式出现时，比较旧的形式通常不会死亡——它们会继续进化和适应。"❷这个媒介观好像是麦克卢汉媒介"逆转"理论的改写版。

莱文森在媒介进化理论中完全承认新旧媒介之间的承继性。正由于承认新旧媒介的这种关系，他才能检视出媒介进化的人性化趋势和补救性特征。在《软边缘：信息革命的历史与未来》中，他指出："媒介的发展规律是非常深刻的：当一种新的媒介在特定的领域中胜过旧有的媒介时，并不意味着旧有的媒介即将衰落和死亡。事实上是，旧有媒介将被挤压进一个小的生存环境中，在这个环境中它将扮演新媒介所不能胜任的角色并因此而生存下去，虽然这一角色和新媒介出现之前或许有所不同。关键在于旧有的媒介是否能够发现依然存在的人类需要或知觉模式。"❸

不难得出结论，莱文森和菲德勒都看到新旧媒介共同进化和协同发展的关系，但是菲德勒只看到了媒介共同存活发展的规律，而莱文森还看到了

---

❶ 罗杰·菲德勒.媒介形态变化：认识新媒介[M].明安香，译.北京：华夏出版社，2000：24-25.

❷ 同❶：14, 19.

❸ 保罗·莱文森.软边缘：信息革命的历史与未来[M].熊澄宇，译.北京：清华大学出版社，2002：48.

媒介之间的补救性的关系,看到了新媒介之于旧媒介所具有的更为人性化的优势。因此,从这个角度来看,媒介形态变化理论就是媒介补救理论的裁剪版。

(二)新媒介存现的动力源

菲德勒媒介形态变化的六原则中,后三个原则,即生存原则、机遇和需要原则、延时采用原则阐述新媒介存现的动力问题。菲德勒认为,新媒介被广泛采用并不只是技术上的优势;人类发展的需要,社会、政治和经济上的刺激等都是媒介获得迅速推广的原因。媒介技术上的优势,菲德勒赞同罗杰斯提出的新技术和新媒介迅速扩散的五个要素:相对便利性;兼容性;复杂性(新技术、新媒介更为简便,没那么复杂,不需特殊的训练,也不需专门的技术就能使用);可靠性(新技术、新媒介安全系数更高);可感知性(新技术、新媒介更有助于告知和激起人们关注这一新发明)。❶在此基础上,菲德勒还提出了第六个要素,即熟悉。所谓熟悉就是要求新技术、新媒介必须与旧媒介、旧媒介保持密切的联系。人们常常从这种与旧媒介的关系中感受新媒介的好处。这种论述与补救性媒介理论很相似。如照相术容易被接受是因为它基于人们的观看和展示景象的方式,无声电影很快被接受主要是因为它与照相术和轻歌舞剧很接近。菲德勒发现,新媒介迅速扩散正是诸多因素共同作用的结果:"传播媒介的形态变化,通常是由可感知的需要、竞争和政治压力,以及社会和技术革新的复杂相互作用引起的:经济发展和公众需要以及媒介间的竞争和媒介生存发展的外部生态环境。"❷这些观点说明:菲德勒看到了媒介存活与模仿人类传播生理特性之间的密切关系、媒介形态变化的动力是人类社会环境的诸多变化引起的,与补救性媒介理论、人性化趋势理论将人类自身需求及其变化等作为媒介进化的重要动力相似。同时,莱文森也强调媒介存现和进化的动力是合力的作用,不过,这种合力是"媒介竞人择,适人需者存"的原则下产生的。也就是,这种合力是以人为中心,以满足人类需要为中心的合力。他着眼于社会现实生活,强调媒介存现和进化的合力是来自占大多数的消费者;这种合力才是推动媒介迅速进化的最主要动力。他认为:从长远来看,发明家的意图、政治家和商界领袖的决策不能代表人类的需要,代表人类需要的是人数众多的消费者的需要,它

---

❶ 罗杰·菲德勒.媒介形态变化:认识新媒介[M].明安香,译.北京:华夏出版社,2000:10–12.

❷ 同❶:14.

才真正"决定着媒介进化的方向"❶。

三、补救性媒介的类型

媒介的补救是非完美性补救,新媒介对旧媒介功能缺陷进行补救一般有两种形态:一是新媒介对以往旧媒介弥补的同时,也会保留旧媒介的主功能属性,只是对旧媒介的改进,但这会使得旧媒介的生存空间变得很小;二是新媒介弥补旧媒介,但新媒介本身却未能提供旧媒介给人的便利,这样仍然给旧媒介提供了生存空间,很多媒介的发展并不是以取代旧媒介为弥补目的。只有新媒介不断地对以往旧媒介缺陷的弥补,才使得媒介本身不断满足人的信息需求。例如,录像机是对电视播放时间不可逆转这一缺陷的补救,有声电影是对无声电影缺少声音的补救。不过,莱文森过度强调媒介之间补救的同时,并没有忽视同一个媒介在不同阶段的传播形式和功能的自身补救。他认为,同一媒介不同发展阶段的新传播方式,也对其旧的传播方式具有补救功能。

可见,莱文森的理论视角是整个媒介进化历史;通过宏观把握,充分发掘媒介间互为补充的关系,从而形成非完美主义的补救性媒介观。莱文森对媒介技术的发展持乐观态度,在他看来,媒介和技术所具有的非完美特性正是媒介朝向人性化和补救性方向进化的重要原因,而人类对完美的不断追求则是媒介进行补救的重要动力。媒介补救主要有两种形式:媒介间补救和媒介自身的补救。前者是补救性媒介最主要的形式,也是莱文森理论中着重探讨的内容,而媒介自身补救常常伴随媒介间补救的发生而进行。

(一)媒介间补救

补救性媒介理论,主要从媒介与媒介之间的补救现象来阐释。莱文森认为,任何一种新生媒介都可以看作是对已往旧媒介的补救。上文已经指出,媒介进化无论是从人性化趋势还是补救性角度来看,都是为了满足人类的幻想和渴求,为了弥补人在追求媒介技术过程中失去的东西。于是,莱文森将整个媒介进化史看成一个大写的补救措施和补救过程。他认为,文字是对言语转瞬即逝特性的补救,但它又使得声音消失,产生了新的问题,弗洛伊德

---

❶ 保罗·莱文森. 手机:挡不住的呼唤[M]. 何道宽,译. 北京:中国人民大学出版社,2004:13.

称文字为"不在场者的声音"（voice of absent person）。印刷术特别是印刷机的出现，使信息传播的速度、数量和广度都空前提高，使教会霸权走向瓦解，现代国家政权出现。印刷物因之被D.里斯曼（D.Reisman）称为"精神的火药"。印刷术是对手抄低效率的补救。从政治影响力的角度来看，莱文森认为电话太个性化，仅能方便一人对一人的口语交流，不利培养社会共识；但是电脑是生产文本的设备，个人电脑插入电话网之后，个性化和社会共识就达到必要的平衡，书面文本因此能够长期保存，成为能够容许一群人分析批评的储备所。❶因此，电脑是对电话个性有余、培养社会共识不足的有效补救。因特网等数字化媒介则是一个大写的补救性媒介，它们是对电视、书籍、报纸、教育、工作模式等的不足而产生的补救，是对过去一切媒介不敷应用而产生的补救。莱文森说："数字媒介使传播速度加快、省事省力。于是，有意发明的媒介，和歪打正着解决问题的媒介之间的差异为之缩小：数字传播提升了人的理智把握，在这一点上，一切媒介都成为立竿见影的补救性媒介。"❷

同时，莱文森指出媒介间的补救是生生不息的，因为"当补救性的媒介起作用时，结果通常是一方面带来纯粹的进步，一方面带来新的挑战，如何去补救这一补救可能带来的新问题。新的补救性媒介解决了这些问题，必然又会产生更新的问题，永远没有结束的时候"❸。他认为电脑虽然是一个大写补救性媒介，在传递信息的时空方面较之以往的媒介具有前所未有的突破，但是电脑却进一步将人们固定在显示器面前，人们成了显示器的奴隶。从这一点而言，电脑还不及以前的照相机、圆珠笔、收音机。手机迅速成为电脑在这方面的补救性媒介，完全斩断了把人束缚在室内的绳索，将人送进大千世界。就手机短信来说，"满足了人们在流动的状态下传受信息的需要。它拥有发布时间灵活，100%阅读率等特点，不仅可以在第一时间中向受众发布新闻、娱乐、体育、休闲、气象等资讯，它的群发服务功能还可以将媒体所需发布的内容信息，批量发送到用户手机上"❹。特别是手机多媒体化真

---

❶ 保罗·莱文森. 媒介革新与权威的非集中化：从各个角度来看问题[M]//莱文森精粹. 何道宽, 编译. 北京：中国人民大学出版社，2007：292.

❷ 保罗·莱文森. 数字麦克卢汉：信息化新纪元指南[M]. 何道宽, 译. 北京：社会科学文献出版社，2001：288.

❸ 保罗·莱文森. 软边缘：信息革命的历史与未来[M]. 熊澄宇, 等译. 北京：清华大学出版社，2002：111.

❹ 程洁. 新数字媒介论稿[M]. 北京：生活·读书·新知三联书店，2007：11.

正实现了传媒与通信的结合,无线上网的功能使它变成了一个可以随身携带的掌上电脑。一边走路一边与身边的人说话,是人类最遥远、最原初的交流方式。如今手拿手机,边走边说的原始方式竟还原得如此完美。正因为此,莱文森称电脑为手机的副手。诚然,手机随身携带的方便性却使得受陌生人的骚扰等问题增多,这就必然会出现新的措施来补救,如现在的手机大都有"拒绝陌生来电"等功能。

(二)媒介自身的补救

从单个的媒介发展过程来看,人性化趋势和自身补救有如一枚硬币的两面,无法区分开来。也就是说,一种媒介的自身补救会促使它朝着人性化方向进化;同理,几乎每一种媒介的人性化进化的每一步都是它不断朝向完美功能的补救性措施。

莱文森认为:"一切交流媒介都是有来有往、有得有失的。"❶一种新媒介刚刚出现的时候,对旧媒介来说,它必然具有很强的补救性。这种补救性具有强大的优势,因此,与新媒介优势伴随而来的技术问题暂时被搁置,甚至被忽略,人们尽情享用着新媒介带来的新奇性、便利性和优越感等。但是,伴随着新媒介的推广,人们对新媒介的补救性功能习以为常后,媒介补救性强势就渐渐淡去;技术当初带来或新出现的问题就渐渐凸显了出来,人们埋怨这些问题而促使它们被提上改进或解决的日程。这时,媒介必须实现自身的补救才能在媒介技术的竞争中存活下来。因此,媒介自身的补救一般表现为技术上的修正。下面以电话自身的补救为例进行说明。

莱文森把电话看成自身补救性媒介最出色的教科书。1876年,固定电话问世。人们第一次从数千里之外的地方听到熟悉的声音,真正实现穿越时空的信息(声音)传递,神奇、刺激,充分享受电话带来的甜头。然而随着电话的普及和新奇感的消失,人们对电话表现出来的诸多不足逐渐不满,不断寻求改进。于是,电话传声的转瞬即逝就促使录音功能的出现,电话机上添加上电话录音;到了20世纪70年代,针对电话相对固定和易受陌生来电骚扰的不足,电话待机、转接和来电显示等功能也相继开发出来。

手机可以看成电话自身的补救性媒介:无绳电话。据美国电话电报公司的内部备忘录记载,在1915年,该公司有发展一种无线电话的想法。1978

---

❶ 保罗·莱文森.手机:挡不住的呼唤[M].何道宽,译.北京:中国人民大学出版社,2004:9.

年,美国贝尔试验室研制出高级移动电话系统,建成了蜂窝状移动通信网。1983年投入商用。人们惊讶于这种新式的移动通信工具,虽然价格昂贵,却欣然享受它带来的便捷。至1985年3月,仅一年多时间,移动电话全美国就扩展到了47个地区,拥有10万移动用户。正由于手机的便捷性,补偿了电话交流的缺陷,短短30余年时间,移动通信技术迅速更新到第三代。❶但是,手机自身的不足也渐渐让人们感到烦恼而必须进行自我补救。如睡眠、开会时不便接听电话就开发耳机接听、静音和震动来补救;对于色情来电,就开发出直接收听来电人的声音而不是铃声的技术来补救。特别是手机发展到第三代,可以说完全由移动电话变成了个人移动多媒体,除了语音服务外,涵盖了短信、彩信、收发邮件、无线上网、游戏、收听广播、拍照、摄影、GPS定位等多种功能,极具个人化、便携化、网络化和多媒体化的特质。这些功能都是针对第一代、第二代手机的不足而不断补救的结果。但这些补救又会产生新的问题,如手机的拍照、摄影功能导致偷拍等问题的出现,这就又需要开发新的补救。正如莱文森指出:"矫正媒介的引入永远不会完全有效,因为新媒介必然引进属于其自己的新的噪声。"❷所以,媒介自身的补救是一个永远也不会终结的过程。

概言之,补偿性媒介理论主要揭示媒介本身不完美性等固有属性和媒介之间功能的补救性关系,演示了一切后续媒介都是对旧媒介的补救,一切旧媒介都是补救性媒介的媒介纽带图。它和媒介进化人性化趋势理论的出发点一样,都是放眼整个媒介发展史,偏重发掘媒介与媒介之间的相互衍生关系。补救性媒介理论更为强调人在媒介发展过程中的能动作用和主体地位,"补偿性媒介证明,技术决定论要逆转。我们不愿意忍受偷窥者汤姆的冲击,所以我们发明了窗帘。我们不甘心让电视屏幕上喜欢的形象飞逝而去却袖手旁观,所以我们发明了录像机。我们不愿意在文字的重压下洒汗挥毫,让语词从构思那一刻起就被拴死在纸面上,于是我们发明了文字处理机。拉开距离一看,这些逆转无疑可以被看成是媒介自动的、必然的突变,是窗户、电视和文字遭遇到功能的外部极限时发生的突变。然

---

❶ 田青毅,张小琴. 手机:个人移动多媒体[M]. 北京:清华大学出版社,2009:5-6.

❷ 保罗·莱文森. 软边缘:信息革命的历史与未来[M]. 熊澄宇,等译. 北京:清华大学出版社,2002:52.

而，实际上，它们是人有意为之，是用人类理性煽起和完成的逆转"❶。但是，莱文森并没有完全摆脱技术决定论的影响。他认为，媒介的补救性、补救性媒介的出现都是在人类主体需求下催生的。这些媒介满足人类新的需求的同时，每一次媒介补救势必会导致人类主体对媒介依赖性的自觉增强。诚如有学者指出的，"新媒介对旧媒介的补偿，事实上也是对人的需要的适应和妥协，也正因为如此，才造就了人对媒介的新的依赖，并最终生产出一个依托这种媒介进行交往和生活的主体自我"❷。特别是进入新千年后，数字化媒介之于人类传播活动的意义日显重要，人类对它们的依附也日显增强。因此，莱文森对现代媒介技术的作用极尽讴歌，表现出对数字媒介技术的极度迷思。虽然他声称自己坚持软技术决定论，但是他并不是彻底的以人为中心展开媒介研究，而是徘徊在人和技术这两个中心之间，表现极端矛盾。

第二节　媒介进化三阶段理论

　　媒介进化三阶段理论是莱文森第一个羽毛丰满的原创理论，主要是针对单类媒介的进化推衍出来的理论。最早阐释这一理论的文献是他1977年在《等等》第6期上发表的论文：《玩具、镜子和艺术：技术文化之变迁》。据莱文森自己介绍，这篇论文是他最受欢迎、最有影响力的论文，被重印四次，唯一享受到了他科幻小说殊荣的论文。在论文中，莱文森同样采用"宏观的思路、整体考察的方式和文献研究的方法"❸，考察电影和录音技术的发展史，联系人一生中的三个时期，认为单种媒介的进化遵循"幼年—玩具""青年—镜子""壮年—艺术"三个阶段的规律，即媒介首先被设计成玩具，接着被用作现实的替代品，最后超越并创造了现实而成为艺术。这三个阶段又被他描述为"前现实—现实—后现实"，形象勾画出单种媒介的进化线路图。莱文森在《软边缘：信息革命的历史与未来》《数字麦克卢汉：信息化新纪元指南》等著作中对"玩具—镜子—艺术"媒介进化三阶段理论做进一步阐释。"玩具、镜子和艺术"三阶段理论

---

❶ 保罗·莱文森.软边缘：信息革命的历史与未来[M].熊澄宇，等译.北京：清华大学出版社，2002：18.

❷ 周志强."私人媒介"与大众文化的裂变与转型[J].文艺研究，2007（5）.

❸ 张咏华.媒介分析：传播技术神话的解读[M].上海：复旦大学出版社，2002：59.

是媒介进化理论的三大主体之一,其理论灵感直接来源于麦克卢汉的媒介定律。

一、媒介进化三阶段理论的要点

媒介进化三阶段理论是就单种媒介而言的,描绘了一幅单种媒介从"玩具"到"镜子"到"艺术"的进化线路图。但须指出,莱文森认为,媒介进化三阶段不是每一种媒介的必经阶段,而只是可能要发展到的阶段。

(一)媒介进化的第一阶段:玩具

莱文森认为,任何媒介的初生阶段都是以玩具的形式出现的。他说:"媒介招摇进入社会时多半是以玩具的方式出现。它们多半是一种小玩意。人们喜欢它们,是因为好玩"❶,而绝非传达的内容;而且,这个小玩意的发明常常用一种新奇精致、机巧好玩的形式出现在文化和社会场域中。在这些小玩意中,"内容被技术把持,只是技术的呈示形式罢了。此时关于它们的感知经验只是个人的、主观的和高度个性化的,而不是'大众'的。这些玩具经常在社会边缘处发挥作用"❷。换句话说:新出现的单类技术,人们最先只关注其玩具的特性,至于其传播的现实内容却常常被搁置;正由于内容被搁置,技术才充分演绎玩具的特性,尽可能满足人们的好奇心和娱乐心理。

媒介技术最初是以玩具的形式出现的,"虽然大多数发明家胸怀雄心大志,但是发明进入社会时往往是被当作新奇事、机巧物、小玩意。其科学价值和艺术应用是后来才意识到的"❸。这种玩具观点也并不是莱文森的独创,早有许多学者指出过。如西里尔·史密斯(Cyril Smith)曾在《论艺术、发明与技术》(On Arts, Invent-ion, and Technology)一文中指出了媒介技术始于玩具阶段的现象。文章描述说:冶金术最初用于制作项链;

---

❶ 保罗·莱文森.数字麦克卢汉:信息化新纪元指南[M].何道宽,译.北京:社会科学文献出版社,2001:200.

❷ Levinson, Paul. Toy, Mirror, and Art: The Metamorphosis of Technological Culture[M]// Learning Cyberspace: Essays on the Evolution of Media and the New Education. San Francisco, CA: Anamnesis Press, 1995:87.

❸ 保罗·莱文森.思想无羁:技术时代的认识论[M].何道宽,译.南京:南京大学出版社,2003:201.

轮子最早出现于玩具中；车床首先是为了做鼻烟壶，100年后才用于重工业；金属铸件最早是在钟铃上完善的，后来才用于铸造大炮。所以他认为，技术起源于游戏和审美的冲动，而不是实际的需要。罗伯特·S.布卢姆堡（Robert S.Brumbaugh）在《古希腊的奇玩与机器》（*Ancient Greek Gadgets and Machines*，1966）一书中也指出：古希腊人发明了蒸汽机，但是他们只把它当成一种玩具。❶杰拉尔德·马斯特（Gerald Mast）在《电影简史》里也认为最早发明的摄影机和放映机都只被当作新奇的玩意。麦克卢汉（1957）同样指出过："新媒介不仅是机械性的小玩意，为我们创造了幻觉世界；它们还是新的语言，具有崭新而独特的表现力。"❷这些论述给予莱文森媒介技术的玩具观点很大启迪。

"电话永远只是一个科学的玩具"，威廉·奥顿（William Orton）这句盲视电话媒介发明之于人类重大意义的言论使他成了家喻户晓的坐失商机的戏谑和教科书。莱文森用这个典故展开媒介玩具论的论述。1881年，电话刚刚问世5年。当时，奥顿担任美国西部联合电报公司总裁，他的朋友康西·迪培（Chauncey Depew）获得了购买贝尔电话公司六分之一永久性股份的机会，犹豫中垂询他的意见。奥顿却给出了这个令人啼笑皆非的判断，不仅使迪培丧失了获取巨额利润的机会，而且也葬送了他自己的电报公司，最终为贝尔电话公司收购。诚然，奥顿没有看到玩具具有商业价值的潜质，"我们玩耍的东西使我们快乐，这就会使它能够成为了不起的商业业绩"❸，这是他作为公司总裁不应有的短视；但是，从媒介发展规律来看，他看到了电话初期应用于社会之中被当新奇玩具的特性。这无疑给了莱文森理论上的例证和启示。因此，莱文森形象描述说：一切新技术无论娱乐性的还是非娱乐性的，"在获得社会准入之前，最初都是以宫廷伶人和特洛伊木马的面貌出现，它们的物质属性清晰能辨，而其功能却藏而不显，不为人理解"❹。

莱文森以电影的进化史说明媒介最初具有玩具性。他认为电影的进化

---

❶ Levinson, Paul. Toy, Mirror, and Art: The Metamorphosis of Technological Culture [M] // Learning Cyberspace: Essays on the Evolution of Media and the New Education. San Francisco, CA: Anamnesis Press. 1995: 89.

❷ 埃里克·麦克卢汉, 弗兰克·秦格龙. 麦克卢汉精粹 [M]. 何道宽, 译. 南京: 南京大学出版社, 2000: 311.

❸ 保罗·莱文森. 数字麦克卢汉: 信息化新纪元指南 [M]. 何道宽, 译. 北京: 社会科学文献出版社, 2001: 201.

❹ 同❶: 78.

史最能描绘婴儿期的媒介是社会小玩意的观点。早期的电影内容只是为了引起人们对电影媒介技术的好奇心而摄制的。例如，早期的有声片《爵士乐歌手》、迪士尼动画片《笑个不停》、爱迪生的第一部电影《弗雷德·奥特打喷嚏》、卢米埃尔兄弟（the Lumieres）第一次拍摄的《宝宝的第一餐饭》都内容简单，几乎不存在故事情节和人物塑造，只是将日常生活里一些非常琐碎的滑稽场景活灵活现地复制到"电影"这个媒介里，让人们感受到真切、神奇，增添他们的欢娱与快慰。电影媒介完全呈现出低调技术载体的样貌。可见，婴儿期电影的内容就是技术本身，它向人们展示自己的新奇性。其他早期的媒介也是如此。例如，中国发明印刷术首先仅用于印制佛像和节庆贺词；火药仅用于制造玩具火箭和孩子们游戏的爆竹。纵使是留声机，人们最初也是把它当作"音乐盒子"把玩。

而且，莱文森指出，婴儿期的媒介特性"既像节日仪式那样流溢张显，又像殡葬活动一样溢满悲伤"❶。就是说，新生媒介一般处于主流媒介之外，而且前文论述过，它们常常以过时的形式出现。由于新媒介处于边缘，想让人们接受，至少须得借助旧媒介特别是主流媒介的形式来推销自己。新媒介总是从旧媒介的形态变化中逐渐产生，新的技术必须要连接过去，菲德勒的形态变化原则同样指出了新旧媒介的关系。因此，说其张显，是由于新媒介作为玩具，极尽展示自己的新奇性，吸引人们的注意力。说其悲伤，是因为新媒介最初是非功能性的，其本质特性是琐碎的、藏而不显，而且处在社会的边缘，只能借助旧媒介的形式艰难前行。人们对新媒介的兴奋点只在技术的工艺流程中，只在工艺本身。保罗·萨弗（Paul Saffo）认为：一项新技术只有其功能发展到巅峰之后才能被人们彻底认清，这个过程需要30年时间。❷媒介技术亦如此。

---

❶ Levinson, Paul. Toy, Mirror, and Art: The Metamorphosis of Technological Culture [M] // Learning Cyberspace: Essays on the Evolution of Media and the New Education. San Francisco, CA: Anamnesis Press, 1995: 77.

❷ 认为一种新技术要完全被人们认识清楚，所需要的时间大约是30年，即美国未来学家保罗·萨弗（Paul Saffo）的"三十年法则（the 30-Year Rule）"。萨弗认为：第一个十年是兴奋与迷惑期，新技术渗透不广泛；第二个十年是反复期，新技术开始向社会渗透；第三个十年是普遍接受期，人们对此习以为常，基本接受新技术。参见：Paul Saffo and the 30-Year Rule [J]. Design World, 1992（24）: 18.

(二)媒介进化的第二阶段:镜子

何谓媒介的镜子阶段?在莱文森的眼中,镜子的功能是实用和再现真实世界和现实生活的内容。当人们把玩新媒介那种神秘的好奇感逐渐消淡之后,就会反问它们能够给自己带来什么或者什么好处,开始将目光投向新媒介的实用价值和内容上。当人们转而关注媒介的实用性和传递的内容时,新媒介开始步入莱文森所认为的镜子阶段。

1. 复制生活场景

将对新媒介不相信的态度悬置起来,人们开始关注它们传达的内容,尤其是它们复制现实生活的内容,从而推动新媒介朝向具有普遍冲击力、最终为社会普遍接受的方向进化。因此,镜子阶段的媒介渐渐淡去早期娱乐的新奇特性,而切合人们的期待、助益人们情感宣泄而对真实世界进行描摹、复制的功能已成为它们最主要的功能,即像镜子一样真实再现客观世界和人们的生活情状等。

1895年,卢米埃尔兄弟摄制的影片《火车进站》第一次将镜头对准了真实生活,与"打喷嚏""宝宝吃饭"等镜头引起的娱乐效果截然不同,影片拍摄了一辆"咣当咣当"正朝车站驶进的火车。放映时,镜头的真实性、声音的逼真性,使观众们误以为真正的火车正朝他们轧过来,吓得惊叫,纷纷仓皇逃遁。

这个时期的媒介用来复制生活,真实地反映客观现实,就像一面镜子照出来的影像一样。人们将怀疑悬置起来,乐意享受这种经验,享受媒介带来的"真实内容":公众乐意把电子技术录制下的声音当作真实的声音,把照相机拍下的照片当作真实的面孔。电话只是完成现实生活的交流,电影、电视、互联网都通过屏幕或视频再现真实世界的图景或片断创造出一个虚拟现实,人们通过它来认识世界。人们也乐意将这种虚拟现实当成真实的世界。就这样,传播技术在公众认可的情况下获得强大的推动力,它们复制的场景开始"有效地、大规模地捕获或取代客观世界的真实情景"。莱文森因此指出,传播媒介的运作方式是它对真实世界的镜像反映、内容凸显和技术消隐。❶媒介的技术特征,特别是玩具特性不断退居边缘。可见,媒介的镜子功能是针对客观的、群体性的活动过程而言,而玩具功能则是主观的、个性化的。

---

❶ Levinson, Paul. Toy, Mirror, and Art: The Metamorphosis of Technological Culture [M] // Learning Cyberspace: Essays on the Evolution of Media and the New Education. San Francisco, CA: Anamnesis Press, 1995: 80.

2. 媒介实用性

媒介由突出玩具性转向实用性，辅助人们完成某项工作是镜子媒介的第二个内涵。莱文森除在《玩具、镜子和艺术：技术文化之变迁》一文做出界定和解释外，在《数字麦克卢汉：信息化新纪元指南》一书中也对这层内涵进行了分析。他明确了一点：媒介实用性的突出、扩大，并不意味玩具功能的消失。他说，走向实用性的媒介都带有玩具的成分，一般是工作与游戏并举。电脑是这个观点最出色的例证。电脑自问世发展至今，游戏是其主要的内容之一。当年的网上冲浪，其目的之一就是玩乐和猎奇。当然，在满足人们游戏欲望的同时，电脑也方便我们工作，对完成工作相当给力。文字处理、电子商务等也是电脑在公众眼中最显赫的功能。

莱文森指出："诚然，玩具阶段或许是镜子阶段与艺术阶段的前提条件，但是它并不会保证两个阶段的必然出现。如果没有适宜的环境，媒介技术就有可能长期停滞在'玩具'阶段。"❶同理，进入镜子阶段的媒介也不可能都会实现艺术阶段的超越。而且，他认为：绝大多数的媒介只停留在镜子阶段，复制现实，根本就没有机会和能力飞跃到艺术阶段。这就是说，玩具阶段，技术自身新奇的玩具特性只提供其迈入镜子阶段的可能性，绝对不打包票。媒介技术要完成玩具到镜子的进化，必须要有一定的社会基础和社会环境，即大众的"艺术接受心理"。如果大众试图将玩具技术用作现实世界的替代品，关注技术媒介传播的现实内容，通过它观看和了解现实；那么该技术就被运用于"实用媒介"，成为现实的记录器，实现了玩具到镜子阶段的演进。如果缺少大众艺术"接受心理"，也就是说，大众始终不会通过该技术观照现实世界，那么，这种技术只能长期定格在玩具的起始阶段。

（三）媒介进化的第三阶段：艺术

媒介进化到艺术阶段，就是说媒介不仅再现真实世界，而且能够超越真实世界，艺术地表现真实世界。由于人们的兴趣点从玩具性转移到对真实世界的观照上来，别开了媒介技术本身而着眼媒介反映的内容，在最初的内容关注上，人们仍然会惊讶于媒介对现实的真切再现，满足于真实世界的描摹。然而，当媒介不再是刻板再现现实而"捕捉和重现现实去表现新的现

---

❶ Levinson, Paul. Toy, Mirror, and Art: The Metamorphosis of Technological Culture [M] // Learning Cyberspace: Essays on the Evolution of Media and the New Education. San Francisco, CA: Anamnesis Press, 1995: 78.

实——也就是说，超越现实，保留一些逼真的东西，以便对这些东西做出评论"❶时，媒介就演进到了艺术阶段。在这个阶段，媒介采用一种全新而又隐蔽的方式对现实世界进行复制、解构和重组，企图创造出梦幻曲、雄辩术和艺术。❷

但是，莱文森指出：媒介演进到第三个阶段，只有少数媒介技术才能实现，绝大多数媒介技术无法实现从镜子阶段向艺术阶段的飞越。电话只能实现口语交流，无法转化成艺术性媒介。录音机和留声机只发挥储存和复制功能，是停留在镜子阶段的媒介。静态摄影无法达到审美的高度而成为艺术，也只能是复制现实的镜子阶段的媒介。"摄像师是捕捉照片，而不是创造照片"❸，斯特利·米哥热姆（Stanley Milgram）看到了照片机复制现实的特性，无论拍摄得多么逼真生动，始终是真实生活场景的再现。

然而，莱文森认为电影却是媒介进化三阶段理论最完美的例证。从《弗雷德·奥特打喷嚏》到《火车进站》，电影画出了从玩具到镜子的轨迹。同样，法国的乔治·梅里爱（George Melies）的一次摄制意外却让电影实现了向艺术阶段媒介的转变。1898年，梅里爱仿照卢米埃尔兄弟的"真情实景"方式正在巴黎歌剧院广场拍摄行人和车马，胶片突然卡住了。调整摄影机之后，梅里爱继续拍摄。他回家冲印完后开始放映时却发现了奇迹。原先卡住的地方"竟然男人成了女人，小孩变成了成人，一辆正疾驰而过的汽车瞬间却变成了灵车"❹。真实的不连贯却变成了艺术的连贯，极富表现力。于是，梅里爱从中发现了剪辑手段，使电影实现了艺术阶段的转化。

同时，莱文森指出，技术媒介完成向艺术阶段的跨越，以富有想象力的方式实现对现实的复制、解构和重组，这必须借助其新技术进化。通过对电影技术进化到第三阶段的考量，他认为电影能成功演进到艺术阶段，主要是借助了蒙太奇、剪接技术和长短镜头等新技术，增添了电影的感染力和艺术性。音乐录音文化的兴起是它自身技术的产物，而其增值放大却是电视等其

---

❶ 保罗·莱文森.数字麦克卢汉：信息化新纪元指南[M].何道宽，译.北京：社会科学文献出版社，2001：200.

❷ Levinson, Paul. Toy, Mirror, and Art: The Metamorphosis of Technological Culture[M]// Learning Cyberspace: Essays on the Evolution of Media and the New Education. San Francisco, CA: Anamnesis Press, 1995: 83.

❸ Milgram, Stanley. The Image-Freezing Machine[J]. Psychology Today, 1997, 10(8): 9.

❹ 同❷：83.

他媒介的协助。而且有些媒介实现艺术阶段的飞跃必须借助其他媒介技术的辅助。如广播电视，特别是电视能成为艺术性媒介，它们的创造性和艺术性同样是借助了其他媒介。因此，"超越现实的技术及走在艺术阶段之前的两个阶段的技术，是培养大众文化和艺术的必要条件，但不是充分条件。其余的必备条件也是各种技术的互动，以及更加抽象的、非技术的社会因素"❶。其余的必备条件必然涵盖经济、社会诸因素。可见，媒介进化三阶段的动力因素不只是其技术内部发展的原因，更多的是社会、经济、文化，是大众选择的合力结果。

还值得注意的一点是，莱文森提出了旧媒介成为艺术的问题。我们已经知道，新技术、新媒介出现后，旧技术、旧媒介不会完全被取代。在共同进化、协调发展的同时，旧技术、旧媒介成了麦克卢汉眼中的新媒介的内容，成了一种艺术。即使是过时的旧媒介，如无声电影、黑白照片等在回忆和其他特殊的场合也成了一种艺术。因此，可以说，关于旧媒介成为艺术的问题基本上是麦克卢汉"过时的形式是艺术形式"的翻版。莱文森举出食品加工、敞篷式汽车和电视作为例证。他说：个人电脑和因特网把电视变成一种艺术形式，冷冻技术使熟食成为一种艺术形式。汽车顶棚最初可以卷起来是图凉快，这是适用功能，镜子媒介；后来车内装上了空调，良好的降温保洁效果的取代使得敞篷式汽车成了过时媒介，停留在镜子阶段；但是后来敞篷式汽车又回潮了，这时它发挥着扮酷的艺术功能。

需说明的是，艺术性媒介是指艺术地表现现实世界和真实生活的媒介。这里所强调的艺术也仅仅是一种艺术性表现，较之真正的艺术是有区别的。而且对于艺术的界定，莱文森表现得很随意，在论述电脑是玩具、镜子和艺术混合体时，色情被他称为后玩具、后工作的艺术，当成艺术的一个小类别。认为媒介进化到第三阶段，"艺术可能像玩具一样地异想天开，但是它可以非常严肃；同时，虽然艺术可能是严肃的，但是它显然从日常的世界中迈出了一大步"❷。莱文森这种界定的随意性影响了他理论的逻辑严密性、意义和价值。又如，他将玩具、镜子、艺术称为前现实、现实和后现实（pre-reality，reality，post-reality），不断地更换喻体显得随意性太强，使其逻辑严密性严重受挫。其实，莱文森的整个理论体系的论述中都存在这样的问题。

---

❶ 保罗·莱文森. 玩具、镜子和艺术：技术文化之变迁[M]//莱文森精粹. 何道宽，编译. 北京：中国人民大学出版社，2007：15.

❷ 保罗·莱文森. 数字麦克卢汉：信息化新纪元指南[M]. 何道宽，译. 北京：社会科学文献出版社，2001：200.

二、媒介进化三阶段理论的整体把握

媒介进化三个阶段之间具体如何呈现呢？先看莱文森的这段论述：

> 作为玩具的技术所表现出来的特征：口语的主观情感化、玩笑的活泼性和肌肉放松等表现出的感知运动性。幽默、口头传播和感知行为有共同倾向，即强调技巧或发送形式。作为镜子的技术强调准确性、客观性和突出知识的内容，因为它既有益于哲人和撰书人，也适合与现实的直接交流。直接交流是具体操作的基础。然而，作为艺术的技术包含前两个阶段的全部要素，因此它既严肃又主观，既表现出性器欲阶段情绪亢奋的特质（电子传播的多维性），又具有对现实的抽象和重构的倾向。这是一种超越了内容的胜利形式，即知识功能的形式化阶段。❶

审视这段文字不难发现，莱文森形象总结了媒介进化三个阶段的具体特征，提供了区分媒介进化三个阶段的重要尺度。媒介进化三个阶段的理论深受麦克卢汉媒介定律的启发。不过，麦克卢汉的媒介定律：提升、过时、再现和逆转描述的是媒介与媒介之间的相互进化关系，而媒介进化三阶段理论则是对单种媒介进化规律的理论把握。

"玩具—镜子—艺术"三阶段进化线路，莱文森主要是在考量电影技术进化史的基础上形成的，适用描述某一类媒介技术的自身进化，而不适用媒介间的技术进化。法国弗朗西斯·巴勒提出了与媒介进化三阶段理论相似的电影媒介进化观。他描述说，电影首先是一种集市表演，充其量也只算是民间戏剧其他形式的延续。1895年12月28日，卢米埃尔兄弟在名叫"大咖啡馆"（Grand Cafe）的印度厅中放映了世界上第一部有偿公共"电影"。❷经过法国人乔治·梅里爱、美国人埃德文·波特（Edwin Poter）和大卫·格里菲斯（David Griffith）等人的努力，电影迅速成为一项工业和一种大众传媒，让"8岁顽童和80岁老叟"都能成为兴致勃勃的观众。电影也由致力于"陈述

---

❶ Levinson, Paul. Toy, Mirror, and Art: The Metamorphosis of Technological Culture [M] // Learning Cyberspace: Essays on the Evolution of Media and the New Education. San Francisco, CA: Anamnesis Press, 1995: 83.

❷ 这部有偿公共"电影"包括一个时事节目《卢米埃尔工厂的出口》和若干家庭场景以及几个滑稽短剧《水浇园丁》等。

时事"转向致力于"讲述故事"。❶巴勒的这段言论中电影经由"集市表演"到"陈述时事"再到"讲述故事"的转变过程，与媒介技术进化三个阶段玩具、镜子和艺术的内涵基本相一致。

值得注意的是，在阐述媒介人性化趋势理论和补救性媒介理论时，莱文森曾提出了一个与"玩具—镜子—艺术"三阶段进化相似的概念，即媒介技术进化三时期：前技术时期、有得有失的技术时期和高度发展的技术时期。这个技术进化的"三时期"描述的是整个人类媒介技术的进化史，是接受芒福德的史学整体观、人文主义研究视角的结果，描述媒介之间相互传承的关系。这三个时期的内容前文已经指出，前技术时期即一切交流都依赖人类自身的生物学感知和认知方式，只能在眼睛、耳朵、记忆和想象力所能及的范围内进行和完成。但是，这个时期人类享受到的是一个虽未扩展却相对平衡发展的传播环境，自然能够被感知到的一切东西都是我们交流的部分。初级技术时期（有得有失时期）发展出了一种能够突破人类自身生物局限实现跨越时空交流的，或能改善记忆的传播技术，如文字、黑白照等。但是在这个时期，人类为了获得这些传播技术却牺牲了传播环境的平衡和自然真实的世界。文字使人类失去了语音、形象和真实世界中的三维，黑白照片让人类看不到大自然的五彩缤纷。高度发展的技术时期在恢复初级技术时期所失去的前技术时期的平衡。但是这种恢复不是简单的回复到前技术时期，而是具有全新意义的发展和突破。借助高度发达的技术"给我们提供的一切都是最好的东西，使我们既可以远程交流、长时间交流，又可以不失去自然的世界"❷。因此，这种时期的划分不是针对本节论述的单种媒介进化过程的划分，而是对人类历史过程中，媒介技术从无到有以及它所表现出来的整体趋势来分期的。这种分期主要是对媒介进化史承继性的整体把握，为人性化趋势和补偿性媒介理论的建构提供了有效参照。

第三节 媒介进化理论的次生理论

20世纪80年代以来，电子技术、数字化技术、多媒体和互联网以一日千

---

❶ 弗朗西斯·巴勒. 传媒[M]. 张迎旋, 译. 北京：中国传媒大学出版社, 2007：13–15.

❷ 保罗·莱文森. 手机：挡不住的呼唤[M]. 何道宽, 译. 北京：中国人民大学出版社, 2004：171.

里的速度迅速进入日常生活，极大地扩展了人类的生存环境，拓宽了社会空间。尤其是互联网开辟了人类的第二生存空间：赛博空间。它正是莱文森学术活跃的平台和基地。在这个空间里，新媒介现象层现错出。自从1979年以博士论文《人类历程回放：一个媒介进化理论》跻身传播学名流之后，莱文森提出了媒介进化理论三大支柱理论；伴随着在数字媒介时代里媒介实践活动的深入推进，莱文森还提出了"三种地球村"新说、新新媒介说、媒介之媒介说等新说。这些新说是莱文森在数字化传媒语境里对媒介进化理论的运用和细化，无疑是媒介进化理论谱系的重要组成部分。因此，本书将它们统称为"媒介进化理论的次生理论"。

一、三种"地球村"新说

电子媒介的发展，广播、电视等媒介不断普及，全球经济、社会、文化等各个领域的交流以及获取信息的速度、广度变得越来越迅捷、便利，尤其是时空障碍得到有效克服。社会和空间已经为时间所支配，这个现象已成为现代性的主要话题。安东尼·吉登斯（Anthony Giddens）、斯科特·拉什（Scott Lash）、约翰·厄里（John Urry）、戴维·哈维都论述过这个话题。詹姆斯·格列克（James Gleick）曾指出：我们社会里"每件事物"的加速，无情地压缩一切人类活动领域中的时间。❶而电视机是给人们时间和空间带来巨大压缩的媒介。麦克卢汉认为："电力媒介废弃了空间的向度，而不是拓展了空间的范围。借助电力媒介，我们到处恢复了面对面的人际关系，仿佛以最小的村落的尺度恢复了这种关系。"❷麦克卢汉重新采用"地球村"概念来表现电视机媒介给人类带来的巨大变化、之于人类时空观念发生改变的重要意义。早在19世纪，美国小说家霍桑（Nathaniel Hauthorne）就在小说《红字》里针对电报突破时空阻隔的功能给以畅想，出现了类似"地球村"的比喻；到1948年，温德汉姆·刘易斯在《美国和宇宙人》的著作里把地球看成用电话线联结的、瞬即发生交流的大村落。❸

---

❶ 曼纽尔·卡斯特. 网络社会的崛起[M]. 夏铸九，王志弘，译. 北京：社会科学文献出版社，2006：403.

❷ 马歇尔·麦克卢汉. 理解媒介：论人的延伸[M]. 何道宽，译. 北京：商务印书馆，2000：315.

❸ 李明伟. 知媒者生存：媒介环境学纵论[M]. 北京：北京大学出版社，2010：128.

麦克卢汉的地球村是针对电子时代广播和电视媒介的普及提出来的。在他看来，电视、广播使得全球各地的信息转瞬即可传送和获取，在地球一端发生的事情在另一端可以即迅悉知。电子时代的人们俨然生活在一个硕大的地球村内。麦克卢汉对广播匪夷所思的信息传送速度感叹："正如棉花塑造了南方的文化一样，广播正在塑造一种全球文化，因为它能够被全世界利用。由此看来，一个即将来临的文化是全球性文化，与广播相宜的全球性文化，就像南方文化与棉花相宜一样。"❶由此可知，麦克卢汉是根据广播电视电子媒介对人们获知和传递信息的速度、广度和自由度，以及对社会影响的深度来界定地球村的。

莱文森用麦克卢汉的标准重新审视了广播电视时代的地球村特性，也考察了互联网时代地球村的新变化，区别出三种不同的地球村。他认为，在广播电视大众传播时代，信息传送方总是以一种居高临下的姿态、以信息"把关人"身份介入传播过程，信息接受者却有如对方的臣服者，被动地接受信息。只有到了互联网数字媒介时代，信息互动和传授平等才有望实现。因此，他称麦克卢汉的地球村为经典地球村，对它做出了延伸和细分，解读比较到位。下面两段是莱文森对经典地球村进化轨迹的精彩描述：

在昔日的小村里，人们获取公共信息的机会几乎相等——下乡的卖货郎一路吆喝，村里每一个人都能够听见。印刷术使信息到达的范围大大拓展了。这就造成了第一批大规模的受众，第一批超越目力和听力的公众。然而，与此同时，最早的村落群体听见信息的同步性，却被印刷术摧毁了。并非人人都订阅同样的晨报和晚报。订了同样报纸的人也不会同时阅读相同的报纸。然后，广播和电视先后进入我们的生活：举国上下，人人都坐在客厅里听相同的声音，看相同的面孔报新闻。村落重新建立起来，即使并非绝对的全球层次上的村落——全球规模的村落还要假以时日，等到全球电缆新闻网站在80年代来临之后，全球规模的村落才能形成。但是，即使在这种情况下，地球村也是部分意义上的地球村。不过，这个所谓的地球村至少是全国规模的村落，或者说，就广播媒介的意义来说，至少听上去有点像具有全世界的味道了。❷

---

❶ 马歇尔·麦克卢汉，斯蒂芬妮·麦克卢汉，戴维·斯坦斯. 麦克卢汉如是说[M]. 何道宽，译. 北京：中国人民大学出版社，2006：39.

❷ 保罗·莱文森. 数字麦克卢汉：信息化新纪元指南[M]. 何道宽，译. 北京：社会科学文献出版社，2001：96.

从传播的角度看，这个世界很像是一个村落，大家听见相同的信息人的叫卖声。然而麦克卢汉的世界并不完全是全球一体的，也不完全像一个村子，因为电视观众是民族的，而不是全球的，看电视的人也不能够经常互相交流。地球卫星不久扩大了交流的圈子，因特网终于给这些不完全够格的地球村村民提供了互动的机会。❶

通过这两段描述，莱文森从卖货郎的吆喝声贯穿真真切切的村落时空传递买卖信息的景观着笔，以此为参照，分析了印刷媒介对村落村民获知信息同步性、互动性特性（即面对面的双向互动的信息传播）的破坏；然后分析广播、电视媒介对这些破坏的局部修补。进而着眼互联网时代的变化，认为经典地球村有些名不符实，充其量只是部分意义上的地球村。因为广播、电视单向传播的方式无法实现村民信息的直接交流，村民俨然偷听者和窥视者；而且，它们传播的广度也不是全球，而是全国性的。只有数字化时代的互联网才真正实现了"全球村民"的即时互动交流，"把地球村变成了货真价实的比喻。换言之，互联网把地球村从比喻变成了接近于现实的白描"❷。基于此，莱文森根据广播、电视和互联网等不同媒介时代人类利用媒介获知、传递信息的情状和媒介本身信息的传播特性将地球村区分成三类型，即儿童的地球村落、窥视者的地球村落和参与者的地球村落。

（一）儿童的地球村落

儿童的地球村落是针对广播媒介的传播特性和收听者的传播地位界定的。莱文森认为：广播时代，广播的媒介环境与传统的家庭关系十分相似。传统的家庭在亲子关系上是权威主义的。父母在重大问题上具有绝对的权威和决定权，决不允许孩子们提出反对的意见；而孩子们完全处于被决定的状态，对父母态度和决定只能俯首帖耳、言听计从。从技术性上来说，广播媒介只允许收听者收听、不允许提问，几乎没有表达和交流的机会，是绝对的单向传播。因此，他说："听收音机的人，无论其年龄大小，都成为匍匐在父亲脚下的孩子。他们的国家并没有成为村落，因为村民可以争论，可以讲民主的，而是变成了家庭。在这样的家庭里，凡是能够听到广播的公民，都

---

❶ 保罗·莱文森. 真实空间：飞天梦解析 [M]. 何道宽，译. 北京：中国人民大学出版社，2006：23.

❷ 保罗·莱文森. 数字麦克卢汉：信息化新纪元指南 [M]. 何道宽，译. 北京：社会科学文献出版社，2001：97.

成了没有权威的家庭成员，成了孩子。"❶

从民主政治的角度来看，莱文森将广播视为极权政治的典型代表，认为它造就了20世纪最强大的四位政治领导人：斯大林、丘吉尔、罗斯福和希特勒。他指出，极权政治向民主政治过渡必须具备两个必要条件：一个是受众有平等的机会接受全面的信息；另一个则是受众有机会、有能力将观点反馈出去。在广播造就的地球村里，受众是"儿童"，是弱势的"村民"，对他们来说，获取信息毫无互动、平等的自由可言。因此，从这个意义上说，广播地球村更像是"儿童的地球村落"，距离真正意义上的"地球村"是有差距的，其意义也很不完整。

（二）窥视者的地球村落

窥视者的地球村落，是莱文森对电视媒介时代信息传递特性及传授者关系的形象比喻。他认为，电视媒介时代"电视观众与村民不同，即使他们真的在地球村里就座了，他们也是不能够互相会话的。除非他们刚好是以肉身形式坐在同一间屋子里"❷。这就是说，电视观众具有了一定的获取信息的自由，且能一定程度获知社会事件的真实场景。观众在不同的场地同时收看某一场景俨然一个村落里村民同时旁观某一突发事件；但是，他指出，他们之间是彼此分离的，有如熟悉的陌生人，没有信息交流的机会，与信息发布者等也没有互动和对话。因此，电视地球村只是窥视者的村落，村里人从收听者变成了收视者，从小孩变成窥视者。

不过，从广播到电视，从"儿童的村落"到"窥视者的村落"，是媒介进化导致媒介环境改变的结果，这种变化进而导致地球村全体村民感知整个村落的方式发生了变化。莱文森用"肯尼迪揭开了电视时代的总统任期和窥视时代的序幕"的例子说明地球村落的属性。1960年，电视辩论中的"肯尼迪之所以令人钦佩，不仅是因为他说得漂亮，而且是因为他长得漂亮。这种钦佩不是孩子对父亲的钦佩，而是影迷对影星的钦佩"❸。同时他指出，电视地球村的村民过于注意视觉上冲击力的心理基础和"窥视者"也如出一辙。

"儿童的地球村落"和"窥视者的地球村落"是莱文森对麦克卢汉经典地球村的分解。前者最大的特征是听众没有任何选择信息的自由，更没有交

---

❶ 保罗·莱文森. 数字麦克卢汉：信息化新纪元指南[M]. 何道宽，译. 北京：社会科学文献出版社，2001：97-98.

❷ 同❶：39.

❸ 同❶：99，98.

流的自由，听众与信息发送者是一种十足的"主仆关系"或"父子关系"；而后者则在信息选择上有一定的自由度，但观众仍然缺乏交流的技术支持，尤其是与信息拥有者、发布者的交流。莱文森界定的广播地球村和电视地球村落只是经典地球村落的一体两面。

（三）参与者的地球村落

莱文森认为，人对媒介的改良，关键在于控制媒介，在于提高我们控制媒介的能力。❶数字化媒介时代，因特网把地球村变成了货真价实的比喻，将比喻变成接近现实的白描。货真价实和白描就是指互联网地球村村民从"儿童的村落"里走出来，也不再是一个个"窥视者"，网络媒介超强的互动性，具备了必要技术条件的人都可以参与到其中，或发布信息，或接收新闻，拥有自主选择权利。网络时代直接民主的技术基础为村民参政议政提供了平等的平台和开放的空间，人们可以在互联网上讨论、辩论，达成共识。特别是互联网交互平台的不断更新，新新媒介的不断出现和普及，公众广泛的参与性、直接性、开放性达到现代政治要求的最高程度，参与者地球村的政治民主变得越来越直接。莱文森说："新新媒介不断普及，将创制出国际范围内互动的参与者。这个时候，地球村完全实现。因为与20世纪60年代的地球村相比，它既不像那时的全球性（电视是全国性媒介），也不像那时村民的互动（除在很小的群体内之外，全国电视观众之间并不能彼此交谈）。"❷

从商务的角度，莱文森也论述了互联网地球村和经典地球村的区别。他说："因特网的使用者向其提供者缴纳使用费，就像消费者付费使用杂志、电话和有线电视一样。在这一点上，上网人和广播电视的使用者不一样。广播电视的受众是窥视者，他们既不付费，又可以获取信息。他们和广播电视人没有直接的经济互动和经济关系。"❸

有学者指出："保罗·莱文森是从媒介技术进步带来的受众接受信息的多样性与全面性和受众反馈渠道的形成而得出的结论，而尼尔·波兹曼则是对于媒介技术带来的信息过载和媒介所呈现信息的本身性质上而言的。"❹这

---

❶ 保罗·莱文森.数字麦克卢汉：信息化新纪元指南［M］.何道宽，译.北京：社会科学文献出版社，2001：253.

❷ Levinson, Paul. New New Media［M］. Boston：Allyn and Bacon Company, 2009：54.

❸ 同❶：108.

❹ 聂东白.从"三种村落"的比喻探讨媒介的社会影响［J］.新闻天地，2009（5）.

就是说，莱文森提出三种地球村的根据主要是收视听众的互动和对话。他从媒介进化及其对人类感官的影响思考地球村意义，特别是从收视听众参与信息交流程度出发，区分三种地球村落，建构一个动态的而不是静态的地球村理论。

需要指出，互联网建构的赛博空间，提供给人类"第二生存空间"。在这个空间里，人类能够实现自由地、即时地互动交流；不过这种交流并不是充分的前技术时期"面对面"的交流，而是虚拟的、非真正的人类肉身交流。虽然能给人有如身临其境的感觉但决非身临其境之感。这就说明，互联网形成的参与者的地球村说到底只是部分"参与者的地球村"，并不能达到真实村落空间里面对面交流的那种效果。

二、新新媒介说

莱文森是一个网络玩家，尽情畅游互联网、领略赛博空间里的神奇与好处；也是一个媒介学者，将自己使用新媒介的感想形而上到理论高度。新新媒介说是他媒介实践的结果，也是媒介进化理论的实践和扩展。他提出了媒介三分说，将古往今来的所有媒介划分成三大类，即旧媒介、新媒介和新新媒介。他认为，凡是互联网之前及没有与互联网联姻衍生的原生态媒介都是旧媒介，如报纸、广播、电视等；凡是与互联网联姻的媒介或由互联网滋生出来的第一代媒介都是新媒介。这些媒介信息的生产者与消费者之间不能充分互动，地位不平等，消费者消费信息需要等待生产者的生产，如电子邮件、网络版报纸等；新新媒介则是指消费者—生产者一体化，生产者与消费者之间能即时充分地互动的媒介，即互联网第二代媒介。莱文森指出，旧媒介多半处在离线状态下工作，新媒介虽然在互联网上运行，但受到严格的编辑限制，在旧媒介和新媒介领域里，信息的传播和生产权由少数人控制；而在新新媒介里，人人都能上传视频、创建网页或发表简短的微博。❶可见，在他看来，互联网以前的一切媒介包括报纸、电话、电视等都视为旧媒介，其最大的特征是离线工作，不与互联网联系；而新媒介和新新媒介都是互联网上的媒介，以互联网为平台，处于在线状态。但是，新媒介仍然是不能充分互动的媒介，而新新媒介是一个充分参与互动的媒介，真正实现了"人人都

---

❶ 保罗·莱文森. 新新媒介[M]. 何道宽，译. 上海：复旦大学出版社，2011：中文版序.

是出版人、制作人和促销人"的民主化媒介。

互联网技术日新月异，数字化传播成就了赛博空间，使之与真实空间相互补充，真正成为人类生存的第二空间。莱文森满怀热情地关注、参与，1995年，他出版《学习赛博空间：新型教育和媒介进化论文选》一书，这是一本论文选，除《玩具、镜子和艺术：技术文化之变迁》这篇发表于1977年最重要的论文外，其余10篇都是发表于1985—1990年的论文，基本上是探讨赛博空间里的新现象和新事物，以及讨论如何运用它们。1999年，他着眼于数字化语境重新阐释麦克卢汉的思想，不仅让麦克卢汉的思想重放异彩，也丰富和完善了媒介进化理论。2003年，他出版《真实空间：飞天梦解析》一书，分析赛博空间与人类真实空间的关系，再次用他的媒介进化原理论述了人与环境需要互动，而且人类必须生活在这种互动之中；同时强调了这两种空间必将成为人类生存不可或缺的空间。2009年，莱文森出版了专著《新新媒介》。这是他结合自身媒介实践，对互联网空间不断涌现的新媒介给予理论思考，重新将媒介划分为旧媒介、新媒介和新新媒介三个类别，首次提出了"新新媒介"的概念。

数字化导致传播环境日新月异的变化；互联网，在信息高速公路的推动下快速崛起，刘勰笔下"观古今于须臾，抚四海于一瞬"的神奇景观变成了现实，人类传播惯习再次被颠覆。惊呼的同时，人们纷纷重新审视、预测媒介进化的趋势和未来。1999年，美国最著名未来学者约翰·奈斯比特（John Naisbitt）出版《高科技·高思维：科技与人性意义的追寻》（*High Tech, High Touch: Technology and Our Search for Meaning*）一书，列举了六种科技上瘾症状❶，在审视先进科技对人们生活影响的同时，批判美国文化和对科技的迷思；再一次警醒人类从人性的角度考察科技与自身的关系："我们是谁？我们想成为什么样的人？我们该怎样去实现这种目标？"❷美国传播学者马克·波斯特（Mark Poster）根据媒介信息的传播特征提出了媒介时代的二分法，即第一媒介时代和第二媒介时代。1995年，波斯特在《第二媒介时代》一书中区分了第一媒介与第二媒介的特性。他说："20世纪见证了种种传播

---

❶ 六种科技上瘾症状是："'从宗教到营养，我们都宁取简易方案，速战速决''我们恐惧科技，崇拜科技''我们不太能分辨真实与虚幻''我们视暴力为正常现象''我们把科技当玩具玩''我们的生活疏离冷淡。'"参见：约翰·奈斯比特，娜娜·奈斯比特，道戈拉斯·菲利普.高科技·高思维：科技与人性意义的追寻[M].尹萍，译.北京：新华出版社，2000.

❷ 张咏华.媒介分析：传播技术神话的解读[M].上海：复旦大学出版社，2002：48.

系统的引入，它们使信息能够从一个地点到另一地点广泛传输，起初，它们通过对信息的电子化模拟征服时空，继而则通过数字化加以征服。……在电影、广播和电视中，为数不多的制作者将信息传送给为数甚众的消费者。播放模式有严格的技术限制，但随着信息'高速公路'的先期介入以及卫星技术与电视、电脑和电话的结合，一种替代模式将很有可能促成一种集制作者/销售者/消费者于一体的系统的产生。该系统将是对交往传播关系的一种全新构型，其中制作者、销售者和消费者这三个概念之间的界限将不再泾渭分明。大众媒介的第二个时代正跃入视野。"❶波斯特所指的第二媒介时代正是从数字化技术开始的，也就是数字化媒介时代，其最重要的特征就是去中心化的双向互动的信息交流。

莱文森活跃在数字时代，其理论也是这个时代的产物。《新新媒介》是他长年进行媒介实践的结晶，也是他运用媒介进化理论分析互联网媒介新事物、新现象的力作，书中提出了"新新媒介"的理论观。该书可以看成《软边缘：信息革命的历史与未来》的续篇。

对媒介进行重新分类，常常成为媒介环境学者进行媒介研究最常用的方法。媒介环境学者们往往从自己研究视阈的需要出发，重新分类媒介，挖掘媒介技术与人类文明和社会变革的关系及意义。伊尼斯根据媒介与文明传播的特性，提出了偏向时间的媒介和偏向空间的媒介分类法。这一分类法的意义在于就传播学的兴趣由内容与效果研究开始引向媒介技术本身，考察媒介自身的特性与社会和人类的关系，是一种开风气的研究。凯瑞评价说（1981）："在美国还没有其他人这么做的时候，伊尼斯为传播研究提供了一种学术探讨的模式，这种模式是历史的、经验的、解释的和批判的。"❷此后，伊尼斯的后继者无不提出自己的媒介分类法。麦克卢汉、波兹曼都对媒介做过分类。总的来说，从媒介进化史出发，将媒介进化划分成五大类或五个发展时期基本上达成共识，即口语媒介、文字媒介、印刷媒介、电子媒介和数字媒介。在这种共识下，学者们一般根据自己的理论需要重新阐释媒介的类别。

新新媒介说，是莱文森想针对互联网新媒介这一母体上出现的纷繁芜杂的媒介做出的界定尝试。他列举了九种新新媒介：博客（Blogging）、优视网

---

❶ 马克·波斯特. 第二媒介时代[M]. 范静哗, 译. 南京：南京大学出版社, 2001：1-2.

❷ 罗杰斯. 传播学史：一种传记式的方法[M]. 殷晓蓉, 译. 上海：上海译文出版社, 2005：429.

（YouTube）、维基网（Wikipedia）、掘客网（Dig）、聚友网（Myspace）、脸书网（Facebook）、推特网（Twitter）、"第二人生"（Second Life）和播客网（Podcast）。

为何莱文森将以上九种媒介称为新新媒介呢？他认为新新媒介新在："五年前仍处于边缘地带，其中好几种甚至在四年前都还没有出现。"❶可见，新新媒介都是最近五年内才出现的。但是，时间新不是他划分新新媒介的标尺。对于历史上任何"新媒介"来说，其出现时间必定都比旧媒介晚。因此，时间的新近特性不足以成为媒介划分的本质尺度。

新媒介一词最早出现于20世纪60年代。1967年，美国哥伦比亚广播电视网（CBS）技术研究所所长、NTSC电视制式的发明者高尔德马克（Goldmark），在一份关于开发电子录像（electronic video recording，EVR）商品的计划中把电子录像称为"新媒介"。两年后，美国传播政策总统特别委员主席 E.罗斯托（E. Rostow）在给尼克松总统提交的报告书中，多处使用"新媒介"。自此，"新媒体"一词迅速由美国扩展到全世界。❷对于新媒介的界定，众说纷纭，不过当今绝大多数语境下指数字媒介。如崔保国认为新媒介没有明确的界定，但"一般包括录像、多媒体、有线电视、卫星电视、光纤通信、综合数字通信网等。其中，渗透性最强、影响面最大的，是'高速信息公路'和'多媒体'技术。实际上，它们各有特点，彼此有很大的差异。但从总体看，又有一个共同点，即都不像'传统媒介'那样可独自发挥作用，而是以新兴技术与原有技术进行各种巧妙组合的产物，其信息传播的速度、数量、质量乃至信息传播的模式等，均发生了巨大变化"❸。吴征明确将"互动式数字化复合媒体"定义为新媒介，指出四个界定性特征：第一，具有个人性的非大众媒体，通常采用窄播的传播模式；第二，信息发送者与接收者之间具有充分互动性；第三，新媒介是复合式的多媒体，文本、视频和音频内容可以同时发送、转换；第四，新媒介是跨越国界的全球化媒体，信息以最低的成本让无数的人共享。❹杨继红则认为新媒体是基于数字基础的非线性传播的能够实现交互具有互联传播特性的传播方式和交互传播的组织

---

❶ Levinson, Paul. New New Media [M]. Boston: Allyn and Bacon Company, 2009: 1.

❷ 蒋宏，徐剑.新媒体导论[M].上海：上海交通大学出版社，2006：12.

❸ 崔保国.技术创新与媒介变革，媒介的大裂变[EB/OL].[2002-12-13].http://www.jschina.com.cn/gb/jschina/media/-65k -20021213 =124.

❹ 吴征.媒体业发展趋势与新媒体的文化使命[EB/OL].[2001-05-11].http://www.sina.com.cn.

机构。"数字""互联""非线性"是新媒体的基本特征。❶程洁直接将"数字化"作为新旧媒介的界定特征。❷从以上国内学者论述的新媒介界定性特征来看，新媒介其实所指的就是互联网以及所有互动性数字媒介。不过，要特别指出的是应区分数字化媒介和数字媒介的关系。数字化媒介是指传统媒介的数字化，是一种媒介新形态，包含于数字媒介族系之中，诸如数字报纸、数字电视、数字杂志等媒介，分别是传统报纸、电视、杂志的数字化，但它们不属于传统媒介，而是新媒介形态。

莱文森则将互联网上的数字媒介分新媒介和新新媒介两种类型。在他看来，以互联网为平台的新媒介在生产者与消费者等方面的交互性表现并不完全一致。互联网早期出现的新媒介只是新新媒介的前期阶段，其界定特征没有充分发育，属于新媒介族谱。他认为，新媒介兴起于20世纪90年代中期，如电子邮件、亚马逊书店、iTunes播放器、留言版和聊天室等。其界定特征是"只要网上粘贴了内容，人们就可以根据自己的时间使用、赏玩它们并从中获得好处，而不必按照媒介的时间表"❸，不像互联网之前的旧媒介，人们只能按照媒介约定的时间获取信息。如你只能百无聊赖地等待电台播出你喜欢的歌曲或电视台播放连续剧，而且无可奈何地任由媒介随意中断、任意插播广告等。

另外，旧媒介的网络化（网络化媒介）属于新媒介族系。网络化是旧媒介在数字化时代的趋势。报刊、电台、电视台在20世纪末纷纷触网，开发网络版，增加与消费者之间的互动，使传播模式由单向式传播转向互动式模式。但这种互动还是初级的互动，还远没有达到"即时"的特性。

《圣经·创世纪》第十一章说：耶和华看到人类在示拿地正齐心协力建造通天塔：巴别塔，于是将他们的语言变乱成七十二种，使之缺乏相互理解而不断冲突、战争，巴别塔无从再建。这则故事虽然说的是语言统一与共同体之间的存续关系，且"语言本身就是这个共同体的存在，而且是它的不言而喻的存在"❹，但也间接告诉我们互动性在传播活动中的重要性，那种不对等的、不能互动的传播是不充分的传播。互联网和新新媒介的不断涌现，人类之间的信息互动不断增强，获得了重建巴别塔的技能。但是，这种互动发育不充分，消费者仍然受生产者支配。如网络广播，消费者如果想收听新的

---

❶ 杨继红. 谁是新媒体[M]. 北京：清华大学出版社，2008：23.
❷ 程洁. 试论新旧媒介的划界[J]. 国际新闻界，2006（5）.
❸ Levinson, Paul. New New Media[M]. Boston: Allyn and Bacon Company, 2009: 3.
❹ 陈力丹. 精神交往论[M]. 北京：开明出版社，1993：76.

歌曲，只能等待网络广播上传后才能听取。因此，莱文森将获取信息时间是否被消费者支配作为新旧媒介的区分性特征。新新媒介汲取了新媒介对旧媒介的所有优势，而且还具有自己的界定性特征。

莱文森提供了六条新新媒介的界定性特征和原理：每一个消费者都是生产者、你不能冒充成非专业人士、可以根据意愿挑选媒介、你可以获得服务而不必支付费用、既相互竞争又携手合作、其服务功能远远超出搜索引擎和电子邮件。另外，新新媒介都有不能为生产者—消费者控制的底层运行平台。❶ 莱文森列出的这六条新新媒介的界定性特性和原理说到底就是从媒介人性化的媒介角度来划分的，是以信息生产和传播的民主化作为划分尺度，从生产者—消费者趋于一体的人性化态势来划分。显然，这是莱文森的媒介进化理论的实践和深化。从生产者—消费者趋于一体的人性化态势把握媒介发展始于麦克卢汉。他曾经面对复印机的出现乐观地认为"复印机使人人成为出版人"（1977）。莱文森运用这一观点，创造性地进行媒介的划分。

从莱文森所列举的六条新新媒介的界定性特征可以得知，新新媒介其实只是新媒介的进一步发展，它们都以互联网为母体。新新媒介只是新媒介的高级版，是新媒介人性化的进一步完善，是新媒介自身的补救媒介，是新媒介的补救性媒介。新新媒介克服了消费者必须等待新媒介生产者生产内容的局限，进一步推进了生产者—消费者实现一体化的人性化态势。正如他所言："新新媒介的用户随时随地可以获取由新媒介提供的文本、音频和视听内容。事实上，新新媒介涵盖了新媒介之于旧媒介的所有优势，而且远远不止那些。……新新媒介的用户被赋予了真实的、充分的权力，他们可以自由地生产和消费由成千上百万的另外的新新媒介消费者—生产者提供的内容。"❷ 这就是说，新新媒介不仅是新媒介的补救性媒介，是一种全新的媒介，也是新媒介自身进行的补救，是新媒介高级进化阶段。莱文森分析了博客网作为新媒介和新新媒介的不同阶段。早期的博客在互联网上，读者虽然可以评论博客内容，但不能直接写在博客上，也不能粘贴新的博客，属于新媒介；一旦读者完全掌控博客就是新新媒介了。

莱文森还列举了新新媒介的其他类特征。其一，传播的个性化或"去专业化"，新新媒介固有的属性就是使个人的表达最大化。其二，信息保存的永久性。信息一旦上传，不仅瞬间可达，人人都能访问，而且永久保存。

---

❶ Levinson, Paul. New New Media [M]. Boston: Allyn and Bacon Company, 2009: 1-3.
❷ 同❶: 3-4.

其三，新新媒介具有自我纠正的特点。其四，新旧媒介混合，是新新媒介活动的典型特征。莱文森列出了两条新旧媒介混合的普遍性模式："一种模式是新新媒介作为旧媒介和新媒介的替代媒介而出现，如博客是纸质版或在线版报纸的替代媒介，优视网是电视的替代媒介，维基百科是百科全书的替代媒介，等等；另一种模式是新新媒介通过创建群组、业务和产品回溯到旧媒介，从而在离线世界里获得成功，如脱克·马克斯在2006年将自己的博客结集成畅销书出版，优视网的视频越来越多地出现在广播电视网上，或许'新诗学'出版社也会出版更多网络里的诗歌、文集和艺术等图书。"[1]其五，新新媒介不仅是一个互动的知识库，而且还是一个实时的知识资源库。其六，新新媒介任何时候都可以加入，或游戏或工作。其七，新新媒介都是全球化媒介。从人性化和补救性媒介理论的角度来看，"新媒介不是要淘汰以往的媒介，而是要开拓新的需要。如果说，需求个别化、多样化是现代社会的特征之一的话，那么，新媒介正是为了能更加细分化地适应社会的多样化需求而大大丰富人们的选择余地"[2]。

"新"本身是一个相对概念。莱文森提出新新媒介说，主要是看到了新媒介这个概念的相对性。他看到了互联网作为新媒介刚刚诞生不久，人们还沉浸在享受互联网"新"的喜悦之中，然而，它又作为新媒介母体滋生出许许多多的新媒介，且势头日甚一日，新媒介一个接一个不断产生。他因此将新生的新媒介命名为新新媒介。笔者以为，这种命名方法有助于在当下区别互联网新媒介内出现的新媒介的特性，比之笼统地称为新媒介要好；但是，若继续按此命名下去，会显得相当累赘。莱文森可能也意识到了这种命名法的弊端，在《新新媒介》中提到，未来新新媒介只是新新媒介的超级版、仿生版。更有意思的是，他将人的大脑看作新新媒介的终极版。莱文森说："我们成人的大脑虽然只有一千克多，但是它能阅读、写作、观看和收听，能够接收和生产新新媒介的所有内容；更不用说思考、感知、信仰、做梦、想象等功能。"[3]不难看出，莱文森始终把媒介看成人类的选择，是人类思想的物化。"新新媒介"说明莱文森看到了互联网第一代与第二代新媒介之间的革命性变革，看到了第二代新媒介带给人类信息交流的充分互动性和双方"传受关系"的彻底颠覆性。用"新新媒介"来指称互联网上的第二代媒

---

[1] Levinson, Paul. New New Media [M]. Boston: Allyn and Bacon Company, 2009: 118.
[2] 同[1]: 191.
[3] 保罗·莱文森. 数字麦克卢汉：信息化新纪元指南[M]. 何道宽，译. 北京：社会科学文献出版社，2001: 54.

介，其意在强调媒介间的承继性、补救性和人性化等。

三、媒介之媒介说

媒介之媒介说（the medium of media theory）也是莱文森研究媒介与媒介之间进化关系的理论，彰显了非常重要的藏而不显的媒介间性问题。莱文森在《数字麦克卢汉：信息化新纪元指南》一书中提出媒介之媒介说。这个理论是在麦克卢汉"媒介即讯息""使用者是媒介的内容"等观点的基础上生发来的。20世纪70年代后期，麦克卢汉经常对他说"使用者是内容"❶。莱文森认为这句断语阐释了三层内涵：其一，人用作（决定）一切媒介的内容，因为人不能逃避对以前的事情做出解释；其二，人作为感知者通过广播电视之类的单向电子媒介变为其中的内容；其三，人作为对话者为电话等老式互动媒介创造出一切内容。麦克卢汉在理论中多次称，当人们使用一种新媒介时往往是将某种旧传播模式照搬为新媒介的内容；认为任何一种媒介的价值和意义都在与其他媒介的对照中实现。他说："任何一种媒介只有在与其他媒介的相互作用中，才能实现自己的意义和存在。"❷梅罗维茨也指出："在麦克卢汉看来，媒介都是'成双结对'存在的，一种传播的形式可以成为另一种传播的内容。"❸可见，麦克卢汉是"媒介之媒介说"的始作俑者。

媒介之媒介说是莱文森在考察互联网的过程中提出来的，因此媒介之媒介主要指互联网，再就是手机。但通观莱文森的表述，其理论最终回到对所有媒介的界定。"媒介之媒介说"包含两个层面的意思。

其一，任何新媒介里都包含着以往一种或几种旧媒介，以旧媒介为内容。莱文森说："一切媒介，无论新旧，实际上都是'媒介套媒介'（media within media）。"他进而举例分析说："我们读一篇文章（文字媒介），它刊载在一本杂志（报刊亭媒介）上。同理，我们写博客、读博客（文字媒介），那个帖子是在博客网（博客媒介）发出的，我们用笔记本电脑或其他

---

❶ 马歇尔·麦克卢汉. 理解媒介：论人的延伸[M]. 何道宽，译. 北京：商务印书馆，2000：56.

❷ 约书亚·梅罗维茨. 经典反文本：马歇尔·麦克卢汉的《理解媒介：论人的延伸》[M]//伊莱休·卡茨. 媒介研究经典文本解读. 常江，译. 北京：北京大学出版社，2011：205.

❸ 保罗·莱文森. 新新媒介[M]. 何道宽，译. 上海：复旦大学出版社，2011：16.

电脑（个人媒介）去上网。一般地说，硬件是传播过程最外围的载体、外壳或包装，是我们必须掌握、触摸、观看、聆听或互动的物质设备；掌握硬件以后才能接收和发送出媒介里所套的媒介。"❶一切形式的传播媒介都在一个不断扩大的、复杂的自适应系统之中共同相处和共同进化。每当一种新形式出现和发展起来，它就会长久地和不同程度地影响其他每一种现存媒介形式的发展，新的传播媒介会增加原先各种形式的传播媒介的主要特征，并通过语言的传播代码传承和普及。❷因此，创造出每一种新媒体都把一种旧媒体作为自己的内容和起跳点。语言是最古老的媒介，几乎存在于一切新媒介中。拼音字母是语言的视觉表达，电报发送的是电子编码的文字，电话、唱机和收音机传播的是语言，电影成为电视的内容，而这一切又都迅速地成为互联网的内容。所以莱文森说："不仅旧媒介成为新媒介的内容，而且在此过程中，旧媒介又把作为它们内容的其他旧媒介保存下来，接下来，这样的旧媒介又把它们更老的媒介作为内容保存起来，如此等等，层层回溯……直到最古老的媒介。"❸他把媒介之媒介比喻成"中国式的套盒""躺在睡床里的洋娃娃"，那就是"媒介层层相套，媒介里还套着媒介，直到最古老的媒介思维本身。我们接触任何一种媒介，都体会到走在它前面的媒介，听见它们的声音，看见它们的面孔，感觉到了它们的呼吸。一种媒介的独到之处，在于它以什么方式，使我们注意它所包含的旧媒介"❹。不难得出，媒介之媒介，是一种新媒介，一种吸引我们注意它之前的媒介，即它包含的一切媒介。

其二，因特网是当前真正的"媒介之媒介"，而手机是流动的"媒介之媒介"。因为互联网和手机都整合了以往所有媒介的技术特性，成了一种无所不包的媒介，可以成为目前任何一种媒介之媒介。先看看莱文森对因特网的两段描述：

到了新千年的时候，因特网摆出了这样一副姿态：它要把过去一切的媒介"解放"出来，当作自己的手段来使用，要把一切媒介变成自己的内容，要把这一切变成自己的内容。开始的时候，因特网的内容是文本。

---

❶ 杨继红.谁是新媒体[M].北京：清华大学出版社，2008：15-16.

❷ 保罗·莱文森.数字麦克卢汉：信息化新纪元指南[M].何道宽，译.北京：社会科学文献出版社，2001：57.

❸ 同❷：158.

❹ 同❷：7.

到了90年代，它扩张以后就包括了图像和声音。到世纪之交，它又提供了网络电话（Internet Telephone）、在线音频播放（Real Audio）、在线视频播放（Real Video）。网络证明且暗示，这是一个宏大的包含一切媒介之媒介。❶

互联网是界定当今时代内涵和特征的最重要的媒介。实际上，它是媒介之集大成者，它给我们提供书籍、照片、广播剧、电子邮件、报纸、杂志等各种类型的传播形式，把它们展示在我们的电脑屏幕上。❷

莱文森还诙谐地认为，互联网有三对双亲：书籍、电话和电视。❸他解释说，互联网刚出现的时候，仅是一种传播文字的文本媒介，然而到了20世纪与21世纪之交，它却将电话、广播、电视诸媒介的功能集于一身，在互联网上出现了互联网电话、音频、视频等，一切的一切，在互联网上都可以轻易获得。假若你对诸如《前妻的车站》等电视生活剧着迷，就不用苦守在电视机前，无奈地任凭广告打断你的收视；你只需装上一个在线观看播放器，就可以一口气看完，收视全在你的掌控之中，剧中也没有广告打扰。正由于互联网对旧媒介的兼收并蓄，一网打尽所有媒介，所以一切旧媒介都成了互联网的内容。同理，互联网把过去的节目介绍的广告媒介移植到网上，影迷们可以随心所欲地点击鼠标就可以获取。这就是说，广告媒介的叙事方式被互联网吸收，广告媒介成了互联网的内容。

因此，新媒介的不断产生大大丰富了现代媒介环境，它们与传统媒介共生，新媒介不断地与传统媒介争夺市场，使传统媒介面临着越来越多的挑战，但是未来大多数能称得上媒介的媒介只会在一起共同繁荣，新媒介完全吃掉旧媒介的可能性是很小的。尤其是因特网不仅传递广播、电视、书籍等之前所有媒介的内容，所有媒介也成了因特网上的内容，特别是使用因特网的人也成了内容。"上网的人和其他媒介的消费者不一样，无论他们在网上做什么，他们都在创造内容。"❹从这个层面上，莱文森将因特网称为"一切媒介之媒介"。

---

❶ 保罗·莱文森. 手机：挡不住的呼唤[M]. 何道宽，译. 北京：中国人民大学出版社，2004：前言.

❷ 保罗·莱文森. 很酷的文本：通过热线和稀薄空气实现的传递[M]//保罗·莱文森. 莱文森精粹. 何道宽，编译. 北京：中国人民大学出版社，2007：206.

❸ 保罗·莱文森. 数字麦克卢汉：信息化新纪元指南[M]. 何道宽，译. 北京：社会科学文献出版社，2001：7.

❹ 同❶：24.

莱文森认为，手机是一个移动的家园，超越了互联网。它不仅改进了互联网禁锢人肉身的缺陷，而且在交流能力上也是净增长。

流动性是人类最古老的生物特性。边走边说，是人类最遥远、最原始的私媒体雏形。媒介流动性萌芽于19世纪末。莱文森指出："媒介移动性发展有两条路径：一是把传播的产品送达移动的消费者，书籍和车载收音机就在此列；一是使各行各业的人都成为媒介生产者，铅笔和柯达照相机走的就是这条路。"❶然而，手机结合这两条路径发展，使人同时成为远程会话的消费者和生产者。这使得手机不仅成为移动性媒介，而且具有交流的即时互动性、使用技术性要求低和携带方便等特性。伴随3G手机的来临，电脑、笔记本电脑、读书器等一切媒介和互联网上的新媒介的会话，照相，收发短信、图像、文本，上网等功能都为它拥有。手机真正使互联网及其所包含的一切媒介都移动起来了。手机之于互联网及其他移动媒介的移动性更给人类以美好畅想："3G时代，手机将由移动的个人通信终端全面进化为移动的个人多媒体终端，在用户对手机的贴身依赖性和强大功能的基础上，因其在所有移动媒体中最具个性化，其将被视之为移动媒体的终极形态。"❷手机成为人人随身携带的流动家园。因此，莱文森认为因特网只是手机的副手，而手机是一桩漂亮的买卖，流动的一切媒介之媒介，"从长远来看，互联网可以被认为是手机的副手。身体的移动性，再加上与世界的连接性——手机赋予我们的能力——可能会具有更加深远的革命性意义，比互联网在室内带给我们的一切信息的意义更加重大"❸。他欢呼手机的与众不同，并预见道：

有了手机之后，我们不仅会拥有智能大厦、智能汽车，我们还将拥有智能衣袋、智能之手。于是，至少可以说，就每一个地方支持互动式交流、提供广泛的脱离场所的信息而言，一个人挑选涉足的世界上的任何地方，都已经是广为人知的，或者是"聪明的"。每一个联网的手机都会使世界"聪明"。这使过去的情况获得了有趣的延伸甚至是逆转——过去，我们作为探访者，只有通过亲自踏勘，才能了解一个地方；如今，我们探访过一个地方之后，凭借手机将其他地方的信息带到了这个地方，使得我们到过的世界的

---

❶ 邓瑜、陶涛.手机媒体：移动媒体的终极形态[J].中国记者，2006（4）.

❷ 保罗·莱文森.手机：挡不住的呼唤[M].何道宽，译.北京：中国人民大学出版社，2004：9.

❸ 同❷：53.

这一部分"聪明"起来,使那些不在场的人也能够接触到这些地方。❶

综观上述分析,莱文森的"媒介之媒介"说是对数字媒介时代互联网、手机的特性,尤其是之于人类在信息传播过程中所表现出来的回归前技术时代传播特性和对时空偏向的不断克服的研究成果,然后将其扩展到一切人类媒介。可以说,"媒介之媒介说"是莱文森对媒介人性化趋势理论、媒介补救理论的进一步延伸,再次证明了媒介进化理论谱系的内涵及正确的一面;也是他对数字化时代媒介融合和媒介功能融合趋势的理论升华,提供给人们又一个预测未来媒介的工具。

---

❶ 《消失的地域》由牛津大学出版社出版。该书是梅罗维茨根据在奎因斯大学(Queens College)和纽约大学的两个博士学位论文的基础上修改和扩展而成。林文刚把波斯曼的《娱乐至死》和《消失的地域》看成将媒介环境学推入传播学界的两部十分重要的著作。

第六章　媒介进化理论与媒介情景理论之比较

约书亚·梅罗维茨是媒介环境学第三代代表中与莱文森齐名的学者，现任美国新罕布什尔大学（New Hampshire University）教授。他最有影响力的媒介理论是在专著《消失的地域：电子媒介对社会行为的影响》（*No Sense of Place: The Impact of Electronic Media on Social Behavior*, 1985）❶中提出的媒介情景理论。其次有一些较有影响的论文，如《普遍的他域》（*The Generalized Elsewhere*, 1989）、《媒介理论》（*Medium Theory*, 1994）、《转换中的陌生者世界：媒介理论和"他们"与"我们"相对性的变化》（*Shifting Worlds of Strangers: Medium Theory and Changes in "Them" versus "Us"*, 1997）、《理解媒介：论人的延伸》（*Understanding Media*, 1999）、《球土化的兴起：地球村里新的地域之感与认同》（*The Rise of Glocality: New Senses of Place and Identity in the Global Village*, 2005）等。他在这些论文中还提出"球土化（Glocalization）"❷"媒介三喻"❸等观点，可以把它们看成媒介情景理论的延伸。

梅罗维茨与莱文森是同窗，即同为波兹曼的媒介生态学博士生。莱文森回忆说："1975到1978年，在纽约大学攻读博士的研讨班上，梅罗维茨与我

---

❶ 梅罗维茨认为，媒介特别是电子媒介使人们不断摆脱对地域的依赖，借助它们能轻松地实现居住域的不断变动，使人们实现了全球范围内的移动。在论文《转换中的陌生者世界：媒介理论和"他们"与"我们"相对性的变化》中，梅罗维茨继而指出："所谓球土化，从某种意义上来说，就是由地域的独特性和全球趋势及全球意识共同形塑而成的区域。"

❷ 媒介三喻是梅罗维茨在1999年《理解媒介：论人的延伸》一文中提出的三个彼此关联的媒介比喻，即"媒介是容器""媒介是语法"和"媒介是环境"的三个比喻。

❸ 保罗·莱文森. 数字麦克卢汉：信息化新纪元指南［M］. 何道宽, 译. 北京：社会科学文献出版社, 2001：25.

临座。……我们逐渐建立了深厚的友谊,从细节问题的激烈争论发展到终生的友谊。我们对媒介世界的看法基本上相似。"❶同时,他俩的媒介理论都受惠于伊尼斯、麦克卢汉和波兹曼,有共同的理论渊源和理论价值取向等。基于这些原因,本章将梅罗维茨的媒介情景理论与莱文森的媒介进化理论放在一起比较,以明确两个理论的异同,彰显莱文森媒介进化理论的理论价值与局限。

第一节 梅罗维茨的媒介情景理论

1985年,梅罗维茨出版成名作《消失的地域》。该书刚一出版就获得赞誉。1986年,该书获美国"最佳电子媒介专著"荣誉和年度图书金奖,被译成日、法等多国文字。1995年,又被列入"大众传播学大事年表"。书中提出的媒介情景理论,梅罗维茨主要综合了伊尼斯、麦克卢汉的媒介理论和美国社会学家埃德温·戈夫曼(Erving Goffman)的场景主义思想。媒介情景理论运用"场景"方法研究媒介变化和人们具体行为及角色转换之间的关系,着重描述和分析电子媒介是如何影响社会行为、如何推进社会潮流的,同时分析电视如何模糊儿童与成人的界线,使他们失去了恰当的地域。这种将媒介研究和场景研究结合的研究路数"提供一种研究媒介影响和社会变革的新方法,不仅能研究现在,而且研究过去和将来"❷,为媒介研究开启了一个新窗口。

一、媒介情景理论的主要观点

媒介情景理论主要"论证了媒介本身如何成为一种环境。……从而改变了每个人的'亲身参与'对于经历社会事件的重要程度,人们下意识地受到传媒所建构的场景的影响"❸。其核心要义是场景是一种信息系统;媒介革新会引起社会场景的变化,而社会场景的变化必然导致人类社会行为的变化。

---

❶ 约书亚·梅罗维茨. 消失的地域:电子媒介对社会行为的影响[M]. 肖志军,译. 北京:清华大学出版社,2002:原著前言.

❷ 李四达. 数字媒体艺术史[M]. 北京:清华大学出版社,2008:29.

❸ 同❶:3.

（一）在考量前人成果的基础上提出媒介情景理论

梅罗维茨认为麦克卢汉的理论虽然看到了媒介给社会和人们行为带来的巨大影响和变化，但是它没有揭示这些影响和变化是如何产生的。他说："麦克卢汉将这些变化归因于电子媒介的广泛使用，但是在他的著作中并没有说明电子媒介能够引起广泛社会变化的原理。麦克卢汉将媒介描绘成感官的延伸，并且宣称新媒介进入某种文化后就会改变这种文化下的人们的'感官平衡'，并改变他们的意识。但是麦克卢汉没有给出具体的理由来解释为什么具有不同感官平衡的人会有不同的行为。"❶同时，梅罗维茨认为戈夫曼的拟剧场景理论刚好相反，它提供了一种观察社会角色和行为规则的有用且有趣的方法，为了解新媒介对行为的影响提供了许多隐蔽的线索；不过他又认为戈夫曼盲视媒介引起人们相互作用的中介角色，其研究囿于静态的面对面的现实交流。他还强调：戈夫曼的研究偏重日常生活微观空间的考察，"最关心的是对在短暂的人际交往中人们制造印象以及别人根据自己的印象做出反应过程的研究"❷，从而提出"台上"和"后台"的区别。戈夫曼认为每个人在日常生活中就像演戏，他人的期待决定其扮演的角色；同时所处的区域或场所不同，每个人的行为表现也就不同。戈夫曼说：任何人在某个环境中的行为都可以分为两大类，即台上行为和后台行为。所谓台上行为是指在他人面前表现出来的行为，一般很难暴露自己的真实情感；而后台行为则是私密空间的自我表现行为，这种行为则是行为者真情实感的自由表现。场域或场景的变化是引起人们行为不同表现的关键。莱文森认为戈夫曼的拟剧场景理论在解释传播媒介是如何引起人们角色变化的问题时却十分苍白。

梅罗维茨经过比较发现，"戈夫曼的和麦克卢汉二人的优势和劣势是互补的。戈夫曼研究侧重面对面的交往，而忽视了媒介对他所描述变量的影响和作用。而麦克卢汉侧重媒介的效果，却忽略了面对面交往的结构特征"❸。如果将后者的主要媒介思想和前者的拟剧场景理论进行嫁接后加以改造，就能很好地解释媒介何以引起人们社会行为的变化，弥补两个理论的不足。正是基于这种认识，梅罗维茨提出了媒介情景理论，像莱文森的媒介进化理论一样，它也是对麦克卢汉媒介理论进行的修正、延伸。从理论建构的创新角

---

❶ 邵培仁. 传播学[M]. 北京：高等教育出版社，2000：165.

❷ 约书亚·梅罗维茨. 消失的地域：电子媒介对社会行为的影响[M]. 肖志军，译. 北京：清华大学出版社，2002：3–4.

❸ 刘海龙. 大众传播理论：范式与流派[M]. 北京：中国人民大学出版社，2008：447.

度来看，刘海龙认为"梅罗维茨是将麦克卢汉的理论与主流社会学整合得最好的学者之一"❶。

（二）动态的社会场景理论

梅罗维茨指出：第一代媒介理论没有将日常社会交往与他们的媒介研究很好地进行结合，忽略了媒介技术与社会行为之间的关系。❷通过考量伊尼斯、麦克卢汉、H. L.蔡特（H. L. Chaytor）、伊丽莎白·爱森斯坦（Elizabeth Eisenstein）、沃尔特·翁、埃德蒙·卡彭特（Edmund Carpenter）、托尼·施瓦茨（Tony Schwartz）、丹尼尔·布尔斯廷（Daniel Boorstin）❸等媒介理论观点，梅罗维茨提出了与戈夫曼静态观相反的动态社会场景理论。其理论主要有以下内容。

1. 场景是一个"信息系统"

戈夫曼等大多数场景主义者认为，场景是一个具体物理场景，即"任何在某种程度上感觉受到屏障限制的地方"❹。可见，场景在这里仅仅被看成在固定时间和地点进行面对面交流的物质场所，处于一种恒定不变的状态。梅罗维茨不同意这种场景静态观，认为"场景的分离和结合形式是一个可变因素，而不是个人或社会存在的一个静态的方面。制约此场景的分离和结合形式的因素包括个人的生活决定和社会对媒介的运用情况"❺。而且，他还指出：社会交往通常是有媒介起作用的场景交流，而且新的媒介往往会引起社会场景和社会行为的变化。因此，梅罗维茨赞同麦克卢汉、伊尼斯将传播媒介看作社会变化的重要原因的观点，认为他们的理论提供了分析社会变化的一种角度，其中包括：第一，媒介并非仅仅是两个或者两个以上环境中的人们之间传播信息的工具，它们本身即信息。第二，传播形式的转变是对社会变化产生作用的极其重要的因素，但这一因素却普遍受到忽略。场景是动态的和可变的。这就是通过人们在传播活动中努力使特定的行为与特定的动态

---

❶ Meyrowitz, Joshua. Medium Theory Today［M］// D. Crowley, D. Mitchell. Communication Theory Today. Polity Press, 1994：58.

❷ 梅罗维茨认为：伊尼斯、麦克卢汉开创了媒介影响人类历史和文明进程的理论框架。蔡特、爱森斯坦研究从书写到印刷媒介对西方宗教和现代科学的影响；翁、卡彭特、施瓦茨、布尔斯廷研究了电子媒介对人类思维模式和社会结构的影响。

❸ 约书亚·梅罗维茨. 消失的地域：电子媒介对社会行为的影响［M］. 肖志军，译. 北京：清华大学出版社，2002：29–30.

❹ http：//baike.baidu.com/view/1030831.htm.

❺ 同❸：34.

的场景保持一致，从而前后一贯地演好某个规定的角色。基于此，他把社会场景看作一个"信息系统"，这样就打破了场景主义者具体物理场所的场景界定的局限。

更为重要的是，梅罗维茨强调：社会场景是一种信息系统，是与他人接触的行为的某种模式、接触社会信息的某种模式；"物质场所和媒介'场所'是同一系列的部分，而不是互不相容的两类。地点和媒介同为人们构筑了交往模式和社会信息传播模式"❶。换句话说，媒介是社会场景的重要组成部分，它通过改变社会生活的"场景地理"对人们的社会行为产生深刻的影响。梅罗维茨信息系统概念的提出，突出强调了媒介本身就是环境的媒介生态观，突出强调了媒介与物质场所之间的有机联系，从而突出强调了媒介对人们交往行为的建构作用。因此，在他看来，场景包括有形的物质场景和信息流动的无形场景。物质场景和"媒介场景"同属于同一系列，并非互不相容的两类，这也打破了戈夫曼等场景主义者那种面对面交往研究与有中介传播研究二者的随机区分，突出媒介本身是一种环境以及对人类社会行为变化的重要意义。同时从梅罗维茨的论述中还可以发现媒介信息模式的作用：地点创造了一种现场交往的信息系统，而媒介等其他传播渠道创造出许多其他类型的场景。对人们交往的性质起决定作用的不是前者，而是后者创造出来的信息流动模式。这也恰恰是他强调和关注的地方。

梅罗维茨还看到：媒介给人们的交往创造了一种流动的信息模式。他认为，只关注人与人面对面的互动而忽视他们借助媒介进行的"非面对面"的互动，并且仅以静态的观点观察场景，缺乏动态的视角，这是戈夫曼的学说令人不够满意的地方。但是，它为观察个人行为在不同场景的变化提供了一个有趣而实用的微观视角。正因为此，梅罗维茨吸收了戈夫曼提出的"剧情""剧组""表演区域""假面具""理想化表演""误解表演""神秘化表演"等一系列旨在说明人们在特定场景中如何通过符号互动履行各种社会规范所期望的社会角色的概念，提出了动态的社会场景理论。他指出，要研究媒介对社会行为的影响，必须"将某个场景中行为的静态和轮廓性模式，转变为可变的和可预测的模式"❷。只有这样才能描述场景和行为的动态性。可见，梅罗维茨动态场景理论是指：人们的社会行为交往是媒介性场景交往；社会场景不是一成不变的，媒介的变化常常促使社会场景发生改变，而且会使两

---

❶ 约书亚·梅罗维茨. 消失的地域：电子媒介对社会行为的影响[M]. 肖志军, 译. 北京：清华大学出版社，2002：35.

❷ 同❶：330.

个或两个以上社会场景的边界出现融合或消失,产生新的社会场景。

总之,梅罗维茨的动态场景理论把麦克卢汉和伊尼斯的媒介研究与戈夫曼的场景研究结合起来,既解决了麦克卢汉和伊尼斯的媒介研究没有把媒介发生作用和产生影响的社会场景考虑进去的不足,也弥补了戈夫曼场景研究没有看到媒介也是一种重要的互动介质的疏漏,并且增添了场景分析的动态性。

2. 新媒介创造新场景,新场景导致新行为

媒介情景理论认为:"我们应该研究的是一种特定的新媒介或者一种新的通用类型的媒介引进之后,媒介矩阵以及它对社会行为影响变化的方式。"❶为了说明场景的变化对人的行为的影响,梅罗维茨特别分析了电子媒介如何创造了社会新场景,而这些新场景最终又如何改变了人们的行动。

一方面,新媒介创造新场景。梅罗维茨认为:电子媒介的出现引起人们社会交往跨越了物质场所的限制,实现了跨区间的交流。这种媒介的信息传递和以前面对面的物质场所的信息传递有不少相似之处。他指出:"看电视有点类似于通过单向透镜观看某一场景中的人,这些被观察者知道他们处于孤立的小屋中被成千上万的人观看着。而听收音机的参与者就会感到就像是在隔着墙或门听别人说话。"❷梅罗维茨在这里想说明的是:新的传播媒介的引进或使用,可能会重新产生或组合大范围的社会场景,同时需要有新的社会场景的行为。

梅罗维茨详细区分了印刷社会和电子社会由印刷媒介和电子媒介分别建构的不同媒介场景,即印刷媒介场景和电子媒介场景。简要地描述就是:"'印刷社会'实际上是口语—书写—印刷社会;'电子社会'实际上是口语—书写—印刷—电子社会。这种简写的标签仅仅是强调了引起传播变化的最新的重大进展。"梅罗维茨主要以书籍和电视为例进行了论述。众所周知,书籍等印刷媒介的通畅传播必须要求传播者和接受者都接受专门训练、具有良好的读写技能,而且对阅读地点也有相当要求;电视等电子媒介对信息的通畅传播对接受者的要求就没那么严格,只要是视听能力正常的人就可以实现传播,因为电视信息不过是对日常生活的形象展示。从而他认为,电视等电子媒介破坏了时间和地点的特殊性,使私人地点更易于为外部世界所接触,使其成为较为公开的地点,"电视更趋向于将不同阅读圈子的人放进

---

❶ 约书亚·梅罗维茨. 消失的地域:电子媒介对社会行为的影响[M]. 肖志军,译. 北京:清华大学出版社,2002:32.

❷ 同❶:83.

同一个公共领域"❶；尤其是在信息综合方面，电视等电子媒介打通了不同类型的内容区隔，以至于儿童也难免接触到各种成人信息。"因为电子媒介消除了现场交往与有中介交往的差异……在不同的物质场地也能接触到其他地点的人的音容笑貌。"❷梅罗维茨（1991）还指出："电视对故事的超选择性（hyper-selectivity）倾向于消除情景和观点来展示事件，而这些情景和观点对理性地感知它们是必须的。"❸因此，由于电子传播媒介造成的社会场景形式的变化，人们的社会角色也在发生了变化，以往界限分明的社会角色现在却变得模糊和混淆不清。同时，他认为："新传播媒介的采用造成社会交往模式的广泛而重大的变化，人们无法完全意识到变化的程度和性质。在每一种给定的交往中，个人常常感到自己仅仅是在适应自己所处特定场景的需要。人们会惊讶为什么行为模式好像发生了变化（或者更可能是，为什么'人们'变了），而并没有意识到这些变化与后台和前台场景的分界线的移动有关。"❹大卫·阿什德（David Altheide）对梅罗维茨认为电子媒介引起社会场景分界线的模糊或消失的观点给予印证，并指出："我们的实在环境的时间/空间维度由于电子媒介和信息技术而被改变了；我们在自己的家里见证在其他地方发生的各种事件；在看新闻的时候，我们在自己的家里经历着异时发生的行为。"❺

具体来说，电视等电子媒介较之印刷媒介创造了新社会场景，主要表现出三个特性：实现了不同群体信息系统的分离状态的融合、"公开"和"私下"行为界限的模糊、导致社会场景对自然场景的分离。

另一方面，新场景产生新行为。媒介情景理论认为，不同场景会导致不同的行为，新场景产生新行为。梅罗维茨指出，电子媒介不仅改变了社会场景的界限，使我们能够更为迅捷、更为真实地接近事件或行为，有如身临其境，也给了我们新的事件和培育了我们新的行为。同时，他认为：当媒介导致两种或两种以上不同的场景重叠时会出混乱，不同的社会角色会令人们一时无法调适过来，他们往往只会关注原来彼此分离的两个场景，而漠视场景混

---

❶ 约书亚·梅罗维茨. 消失的地域：电子媒介对社会行为的影响[M]. 肖志军，译. 北京：清华大学出版社，2002：48.

❷ 大卫·阿什德. 传播生态学：文化的控制范式[M]. 邵志择，译. 北京：华夏出版社，2003：167.

❸ 同❶：48.

❹ 同❷：142.

❺ 同❶：36.

合后已经出现了一个新场景的事实。他举了一个非常有趣的例子进行说明：20世纪60年代后期倡议黑人人权的斯托克利·卡迈克尔（Stokely Carmichael）在电视和电台上的演讲行为。卡迈克尔发现在电视和电台的混合台上演讲时必须面对两种类型不同的观众：他最初的黑人观众和窃听讨论的白人观众，使用倾向于其中一类人的演讲风格和内容虽然会获得这类人的支持，但势必会引起另一类人的疏远和愤怒；根本就不像在无中介的现场演讲，能够分别对黑人和白人采用两种完全不同的黑人人权的修辞风格和内容。卡迈克尔无法找到折中的办法而采用了倾向黑人风格，结果出现获得黑人观众支持而引起白人仇恨的尴尬局面。❶梅罗维茨认为卡迈克尔之所以会出现尴尬局面，是因为电视和电台电子媒介的介入导致的。电子媒介的介入使得原来单一的场景变成两个场景的混合，卡迈克尔一时无法适应新出现的混合场景而导致了尴尬。

但是，梅罗维茨认为短暂的场景融合只会导致混乱，而长时期的场景融合则会导致新行为模式的出现。他通过考察以电视为主的电子媒介时代三类角色的变化：男性气质和女性气质（群体身份）的融合、儿童和成人（社会化）界限的模糊化、全国政治领袖（等级制度）表演角色的巨大变化，通过这三类特殊个案的例证分析，强调了新的电子媒介导致不同类型场景的融合，催生新的场景，从而引起人类社会行为的变化，出现新的社会行为。

二、媒介情景理论的评析

媒介情景理论指出，"电子媒介影响社会行为的原理并不是什么神秘的感官平衡，而是我们表演的社会舞台的重新组合，以及所带来的我们对'恰当行为'认识的变化"❷。梅罗维茨从社会学的视角构建了媒介—情境—行为三者之间变化关系的媒介理论。

（一）理论价值

梅罗维茨媒介情景理论最主要的意义在于使人们意识到人类社会行为的变化与媒介引起的社会场景变化关系密切，以及明确将媒介纳入人类社会行为变化的决定性因素研究的视野之中，媒介本身也被当作环境来理解。马

---

❶ 约书亚·梅罗维茨. 消失的地域：电子媒介对社会行为的影响[M]. 肖志军，译. 北京：清华大学出版社，2002：4.

❷ 马克·波斯特. 信息方式：后结构主义与社会语境[M]. 范静晔，译. 北京：商务印书馆2000：45.

克·波斯特认为媒介情景理论的基本观点"是富有启示性的：'媒体是不同类型的社会环境，以种种特有的方式接纳或排除、团结或区分着人们'"❶。媒介情景理论的创新与贡献有三。

其一，恰切地运用拟剧场景理论，使它与媒介研究有机地结合起来，突出了媒介在人类行为和社会变迁中的重要作用，清晰地建构了媒介—情境—行为三者关系的辩证图式。梅罗维茨运用大量的日常生活事例，佐之以理论分析传媒进化现象和人际传播现象。这说明媒介情景理论契合生活现实、切中人类行为变化之肯綮。这种独特的观察视角为媒介研究从社会行为学角度把握媒介与人类行为变化的关系提供了新的切入点。

其二，突出了媒介在社会发展进程中的重要作用。梅罗维茨承认媒介的强大影响力，认为人们使用媒介的行为并非随心所欲，它要受到社会环境的制约，而且媒介本身就是社会环境的一部分。把媒介看成环境的一部分，将媒介放到社会环境的视角考察媒介与社会、媒介与人类行为的关系，是媒介环境学最主要的观点。梅罗维茨通过电子媒介引起社会场域和人们社会行为改变的分析，突出了媒介在社会场景建构中的重要作用，甚至电子媒介作为环境对人类行为的变化起着决定作用。显然，这也流露出媒介技术决定论的倾向。

其三，媒介情景理论明白晓畅，表达精细清晰，一反麦克卢汉的玄幻艰涩。梅罗维茨善于选取现实生活中鲜活的日常事例作为论据，以一种叙说的论证风格彰显理论的正确性，更容易被人接受。不妨看看他论述"完全不同的行为需要有性质完全不同的场景""在一个给定的场景中特定角色间相互接受的能力常常取决于我们对在其他场景相互认识之间有限的认识"等观点时所举的例子。对前一个观点他列举了医生下班后不会待在急诊室里看书或吃点东西的例子。因为他不想让正需要帮助的病人听到"对不起，我不能帮忙，我已经下班了"。因此，在通常情景下，当人们下班时，他们一般会待到属于自己的空间里。对于后一个观点，他则举出这样一些例子说明：当一个男人发现自己和妻子约见的婚姻律师是自己的前妻时，他可能会感到非常不舒服；当一位年轻的女士发现医生是高中时迷恋自己的某位男生时，她可能不愿意在这个医生面前脱掉衣服。❷这些事例通俗简短、与日常生活紧密相关、读之易懂，使媒介情景理论由抽象变得更为具体生动。

---

❶ 约书亚·梅罗维茨.消失的地域：电子媒介对社会行为的影响[M].肖志军，译.北京：清华大学出版社，2002：34.

❷ 申凡.传播媒介与社会发展：媒介功能理论研究[M].北京：人民出版社，2008：111.

(二)理论不足

梅罗维茨媒介情景理论的不足，主要表现在媒介决定论倾向。在论述过程中，较少考虑其他因素，如政治、经济、教育等方面对人类社会行为的影响，过分强调媒介的影响作用。申凡等评论说："梅罗维茨夸大了媒介对社会环境和人们社会行为的影响，几乎将媒介描绘成引起社会变化的唯一原因，只字不提社会制度和媒介制度的关系，看不到社会意图对媒介管理和内容等的影响。另外，为了突出论述的主题是媒介本身而不是媒介内容，梅罗维茨刻意要厘清二者之间的界限，将媒介本身凸显出来，但在具体的理论阐释过程，尤其是个案分析中，又不得不常常把它们牵扯在一起，这就难免陷入概念不连贯的窘境。"❶

媒介情景理论最终陷入媒介决定论的泥淖。梅罗维茨继承了麦克卢汉媒介技术动因论的衣钵，在一定程度上重蹈了唯技术论的覆辙，几乎把媒介变化看成情景变化的决定性因素。在媒介情景理论的阐释中，无论他所举出的论据还是展开的论证自始至终流露出媒介决定论的因子。他认为，新媒介所带来的信息系统结构的变化不仅直接影响了人们的行为，而且也影响了媒介的内容。❷"媒介的进化通过改变我们收发社会信息的方式重塑了社会和地点与物质地点的关系，这就改变了社会秩序的逻辑。""电子媒介将从前不同的社会场合组合在了一起，将私下行为和公开行为的分界线移向了一方，并且弱化了社会位置和物质位置之间的关系。因此，在以印刷为主的社会中，行为场景模式背后的逻辑被彻底推翻。"❸电视媒介使场景消泯了后区和前区之间传统的界线。从这些言论中足可以管中窥豹，其决定论思想昭然若揭。

另外，论述中严谨不足，有时甚至出现相互抵牾的现象。梅罗维茨为显示自己的研究不同于以研究传媒内容为中心的研究传统，一味强调媒介本身的特点，人为地将媒介同内容分割开来；然而在论述中却混淆媒介本身与媒介内容的区别，常常把媒介本身的特点和媒介内容搁在一起交叉说明，在个案研究中也是言媒介技术却话媒介内容。例如，他说：

> 过去社会依赖物质地点作为接触或隔离其他人的首要决定因素，受到了电子媒介的破坏。电子媒介弱化了男性场景和女性场景的观念，特殊小屋或

---

❶ 约书亚·梅罗维茨.消失的地域：电子媒介对社会行为的影响[M].肖志军，译.北京：清华大学出版社，2002：150.

❷ 同❶：269.

❸ 同❶：194.

建筑物观念，以及或神圣或世俗的地点的观念。电子媒介改变工作和家的新潜力，可能最终会驱除家庭和公共领地分开的必要性，将男性和女性整合进工作和家庭单一的社会场景中。随着地点或场景联系的结束，男性和女性可能在身体上分开，但在社会上却是一体的，或者是共同隔离在家中，但是与其他社会场景相联系。有了电话、收音机、电视和计算机，家在许多方面成了大世界的一部分，我们仅仅是在其中"居住和生火"。❶

伊尼斯、麦克卢汉、波兹曼、莱文森等人也存在这种现象，这大概是媒介环境学学者共同的不足，与他们对概念没有进行科学界定有关。比如，他们都采用大媒介的观念，一切与人类行为有关的实物或观念的东西都是媒介，这其实使他们的媒介界定缺失了边界。

概言之，梅罗维茨的媒介情景理论虽然考察的新媒介是以电视为代表的电子媒介，但是相对于今天以互联网和手机为代表的数字新媒体和移动新媒体来说，同样改变了原有的传播场景并在社会各层次带来了深远的影响。因此，媒介情景理论仍然具有很强的现实意义和理论价值。

第二节　媒介情景理论与媒介进化理论的异同

莱文森和梅罗维茨既同为波兹曼"媒介生态学"专业的博士研究生，后来又同是媒介环境学第三代最重要的代表，共同在媒介研究这块土地上耕耘、收获，他们的理论在全球都产生了重要影响；但是在理论建构中又彰显出各自的理论特色，这正是两个理论各具无穷魅力的地方。本节对两个理论进行简要比较，剖析其异同。

一、理论基石

莱文森和梅罗维茨的媒介理论有相同的理论基石，其中最主要的是麦克卢汉的媒介思想。莱文森在《数字麦克卢汉：信息化新纪元指南》一书中明确指出，"我们核心的视野是从麦克卢汉学来的。以后的岁月里，我把这样的视野与卡尔·波普尔哲学和唐纳德·坎培尔的进化认识论糅合起来，甚至

---

❶ 保罗·莱文森. 数字麦克卢汉：信息化新纪元指南［M］. 何道宽，译. 北京：社会科学文献出版社，2001：25.

与阿西莫夫科幻小说中技术可能性的逻辑分析结合起来。而梅罗维茨却把麦克卢汉与社会学的观点糅合起来，尤其把戈夫曼的公共面具和私人面具联系起来"❶。在第二章、第三章已就媒介进化理论很大程度上对麦克卢汉的媒介理论的直接继承和发展进行了论述，在此不再赘言。梅罗维茨的媒介情景理论也是以麦克卢汉的媒介理论作为重要的理论基石。他曾直言不讳自己的媒介情景理论受惠于麦克卢汉，在《消失的地域》的开篇就交代了理论的两个来源，即麦克卢汉的媒介理论和戈夫曼的场景理论。国内学者张咏华教授在其专著《媒介分析：传播技术神话的解读》中较详细地分析了梅罗维茨的传播思想，认为其"深深地打上了麦氏理论的影响烙印"❷。

不过，两者在吸收麦克卢汉媒介思想的同时都加以改造，并从不同的视角切入媒介研究，从而超越了麦克卢汉。梅罗维茨的媒介情景理论糅合麦克卢汉和戈夫曼的理论，从媒介、场景和行为三者之间的关系出发，分析当代电子媒介给人类感受能力和社会结构带来的变化，拓展了麦克卢汉媒介理论的社会学层面；而莱文森则从人文社会科学的角度阐释了媒介进化以及媒介进化中人的角色问题，重新挖掘了麦克卢汉媒介思想的人文价值，修正并超越麦克卢汉关于人和媒介的关系。从这个意义上说，梅罗维茨和莱文森都是重新阐释和高扬麦克卢汉媒介思想的最出色者。

二、理论阐释方式

在理论阐释方式上，莱文森和梅罗维茨都摆脱了麦克卢汉艰涩深奥偈语式的风格，而采用平实易懂的语言展开论述。

媒介进化理论阐释的平易性体现在两个方面：其一，善于选取一些通俗易懂的比喻来说明深奥的理论。如以窗户和窗帘的进化史为例说明补救性媒介理论。又如他将聚友网比喻成"社会媒介的自助餐厅"，把它与其他新新媒介不同的特性形象地凸显了出来。聚友网是大型的社交媒介，"'朋友'在此相会，聚首在一个平台，从事各种新新媒介的活动，包括私密通信、留言、群发短信、写博客、贴照片、上传视频和音乐、即时通信、组织兴趣小组等"。其二，通过自己对媒介的切身体会来表述媒介理论，这使得理论带

---

❶ 保罗·莱文森. 新新媒介[M]. 何道宽, 译. 上海：复旦大学出版社，2011：115，119–120.

❷ 张咏华. 媒介分析：传播技术神话的解读[M]. 上海：复旦大学出版社，2002：118.

有生活的原汁原味。《新新媒介》所列举的九种媒介,莱文森无一没有使用过。正由于是亲身实践所得,所以其理论的阐释也带有经验总结的意味、感想式的随意,显得不够精辟。比如,他认为新旧媒介的混合是新新媒介活动的典型特征,并提出新旧媒介混合的总体模式:"其一,新新媒介兴起,成为替代旧媒介和新媒介的另一种媒介,博客是替代纸质版和网络版报纸的另一种选择,聚友网是替代电视的另一种选择,维基网是替代百科全书的另一种选择,如此等等。其二,新新媒介创建小组、产业和产品,其成果又回到旧媒介的离线世界并获得成功。塔克·麦克斯即为一例,他的博客结集出了畅销书。聚友网的视频也越来越多地进入广播电视网。也许,'新诗学出版社'也将把网络成果汇集起来出版更多的诗集、文集和画集。"[1]很显然,莱文森对新旧媒介混合的总体模式的总结有些随意、感性,对理论严谨性的要求强调不够。

梅罗维茨理论是媒介理论与日常社会生活结合的产物,因此其平易晓畅性表现在:较之莱文森更擅长选择与人们日常生活密切相关的鲜活场景或事件进行理论阐释。如《消失的地域》第四部分,梅罗维茨分析了社会变化的三个维度,即群体身份变化、角色转换、权威变化。他分别采用三个变化维度对应三种具体现象:群体身份变化—男性气概与女性气概的融合、角色转换—成年和童年的模糊、权威变化—政治英雄降为普通百姓进行层层论述,深入浅出,将形而上的理论寓于直白如话的日常生活事例中。

三、对待媒介与人类和社会发展关系的立场

伴随数字技术的急速发展,新媒介、新新媒介不出涌现,实证研究、批判主义表现出越来越多的理论局限,很多媒介现象无法解释;而曾诟病为技术主义的媒介环境学理论反倒表现出更多的理论优势。从那里可以找到更多解释媒介与人类社会、政治,以及媒介急剧进化的理论源泉。于是有学者干脆将它与实证主义、批判主义并置为传播学三大研究范式。媒介环境学的媒介研究传统源于芝加哥学派,切特罗姆曾指出,20世纪80年代,三位美国思想家库利、杜威、帕克,率先开始全盘研究现代传播在社会过程中的影响力。他们每一位均赋予晚近传播科技的进步极大的重要性,也都把他们所见

---

[1] Czitrom, Daniel J. 美国大众传播思潮:从摩斯到麦克卢汉[M]. 陈世敏,译. 台北:台湾远流事业股份有限公司,1994:139.

传播科技的意涵，置于他们的社会思想中心。他们三人不约而同地视现代传播媒介为重整美国道德和政治共识的主要代理者。

然而，在人和媒介技术的关系问题上持任何单极的决定论都是不正确的。威廉姆斯曾强调："我们不但要拒绝所有形式的科技决定论，我们同时也得自我警惕，不要以为科技完全是被外在力量所决定。"❶威廉姆斯这段话是想告诉我们要辩证地看待人和媒介技术的关系，绝对不是简单地谁决定谁的问题。袁艳的论述指出了人与媒介技术关系的本质，强调了媒介进化中人的地位和作用。她说："人与技术的关系，是一种主体与客体的关系，实质上也是一种价值关系。技术的价值，归根结底是技术之于人的价值，人们进行科学研究，认识世界，改造世界，并将其转化为技术，其终极目标就是人类社会与自然界的和谐统一发展，就是人从其自然关系和社会关系的束缚下获得彻底解放成为全面发展的自由人。……科技，最终是为了人类的生活幸福，如果科技给人类生活带来了灾难，那它就违背了科技发明者的初衷——以人为本。"❷

媒介的产生和发展对人类和社会会带来什么样的影响，日本传播学者儿岛和人指出在早期西方有两种不同的观点：基于"乐观主义期待"的肯定态度和"怀疑态度"的忧虑态度，这两种态度一直延续到今天的传播学研究当中。❸莱文森和梅罗维茨作为麦克卢汉之后出色的媒介研究者，他们都看到了麦克卢汉在媒介理论建构中过分强调媒介对社会、人类行为影响的作用，带有技术决定论的倾向。他们在自己理论建构中都试图纠正技术决定论的偏见，全面看待社会的发展，然而都很不彻底。同时，莱文森和梅罗维茨的媒介理论对我们进一步认识媒介的社会影响和问题具有重要的启示意义。但是，梅罗维茨却与伊尼斯、波兹曼站到一列，充满悲观主义情绪；而莱文森却截取了麦克卢汉媒介理论中乐观主义的一面，高奏媒介乐观主义的旋律。

梅罗维茨仍然坚持了技术决定论的立场，而莱文森在理论阐释中却纠结和摇摆在技术决定论和人具有能动选择论之间。

张咏华认为，梅罗维茨的媒介理论在对媒介技术与社会历史进程的关系问题上，采取了与麦克卢汉基本一致的立场，即将传播技术及其变迁视为社会变迁的动因，都可以说是一种媒介技术动因论。虽然梅罗维茨看到了礼

---

❶ Williams, Raymond. 电视：科技与文化形式[M]. 冯建三，译. 台北：台湾远流出版事业股份有限公司，1994：162.

❷ 袁艳. 电视传播技术的人文价值与冲突[J]. 华中科技大学学报，2003（6）.

❸ Meyrowitz, Joshua. Shifting Worlds of Strangers: Medium Theory and Changes in "Them" Versus "Us"[J]. Sociological Inquiry, 1997, 67（1）：60.

仪、领地接触和媒介内容等对创造社会场景和引起人们社会行为变化的作用，如"媒介内容十分重要，尤其是对于短期来说。政治、经济和宗教精英总是企图通过建构媒介内容来维持控制。在争夺过程中，付出的代价是相当高的。……通过这些方式，电视和其他媒体被控制，我们当前的信息环境也受到阻碍。然而，单就内容而言，虽然是重要的；但是，对社会结构的变化能提供足够的解释，也无法提供新的传播形态"❶，但是，他并没有把这些要素纳入自己理论体系之中，深入分析它们对人们社会行为的影响，也没有分析它们对媒介构建新场景的影响。特别是在"对待传媒技术与社会变化的关系问题上，只从传媒技术原因的角度去探讨问题，却忽视了这样的事实：媒介技术的发展本身，也是经济发展、科技进步的产物"❷。因为梅罗维茨没有做到彻底放弃媒介决定论，所以在媒介情景理论的阐释过程中，他没有充分考虑到人对媒介技术的控制和选择作用。在整个理论体系中，虽然可以看到他对人之于媒介技术的主动性的强调，但是始终看不到在如何使用与控制媒介以及人类社会行为改变中自身所起的决定性作用，几乎忽视了人的主体性特性。如他认为"每一种现代媒介都提高了控制空间的能力。它们通过缩减人与地点之间发送信号的时间（讯息发送与接收之间的时间差）来实现这一点。……现代传播媒介具有一种共同的效果：它们扩大了接收的范围，却缩小了发布的范围。大量的受众能够接收，却不能直接做出反应或参与激烈的讨论。结果，现代媒介产生了控制巨大空间和庞大人口的潜在力量"❸。这都是从媒介之于人类行为的决定性影响的角度来考虑的，与他持媒介决定论的立场有关。梅罗维茨在讨论男女气质融合时描述说，电子媒介对家的入侵创造出一个将公共场景和家庭场景融合的、兼有两性的场景，使女性从家庭信息的限制中解放出来，男性可以在家中计算机上获取信息，女性在电话里做生意的同时给孩子喂奶。即使男性和女性在身体上隔离在地点不同的工作和家庭场景中时，电子媒介也创造了信息和经验更大的统一的感觉。在这段话中，他虽然指出了电子媒介对场景建构的关键作用，而人和其他因素的作用却被忽略；不仅如此，人类的行为也被他说成是由媒介决定的。梅罗维茨被人们一再纳入媒介技术决定论者的行列，也正是由于这些论述。

---

❶ 张咏华.媒介分析：传播技术神话的解读[M].上海：复旦大学出版社，2002：143.
❷ 詹姆斯·W.凯瑞.作为文化的传播："媒介与社会"论文集[M].丁未，译.北京：华夏出版社，2005：106-107.
❸ 约书亚·梅罗维茨.消失的地域：电子媒介对社会行为的影响[M].肖志军，译.北京：清华大学出版社，2002：194.

莱文森在扬弃媒介决定论的立场上比梅罗维茨前进了一步。他的媒介进化理论充分考虑到了人在媒介技术发展中的主体性地位和理性选择的作用。他认为："对于我们的发明，我们是可以有所作为的，我们可以精化技术，指引技术，使之按照我们感知和需要的道路发挥作用，而不是按照改造我们感知和需要的路子发挥作用。因为如果没有希望对媒介的影响有所作为，只是用它来吓唬人，那又有什么意思呢？"❶ 人的主体性选择决定了符合人性需求的媒介更具有生命力；在技术的进化过程中，人是积极能动的，可以对媒介进行理性的选择，所以人的主体性选择决定了符合人性需求的媒介更具有生命力，在激烈的竞争中最终存活下来。同时，莱文森不仅承认媒介自身进化规律的作用，也看到了媒介进化过程中政治、经济和文化等其他因素的作用。在第四章详细论述了媒介进化的原理和规律，在此不再赘言。正是在这个认识的基础上，莱文森提出了"软媒介决定论"，这不仅是对伊尼斯、麦克卢汉和波兹曼决定论观点的扬弃，也为自己阐释媒介理论确定了立场。

四、理论切入视角与研究方法

（一）理论切入视角

媒介情景理论和媒介进化理论虽然都是研究媒介与社会和人类行为之间的关系，但是两者研究的切入点不同。前者是以"断代史式"视角集中精力考察电子媒介时代媒介对社会场景的建构作用，以及社会场景和人们行为的变化，而后者则相反，从"通史式"的宏大视野考量中切入媒介进化史研究，发掘媒介进化史中人的主体性和理性选择的主题。

梅罗维茨从他当时所处时代的主导性电子媒介（电视）出发，以日常生活中最为平常的生活场景为材料，考察媒介对人类行为的重要影响，建构一种重在揭示"新媒介造成新环境，从而导致新行为"的媒介情景理论。这正是他理论最为独到的地方。张咏华评价说："梅罗维茨善于考察日常生活中的传媒现象和人际传播现象，用理论加以分析，这使他的理论成功地将一些很有见地的观点与人们的常识糅合在一起。这也是麦克卢汉媒介理论所缺乏的。"❷ 而莱文森的媒介进化理论是从媒介源头出发，一直推衍整个媒介的进

---

❶ 保罗·莱文森. 数字麦克卢汉：信息化新纪元指南[M]. 何道宽，译. 北京：社会科学文献出版社，2001：287.

❷ 张咏华. 媒介分析：传播技术神话的解读[M]. 上海：复旦大学出版社，2002：138.

化史，对媒介、媒介之间以及媒介与人类行为之间的关系作整体考察，建构偏重展示人在媒介进化过程中的主体地位和能动性的媒介进化理论。这就是说，梅罗维茨从微观层面切入研究，力求展现媒介在人类行为变化和社会发展过程中的作用，而莱文森则放眼于宏观的媒介史学背景来揭示媒介和人之间的互动关系及人性化趋势。

（二）研究方法

由于两个理论的研究视角不同，导致了研究方法相异。媒介情景理论着眼于电子时代日常生活中的鲜活场景和事件，同时比较印刷媒介（主要是书籍）和电子媒介（主要是电视、电台）所创造的不同社会场景中人们行为的不同表现，采用对比分析和例证的方法进行理论构建；而媒介进化理论考察整个媒介发展史，重点在电子时代，特别是互联网的数字时代，将研究放到宏大的历史视野中运用文献梳理、史料分析、直觉判断和逻辑推理的研究方法。莱文森在《数字麦克卢汉：信息化新纪元指南》中强调该书的重大主题是"揭开数字时代向守门人展开正面进攻的壮举"，敏锐地感觉到梅罗维茨的《消失的地域》"写得太早，不可能完全抓住数字时代飘然降临的势头。他评价的主要是电视，而不是电脑"❶。

对莱文森和梅罗维茨的理论，李明伟博士从四个方面进行了比较归纳。其一，学科角度：梅罗维茨采用社会学的角度，而莱文森是从技术和人文的综合角度进行媒介研究；其二，理论重心：梅罗维茨研究的是交往场景的变化及其决定的行为和角色的改变，莱文森更侧重于传播技术的发展和网络传播的社会意义；其三，学术风格：莱文森可以说是麦克卢汉的通俗版和数字社会版，梅罗维茨的理论体系完备、思路分明、逻辑清晰、例证平实深刻且风趣有力；其四，从媒介环境学的发展史来看，梅罗维茨是宕开一枝、自创体系，而莱文森是数字时代的"麦克卢汉"。❷李明伟博士的这种归纳比较，总体上把握了两个理论的内核和要义，抓住了它们的根本；但是，他对莱文森的评价有失客观和公允，没有全面看到莱文森媒介进化理论的独创性价值，仅看到它对麦克卢汉理论继承性的一面，流露出较为明显的"贬莱褒梅"的倾向。

---

❶ 保罗·莱文森. 数字麦克卢汉：信息化新纪元指南[M]. 何道宽，译. 北京：社会科学文献出版社，2001：25.

❷ 李明伟. 知媒者生存：媒介环境学纵论[M]. 北京：北京大学出版社，2010：163–164.

第七章　莱文森媒介进化理论的总体反思

总的来说，媒介进化理论通过跨学科的理论嫁接，特别是对媒介环境学伊尼斯、麦克卢汉和波兹曼等学者媒介理论的继承、修正，实现了理论超越。30多年来，莱文森一直沿着媒介研究的路径不断推进媒介进化理论。

国外最早对莱文森媒介进化理论给予评价的学者是梅罗维茨，他在《消失的地域》中肯定了它的理论价值和开启性作用。而国内首先对媒介进化理论做出评价的学者是何道宽，他以介绍性文字对媒介进化理论进行梳理，并给以很高评价，有爱屋及乌的倾向；李明伟则是目前国内全面剖析媒介进化理论的学者。在《知媒者生存：媒介环境学纵论》一书中，他总是将伊尼斯、麦克卢汉、莱文森和梅罗维茨四人的理论放到一起对照论述，对媒介进化理论给出了评价。不过，他的评析带有明显"褒梅贬莱"的倾向，对媒介进化理论的学术价值估计不足，以致整体评价不高。因此，本章在这个基础上，剖析莱文森的媒介进化理论的贡献、理论局限及其理论价值，试图对其做出总体反思。

第一节　媒介进化理论的贡献

数字媒介时代，互联网中新媒介、新新媒介不断涌现、更替，媒介技术之于人类的决定作用似乎不言自明。然而，另一种看法则认为人类有能力控制和理性选择媒介。尤其是媒介进化理论对人类在媒介进化过程中主体性和能动作用的强调则促使人类不得不反思这种不言自明的作用，进一步思考人类自身与媒介的关系。纵观整个媒介进化理论谱系，其贡献主要体现在三个层面上的拓展：其一，强化了动态的媒介整体观。莱文森高扬媒介环境学的大媒介整体观,用进化的眼光将人类文明进程中出现的媒介珠串起来,而不是孤立地打量某一种或某一类媒介,强化了动态的媒介整体观。其二,构建了人性化的媒介进化观。莱文森强化媒介环境学"以人为中心"的立场,将媒介进化放到人类需求的视角进行考量,把人类需求变化与媒介进化结合起来,思考媒介何以出现、如何进化,凸显出人类的能动性,确立了人性化的媒介进化研究视角。其三,提出了软媒介技术决定论。软媒介技术决定论认为媒介技术只能为媒介进化提供某种可能,人类的理性选择才是媒介进化的决定因素,从而能有效地克服技术悲观主义。

一、强化了动态的媒介整体观

众所周知,媒介研究的出现是为了纠正传播学界专注于媒介内容与传播效果的研究、长期忽视媒介对人类社会过程存在影响的局面。它把"媒介与人类之间的互动方式给文化赋予特性"❶作为问题的焦点,希求揭示媒介与人类社会之间的互动关系。芝加哥学派开始关注媒介技术对人类文明进程的影响,伊尼斯、麦克卢汉鼓倡和推进了这个研究视角的发展,最终使其成为与经验学派、批判学派相抗衡的研究领域,聚合成媒介环境学派。莱文森是当前媒介环境学派多产、最具媒介实践精神的学者。他在媒介进化理论中采用动态的通史式的宏观方法进行"媒介与人类之间关系"的整体研究。这种动态的媒介整体观集中体现在以下"两个强化"上,对媒介环境学通史式的、生态学视阈的研究方法起到了进一步稳固和继续发扬的作用。

(一)强化通史式的媒介宏观研究

莱文森在媒介进化理论的建构和阐释过程中,始终将目光放到整个媒介进化历史,强化通史式的媒介宏观研究路径。考察媒介史,几乎每一代每一位媒介环境学学者都会做这项工作。但有所不同的是,他们中的绝大多数做媒介断代史研究,倾心于某一种或某一类媒介对人类行为和社会变革带来的重大影响。例如:沃尔特·翁倾心于口语媒介的系统分析(*Orality and Literacy: The Technologizing of the Word*, 1982),伊尼斯注重文字印刷媒介的考察,麦克卢汉将研究视角集中投放在广播和电视等电子媒介上,波兹曼

---

❶ 尼尔·波斯曼.媒介环境学的人文关怀[M]//林文刚.媒介环境学:思想沿革与多维视野.何道宽,译.北京:北京大学出版社,2007:44.

着重关心电视媒介带给社会和人类的负面影响,埃里尔·哈弗洛克研究口语—文字媒介(*Preface to Plato*,1963;*The Literate Revolution in Greece and Its Cultural Consepuences*,1982),爱森斯坦研究印刷媒介(*The Printing Press as an Agent of Change: Communication and Cultural Transformation in Early Modern Europe*,1979;*The Printing Revolution in Early Modern Europe*,1983),詹姆斯·凯瑞重点研究电报媒介(*Communication as Culture: Essays on Media and Society*,1988)❶,梅罗维茨关心印刷媒介和电子媒介给人类行为造成的影响,等等,不一而足。这种断代史式的媒介研究,对某种或某类媒介给人类带的影响举证丰富、分析精辟,为莱文森做通史式的媒介研究提供了重要素材和理论根源。

毋庸讳言,这些学者在偏重媒介断代史媒介研究的过程中也会附带对其他众多媒介作用的分析。伊尼斯就是这样。他在研究文字印刷媒介的同时,也指出了其他古代媒介之于人类行为的巨大影响。他考察了从泥版、莎草纸、圣书文字直到台式收音机、广播、电视等数十种媒介对文化的控制,认为媒介的时间和空间偏向性是评估媒介与文化关系的重要尺度,给当代世界的文化批评和技术批评提供了启示。❷伊尼斯借助芒福德的《技艺与文明》等文献,对指南针、望远镜、数学和透视法等媒介带给人类文明进程的重大影响做出补充论述,对尚处在滥觞期的电子媒介如广播和电视也给予很多关注。从这个意义上说,伊尼斯最先开创了媒介通史式研究的先河,是媒介进化史的"制图师"。

切特罗姆在《传播媒介与美国人的思想:从莫尔斯到麦克卢汉》一书中考察了美国历史上三种重要的传播媒介电报、电影和无线电广播的形成与制度发展,同时分类出三种考察传播思想的传统,即探索现代媒介整体性质的芝加哥学派,效果研究方法的经验主义范式,考察媒介对社会和心理组织影响的历史取向的伊尼斯、麦克卢汉传统。他认为伊尼斯和麦克卢汉的研究是一种超历史学、神话学的范式,"思考揭示出媒介的重要特征:它隐藏在历

---

❶ 沃尔特·翁.《口语文化与书面文化:词语的技术化》.何道宽译.北京大学出版社,2008);埃里克·哈弗洛克《柏拉图导论》《古希腊的书写革命及其文化成果》;伊丽莎白·爱森斯坦《作为变革动因的印刷机:早期近代欧洲的传播与文化变革》(何道宽译.北京大学出版社,2010)、《早期现代欧洲的印刷革命》;詹姆斯·凯瑞《作为文化的传播:"媒介与社会"论文集》(丁未译,华夏出版社,2005)。

❷ 保罗·海耶尔.哈罗德·伊尼斯的媒介环境学遗产[M]//林文刚.媒介环境学:思想沿革与多维视野.何道宽,译.北京:北京大学出版社,2007:107.

史进程、社会组织和人们感觉意识的变化后面的重要动力"❶。究其实质，伊尼斯、麦克卢汉超历史学、神话学的范式就是媒介断代史研究范式。切特罗姆继续指出了他们对媒介通史式研究的启发式作用。他说，尽管伊尼斯关于传播的论述整个看来是不完整的、重复的，完全没有结束的，并不是一种确定的学说体系，但是它表现出一种理解文明发展和衰落的总括的、有启发性的、超历史的努力，建构了从公元前4000年到20世纪中叶的传播历史。

莱文森借鉴、吸收伊尼斯、麦克卢汉等断代史式媒介史研究方法，大胆运用他们提供的素材和理论思考，采用通史式的眼光对人类媒介作整体性打量。他的每一本著作几乎都有对人类媒介进化史的考察。可以说，莱文森推进了媒介环境学派媒介史的研究，强化了媒介通史式的宏观研究视角；媒介进化理论正是在通史式媒介考察的基础上提出来的考察人类与媒介关系的重要理论。

《人类历程回放：一个媒介进化理论》《软边缘：信息革命的历史与未来》和《新新媒介》是莱文森对媒介进化作通史式整体观照的三份重要文献。

《人类历程回放：一个媒介进化理论》是莱文森最早对媒介史进行整体勾勒和宏观观照的文献。这部文献在分析人性化趋势的媒介进化理论之后，运用整体观照的研究方法印证媒介进化过程中的人性化倾向。莱文森具体分析了从人类远古的口语、象形文字和语音书写一直到电视产生之前的媒介达十类。这十类媒介是：（1）象形文字和拼音书写：原始表征；（2）印刷术：转折点；（3）电报和照相术：两个伟大的分支——电报：再现前技术过程，照相术：再现前技术内容；（4）移动摄影：超越剧场的景观；（5）留声机："抓拍"活生生的声音；（6）"对讲机"：视与听的再聚合；（7）色彩：不是生活却胜似生活；（8）电子与摄像术的结合：过程与内容的重新结合；（9）电话和收音机：交互行为与通道；（10）电视先驱：有"生命"的电影银幕、家庭VD唱片、全息图和光电纤维。❷通过对这些媒介进化历程的回顾和分析，莱文森初次以发展的动态观整体勾勒了一幅人性化趋势的媒介进化地图。《软边缘：信息革命的历史与未来》是莱文森精心描绘的一部媒介进化史，纵论古今媒介。从口语开始，他比较了拼音文字与象形文字的区别，然后逐一论述机器印刷术、摄影术、电报、电话、电灯光、广播、电影、电视一直到互联网和赛博空间中的第一代新媒介，预测了文字

---

❶ 丹尼尔·杰·切特罗姆. 传播媒介与美国人的思想：从莫尔斯到麦克卢汉[M]. 曹静生，黄艾禾，译. 北京：中国广播电视出版社，1991：158.

❷ Levinson, Paul. Human Replay: A Theory of the Evolution of Media [M]. New York: New York University. Ph. D., 1979：170–224.

处理、超文本和互联网的未来发展态势；清晰描绘了媒介进化规律，即人性化趋势、补救性媒介等。可以说，《软边缘：信息革命的历史与未来》是尽显莱文森媒介进化理论内涵的舞台。《新新媒介》是一部媒介断代史，莱文森运用进化理论论述互联网时代数字媒介的专著，可以将其看成《软边缘：信息革命的历史与未来》的续本。该书论述了互联网中新近出现的九种第二代新媒介，他命名为"新新媒介"。不过，《软边缘：信息革命的历史与未来》在论述时偏重哲理，作理论上的阐释；而《新新媒介》偏重描述和实践，解说通俗。如果将《软边缘：信息革命的历史与未来》和《新新媒介》组合起来，莱文森就为我们描绘了一幅完美的媒介进化线路图。另外，《思想无羁：技术时代的认识论》《学习赛博空间：新型教育和媒介进化论文选》等著作也对媒介进化做了像其他环境学者那样的"断代史式"研究，主要对字母表、书籍和电脑等电子媒介做了哲学层面的思考，勾勒这些媒介与人类之间的互动关系。

莱文森采用通史式的媒介研究，有助于展示媒介进化理论的科学性和全面性，纠正"断代史式"研究的以偏概全，更为精准地揭示了媒介与人类之间的互动关系。诚然，它研究的也不是所有媒介，只是那些对人类行为和社会变化产生重大影响的、具有决定性意义的媒介；但是这足以彰显出媒介与人类互动关系的实质。虽然它在理论论述过程中可能会不时呈现出不够精细而流于空泛的问题，但是，它却进一步开阔了媒介环境学学者的研究视野，为媒介研究提供了更为宏阔的研究路径。因此，如果说伊尼斯是媒介通史式研究的开创者，那么莱文森就是运用通史式媒介研究的最出色承继者。

（二）强化了动态的媒介进化观

通史式的媒介研究不但对媒介进化作整体考量，而且重在发掘媒介之间的有机联系，它以一种动态的、不断朝前的而不是孤立、静止的视野进行研究。也就是说，莱文森的媒介整体观是一种动态的而非静态的进化观，重在找出媒介与媒介之间相互转化的规律，并运用进化论的逻辑将这种转化规律描述出来，揭示媒介进化与人类社会变动之间的互动关系。

如前文所论述，在阐释补救性媒介理论时，莱文森最喜欢运用窗户和窗帘这两种媒介的互动互补关系做例子。他认为，窗帘的出现是窗户进化过程中自身补救的结果，而窗帘的不断翻新也推进窗户结构，尤其是在外观和形状方面的不断改良。窗户和窗帘两种媒介的不断进化过程说明媒介与媒介间是互相联系、互相促进、互为补充,共同朝向有利于人类生存和发展的方向进化的。

乔尔·莫克尔认为:任何进化系统都有连接现在与过去的某些动态特性。一个不可避免的事实是,正如现在的特性大部分是从过去继承而来的一样,过去则以某种方式约束着现在。任何变量的变化基本上都是"局部的",也就是说,它不可能从一个时期到另一个时期进行很大的变化。❶显然,莫克尔阐释的这种"非突现"式稳步推进的进化观与媒介进化理论的核心相一致。莱文森明确指出媒介与媒介之间的进化关系是:一种新媒介的出现会造成对旧媒介生存的冲击,但绝不意味着对它的完全否定、抛弃;恰恰相反,它会对旧媒介进行吸纳、借鉴和扬弃,特别是在功能上实现互补。即媒介进化史绝不是单个媒介的拼凑、堆砌过程,而是这些媒介相互关联、共同演进的进化过程。"媒介之媒介"说、"新新媒介"说等观点就是展示这种动态的媒介之间进化观的具体理论。如根据莱文森的界定,媒介之媒介是将以往的旧媒介完全纳入自己麾下的新媒介。任何一种媒介都可以看成"媒介之媒介",在数字化时代,人们感受最充分、最能领会要旨的媒介之媒介主要有两种,即互联网和手机。互联网不仅传递广播、电视、书籍等之前所有媒介的内容,所有媒介也成了因特网上的内容,特别是使用因特网的人也成了内容;而手机却成为互联网的主导者,互联网反倒变成了手机的副手。平板电脑、读书器等一切媒介和互联网上的新媒介的会话,照相,收发短信、图像、文本、上网等功能都为手机所拥有;而且手机使互联网及其所包含的一切媒介都移动起来。从中可见,互联网和手机也很好地展示了媒介之间相互包含、吸纳的动态进化关系。

莱文森善于观照媒介与媒介之间的联系。媒介之间的进化关系是真真切切存在的,只是长期被我们所忽略。他强调人类与媒介、媒介与媒介进化之间的互动关系,为媒介研究提供了动态的整体性思维。日本传播学家水越伸指出:"无论身处哪个时代,我们都无法纯粹地脱离历史背景去体味新媒介的'新'气味。我们在认识一个新出现的媒介形式时,总是把它与旧有的、既存媒介的形态组合为一个韦恩图,从重叠的部分中借用对旧媒介的已有认知来定义新媒介,并从未重叠领域中捕捉到'新'的气味。"❷这恰恰是莱文森的媒介进化理论涵盖的主旨,更是它的意义所在。

诚然,莱文森强调的动态媒介整体观,与媒介环境学将"媒介视为环

---

❶ 乔尔·莫克尔. 技术变化中的进化现象[M]//约翰·齐曼. 技术创新进化论. 孙喜杰,等译.上海:上海科技教育出版社,2002:59.

❷ 水越伸.数字媒介社会[M].冉华,于小川,译.武汉:武汉大学出版社,2009:21.

境"或者说将"环境视为媒介"的立场是吻合的,都要求以一种有机的媒介发展观看待媒介与人类互动关系,展开媒介研究。而且,从某种意义上说,动态媒介整体观就是媒介环境学派"媒介生态学"立场的坚持和强化,为采用人性化的媒介进化观考量媒介进化史提供了认识论基础。

概言之,莱文森把媒介进化放到动态的视阈里进行考察,更能发现媒介与媒介之间吸收、转化、前后承继的关系。从某种意义上说,动态观的强化有助于整体媒介进化观点的确立,将真正实现从媒介内容和效果的研究转向更为深入的媒介研究。动态的媒介整体观突破了断代史式的媒介研究,很好地发掘出新旧媒介之间的动态关系,为媒介环境学的媒介研究提供了一种更为宏阔的研究视野。

二、构建了人性化的媒介进化观

人性化的媒介进化观是媒介进化理论区别于其他媒介环境学理论最突出的理论特征之一。人性化立场是从人,或者说人性显现的角度审视媒介进化过程,把人类的生理特性和媒介进化的变化特征有机地联系起来考察。莱文森说:"在有机体的铸造作坊里,进行着漫长的自然选择,产生了合乎人性的感知方式。这些感知方式效率很高——因此,对信息传播效率的追求,无论它叠压在商业、艺术、科学的动机之下也好,抑或它没有附加的动机也好,都非常合乎逻辑地(尽管可能是无意识地)走向了合乎人性的动机。知识追求得到的回报,是可以用日益逼真和完美的方式表达的、可以传播的现实的图像。"❶人性显现被放入媒介进化与人类之间关系的研究。因此,人性化成为莱文森批判媒介技术决定论的有力武器,坚持媒介沿着人性化的路径不断进化,人性化是媒介进化的内在本质。

在媒介进化理论谱系中,人的主体地位和主观能动性被推到了媒介进化的前台。说到底,人性化的媒介进化观是对媒介环境学人文关怀立场的继承和发展。莱文森强化从人性化角度考察媒介进化,不仅用"人"这根红线深描了媒介进化规律,凸现"媒介是人思想的物质显现"的本质;也揭示了媒介进化的内在本质,媒介进化是在人类理性选择作用下的不断推进,媒介进化最终目的是要使人的欲望和需求得到满足和实现。他说:"媒介的进化,

---

❶ 保罗·莱文森. 思想无羁:技术时代的认识论[M]. 何道宽,译. 南京:南京大学出版社,2003:177-178.

是由人指引的媒介的进化，是增加我们交流选项的进化。发明文字以后，我们就可以选择是否把思想说出来，就可以把我们的思想交付给或远或近的地方，或远或近的将来，或用雕刻或用符号把思想记录下来。印刷机使人有两种选择，一是让文字多多少少成为个人的隐私，一是使之成为大宗产品。小说家可以选择把故事写成小说出版，也可以把它写成剧本拍成电影或电视剧。"❶

从上一段引文中，我们还可以看出，媒介的进化不仅是在人类理性牵引下进化，而且每增加一种媒介，人类交流的方式就增加一种或几种。然而，莱文森又认为媒介发明和传播过程也就是人类选择数量不断增长的过程。不过，选择数量的增长同时增加了我们的负担。例如，手机这个可以随身携带的媒介工具不仅增强了传播的机会，也冒出了新的问题：如何传播和传播什么的问题。这些新问题实质是媒介进化过程中的非人性化问题。也就是说，伴随媒介进化的人性化趋势，媒介的非人性化也不断出现。虽然媒介通过人类的理性不断修正、消除，朝向人性化。但是，非人性化问题仍然不断出现。非人性化、人性化的内涵都是不断发展的，在不同的时代会增加不同的内容；两者在一种"出现—消除—再出现—再消除"的螺旋式循环抗争状态下此消彼长。在莱文森看来，这可能是促使人类理性对媒介做出选择，促使媒介不断进化的最根本动因。

从某种意义上说，媒介进化三阶段理论、媒介进化人性化趋势理论和补救性媒介理论都是从人性化的角度考察媒介技术的进化规律。媒介进化三阶段理论是就单种媒介的人性化进化规律做出的形而上理论探讨，认为任何媒介都有可能沿着"玩具""镜子""艺术"的路径进化。这三个阶段是不断朝向人性化进化的。众所周知，玩具是儿童的乐园，也是媒介初显阶段的特性，儿童是人性化的原生态时期，内容简单。镜子是反映客观现实的工具，媒介真实刻板的再现虽然是人性的需求，但是人类更希望含蓄、委婉、艺术化，这必然要促使媒介进化继续推进。艺术性表现是人类较高的追求，发展到艺术地表现现实才是媒介人性化的最佳呈现。媒介人性化趋势理论和补救性媒介理论采用回头看的后视镜原理通观所有媒介的进化轨迹后，是莱文森从人性化角度对媒介与媒介之间的进化规律做出的整体性把握。前者着重刻画媒介之间进化过程中媒介与人的关系，人和人性是串联媒介间相互进化的

---

❶ 保罗·莱文森. 始终接触的危险：手机的阴暗面[M]//保罗·莱文森. 莱文森精粹. 何道宽，编译. 北京：中国人民大学出版社，2007：282.

主轴线；而后者则着眼于媒介之间相互作用的关系，人和人性是考察媒介补救关系的重要参量。可以说，人性化趋势理论是探讨媒介技术和人类之间内在关系的理论，而补救性媒介理论探讨的是媒介与人类之间关系的外在表现形态。后者是对前者的理论完善和补充，是媒介人性化趋势的另一种表现形式。

从前文论述可知，莱文森媒介进化观为我们提供了两个层面的人性化考察角度，即理性选择的作用、媒介进化吻合人类生理特性。

（一）人理性选择的作用

突出人对媒介的理性选择是莱文森媒介进化理论的重要特征，树起了"以人为中心"的媒介研究的标杆，将媒介研究引向人本主义方向。媒介环境学把媒介看成一种环境系统，强调人是这个环境系统中的重要因素；莱文森则将人看成媒介进化的环境，媒介进化就是在人类的选择作用下进行进化，提出了"媒介适人择，适人需者存"的媒介进化原则。这充分说明他看到媒介进化中人类理性的决定作用，进一步突出人之于媒介进化的决定性意义和人类在媒介进化中的主体地位与能动作用。因此，莱文森强调人类理性控制着媒介进化的方向。不过，他认为在选择媒介的过程中，人类不是盲目和非理性的，而是有一定的标准。这种标准就是按照人类自身需求进行的。媒介必将沿着满足人类需求的目的性轨道进化；而不符合人类目的性的媒介就必将被搁置。

胡翼青说："传播学的理论创新应当建立在对变化了的'人'的科学探究的基础上，而不是建立在变化了的媒介上，要解决问题还是要更多地关注人。"❶诚然，媒介环境学的主将们或多或少像莱文森这样关注过人的主体地位和能动性问题。伊尼斯在媒介理论中对人类的能动性缺乏信心；认为不同的媒介在时间与空间上存在不同的偏向，而不同的偏向则是文明兴衰的主要动力。例如，他说希腊文化最初表现为口语传统，"莎草纸的推广和在拼音字母基础上的书面语先是给希腊文化带来深远的均衡，在悲剧和柏拉图的著作中达到顶峰。然而到了最后，书面语加大了各城市共和国城邦之间的隔阂，使口语传统的哲学传统僵化，终于促使希腊文化崩溃"❷。在麦克卢汉看

---

❶ 胡翼青. 传播学：学科危机与范式革命[M]. 北京：首都师范大学出版社，2004：209，45.

❷ 丹尼尔·杰·切特罗姆. 传播媒介与美国人的思想[M]. 曹静生，董艾禾，译. 北京：中国广播电视出版社，1991：169.

来，每一种新媒介都组成了人的感知系统，重组了人的心灵。他虽提出过人创造了技术，但是重点放在技术创造了人的立场上，最终没有对媒介进化中人的主动性做出更多的关注。这成为麦克卢汉一直被人诟病为媒介决定论者的原因之一。波兹曼从技术决定论的角度审视媒介对人类的影响，看不到人在媒介发展过程中能掌控它们，使其为自己的生活和需要服务的能动性；而是发出"娱乐至死"的悲叹，沮丧地认为技术独特地控制了我们的世界和生活，媒介环境改变人类的思考方式和社会行为模式。梅罗维茨在媒介情景理论中虽然想摆脱媒介决定论的影响，设法将麦克卢汉的媒介理论和戈夫曼的社会拟剧理论结合起来说明媒介与社会场景及人类行为的关系，但是他推导出了新媒介创造新的社会场景，新场景导致人类新社会行为，没有突出媒介进化中人类的理性作用以及人类对于媒介影响的选择性，因而最终没有跳出媒介决定论的窠臼。

总之，较之伊尼斯、麦克卢汉和梅罗维茨等学者的媒介观，媒介进化理论突出人类之于媒介进化的理性选择，认为媒介进化是人类理性选择的结果，不遗余力地展示人类在媒介进化过程中的主动性和能动作用，充分展示了媒介进化是"人类理性选择的结果"的内涵。就是说，它抓住了人类是媒介进化的真正动力的这个本质。可见，李明伟认为莱文森用抽象的理性来统领媒介发展的大局和方向，是对麦克卢汉媒介定律的"一个失败的修正"❶。这个结论下得太过潦草，显然忘却了媒介进化理论的核心密码：技术是人类自身的理性显现。

（二）吻合人类生理特性

媒介进化理论认为，"演化过程中的媒介选择，越来越支持'前技术'的人类传播模式，形式上和功能上都是如此"❷。支持前技术时代的人类传播模式其实质就是那种没有借助传播媒介的人类面对面的直接交流信息的模式。这种模式以人类自身的生理特性为交流基础，必须满足和适应人类当时的生理感官的特性，保证信息交流过程中的感官愉悦。

特别是人性化趋势理论展示了媒介进化必须适合人类交流和信息传播的生理特性，为媒介研究提供了标尺。从一定意义上说，媒介在进化过程中必须以恢复人类生理功能的平衡为归旨。莱文森不仅从人类在媒介技术进化

---

❶ 李明伟. 知媒者生存：媒介环境学纵论[M]. 北京：北京大学出版社，2010：177.

❷ 保罗·莱文森. 数字麦克卢汉：信息化新纪元指南[M]. 何道宽，译. 北京：社会科学文献出版社，2001：56.

中主体地位的角度切入，也为研究媒介进化路径提供了考察向度，即媒介进化必须符合人类自身的生理特征。正如第四章、第五章所论述，人性化趋势和媒介补救性原则都是要恢复技术进化在得失皆有时期人类交流中失去的在视听等生理感官方面的功能平衡。他善于用平实的媒介事例说明这些原理。

媒介进化须适合人类生理特征的需求刨根究底是麦克卢汉媒介延伸论、感官平衡论的理论扩展。麦克卢汉的媒介延伸论是将媒介看成人身体的延伸，媒介是人类为解决自身生理局限的需要；而莱文森却从媒介满足人类生理需求的角度切入，展示出媒介进化自觉满足人性要求的规律。这种研究视角具有一定的科学预见性。1979年，他在毕业论文中曾预见到了手机符合人类传播生理特性需求的出现。他说：

> 便携式无绳媒介的进化将继续推进，任何人都可以通过它随时获取到任何地方的信息。无论室内还是户外的信息，而且哪怕是地球外的太阳系甚至在整个广邈宇宙中的信息也一样能够轻松获取到。在汽车里安装收音机、在飞机里欣赏电影和电视，这些"无系统化"系统才刚刚起步。最终它能使地球上的每个人机会均等地无限制获得信息，在无间的真实环境里享用信息。❶

值得注意的是，莱文森所指的人性化和适合人类生理需求特性绝非类人化。媒介的类人化发展不适合媒介进化理论。机器人等媒介不可能发展成与人类一样具有生命和情感的有机体，它永远只是在人类理性操控下不断进化、辅助人类完成和实现交换和欲望的人类发明的媒介。不过，整个媒介进化趋势则呈现出越来越符合人类传受信息的生理特性和现实需求。

从这个意义上，胡翼青肯定了媒介进化理论在媒介环境学理论谱系里的革命性地位，认为"莱文森领导技术主义范式完成了范式转向"❷。所谓范式转换正是指莱文森把"人"和"人性"作为媒介进化环境和主推力的人本主义研究范式的转换。这种评价是恰切的、一点也不为过。

---

❶ Levinson, Paul. Human Replay: A Theory of the Evolution of Media [M]. New York: New York University. Ph. D., 1979: 275–276.

❷ 胡翼青. 传播学：学科危机与范式革命[M]. 北京：首都师范大学出版社，2004：209.

三、确立了软媒介决定论

软媒介决定论与硬媒介决定论是莱文森制造出来的术语，以有别于麦克卢汉的技术决定论。在他看来，软媒介决定论是一种系统论。在这个系统中，技术只为事物发展提供可能而不提供不可避免的绝对结果，当然没有技术就不可能发生相应的结果；人类的理性选择是媒介技术发展和存活的最终决定因素。它和其他因素共同发挥作用。

加拿大传播学者玛丽·崴庞德（Mary Vipond）曾区分出四种媒介立场：技术决定主义和非技术决定主义、技术乐观主义和技术悲观主义。她认为，技术决定主义者基本上将技术视为一种独立的不带感情色彩的力量，它极难或者完全不能被社会所控制；这种力量一旦释放出来，便将塑造经济、文化甚至人性。非技术决定主义者认为技术是极有力量的；同时又认为人类更有力量，能够选择使用或者不使用某种技术发明，并按照自己的心愿决定技术的用途。前者认为技术的内在特征（特别是技术对生产力和效率的推动）决定了它会不断改良，也决定了人类会产生使用它的需求；而后者认为新技术的利用依赖于社会主要经济群体所做的决定，技术发明一般支持现状，而不是挑战现状。同时，她指出：技术乐观主义认为，技术是进步的引擎，没有机器，没有理性的技巧，没有围绕机器发展出来的程序，人类可能还生活在初级生产阶段的艰难时世；技术基本上是解放性的力量，能扩展人类的生存能力和其他潜力。技术悲观主义则认为，技术一直是消灭所有人类社会中最重要的事物的工具，它使人类隔绝、疏离、同质化、非人化和被消灭。❶ M.L.德弗勒、E.D.丹尼斯认为："任何新生事物都会引起恐惧。……像许多其他社会变革一样，大众传播的发展引起了广泛的忧虑。"❷早在中国秦汉时期就有关于媒介危言的论说。《淮南子·本经训》："昔者仓颉作书，而天雨粟，鬼夜哭。"这句话虽然反映出对我国先民伟大的创造才能的膜拜，但也明显流露出对文字出现的惶恐心理，含有悲观主义的情绪。

可以说，在媒介环境学派中，绝大多数成员是技术决定主义者，并且流露出悲观主义的情绪。在他们眼中，技术进步是人类无法控制的独立力量，

---

❶ 玛丽·崴庞德. 传媒的历史与分析——大众媒介在加拿大[M]. 郭镇之，译. 北京：北京广播学院出版社，2003：135-137.

❷ 德弗勒，丹尼斯. 大众传播通论[M]. 颜建军，译. 北京：华夏出版社，1989：287.

一直是影响人类历史进程的首要因素。伊尼斯、麦克卢汉、波兹曼、梅罗维茨等都存在硬媒介决定论的倾向。例如，在《理解传媒：论人的延伸》中有一章的标题是"小玩意热爱者"，麦克卢汉把技术决定论推向极致。按照他的说法，人类变得跟"机器世界的性器官"毫无二致；我们的作用不过是制造越来越精密复杂的工具，像蜜蜂为植物授粉一样给机器"授粉"，直至机器发展出自我繁殖的能力。到了那个时候，我们就变得可有可无了。❶然而，莱文森却提出软媒介决定论。用崴庞德的分类来看，软媒介决定论属于非技术决定主义，带有极强的技术乐观主义倾向。因为它承认媒介在人类行为和社会发展过程中发挥着重要作用的同时，强调媒介只能提供某种可能性；人类的理性选择才具有决定性意义，人类的理性选择和主体性地位才真正是决定媒介对人类和社会发挥影响的关键因素。

诚然，在媒介环境学之外，很大部分媒介理论批评家也认为媒介不断进化使得真实世界对于人类的现实意义大大降低，人类更加依赖由媒介建构的虚拟空间，而且媒介进化会导致人类理性退化、人类异化。在20世纪关于"电视人""容器人""土豆沙发"等诸观点不绝于耳，过度夸大媒介之于人类行为的负面影响。莱文森则不同。他认为真实空间和虚拟空间共同构成人的生存空间。但无论虚拟空间怎么发展，真实世界对人类和社会的重要作用永远无法改变。如赛博空间刚出现时社会中忧心忡忡，甚至责骂它是"原有信息风格和价值的堕落"❷，莱文森则认为"赛博空间完全取代真实空间的情况绝不会发生，因为在真实世界中触摸、感知和移动是我们生活中固有的必不可少的需求"❸。这种判断是千真万确的。它吻合人类自身发展特性和媒介进化规律的本质，因为媒介始终只是人类用来辅助自身在真实空间顺利完成信息交流活动的手段；其建构出的空间也只是人类得以生存和繁衍的第一空间即真实空间的延伸，它最终要以真实空间作为存在的基础。因此，莱文森的媒介进化理论不仅完成了对以往理论的改良，从本质上说，也实现了软媒介决定论的转轨。从理论建构和开拓性层面看，软媒介决定论是他确立媒介进化理论的真正基座。没有强调人能动作用的软媒介决定论观，媒介进化

---

❶ 尼古拉斯·卡尔. 浅薄：互联网如何毒化了我们的犬脑[M]. 刘纯毅，译. 北京：中信出版社，2010：49.

❷ 保罗·莱文森. 软边缘：信息革命的历史与未来[M]. 熊澄宇，等译. 北京：清华大学出版社，2002：23.

❸ 保罗·莱文森. 真实空间：飞天梦解析[M]. 何道宽，译. 北京：中国人民大学出版社，2006：前言.

理论的层层推理就不能继续下去。正如何道宽所评价：莱文森在媒介进化理论的建构过程中，用"人性化趋势"和"补救性媒介理论"作为武器，同时开辟了两个主战场，即用乐观主义反对技术悲观主义的战场和用软媒介决定论反对硬媒介决定论的战场。❶

总之，分析了媒介进化理论的三大独创性和理论意义之后，还需强调一点：较之其他媒介环境学理论，媒介进化理论不单是纯粹地在媒介技术与社会环境和人类行为变化之间做出因果推论，他在承认这个推论的同时也从人性的角度进一步强调媒介进化以及所产生的后果不是由其自身决定的，而是源于人类的需求和各种社会力量合力作用。这就有力地纠正了经验学派和批判学派对媒介与人类之间关系的短视。

第二节　媒介进化理论的局限性

任何理论都绝非一个无懈可击的体系。它总会遗漏或忽视某些方面，存在这样或那样的局限性。莱文森的媒介进化理论也是如此。它虽然为媒介研究提供了从人的主体性方面关注媒介进化、媒介与人类社会的关系的视角，较科学地揭示了这种关系，具有创造性意义和认识论上的价值，但是，也存在一定的局限性。其局限性集中体现在一个"不彻底性"上，即坚持以人为中心的媒介立场不彻底。另外，直觉直观的研究方法也使得媒介进化理论在某些结论上表现出主观臆断性，甚至前后自相矛盾。

一、坚持以人为中心的媒介立场不彻底

莱文森坚持以人为中心的媒介立场并不彻底。这种不彻底性具体体现在两个层面上：其一，设定了媒介技术和人两个中心；其二，理论建构过程中不能完全摆脱硬技术决定论的影响。

（一）媒介进化理论最终呈现出"人"和"媒介技术"两个中心

莱文森的媒介进化理论虽然强调人在媒介进化过程中理性选择的作用，但是媒介技术本身的作用在莱文森看来也是十分强大的，甚至出现与自己主

---

❶　何道宽. 媒介环境学辨析［J］. 国际新闻界，2007（1）.

张"媒介是人的思想的物质显现"的观点自相矛盾,表现出将媒介技术与人并置为媒介进化"两个中心"的倾向。尤其是在论述媒介进化理论的过程中,虽然强调人的能动作用和主体性,但是他却过分强调"媒介—人"之间的关系,表现出其他媒介环境学者那种坚持媒介是影响人类社会行为的首要甚至是唯一的决定因素的观点倾向。这就造成了与倡导的媒介人本主义立场相矛盾,摇摆在"人""媒介"两个中心之间。如他说:心态及其隐形的态度,无论其来源如何,对任何事情的成功都至关重要。没有技术做伴,思想就没有多大出息;同样,没有思想支撑,技术也不能展翅飞翔。❶这正是媒介环境学存在的顾此失彼的通病。张咏华指出:"偶尔几句论及包括经济活动等在内的社会环境对传播的影响的话语淹没在连篇累牍的关于媒介技术的影响与作用的论述中,显见其受重视程度不够。"❷莱文森媒介进化理论显然也存在这个毛病。

莱文森借用达尔文的进化论观点"物竞天择,适者生存",用于比喻媒介与人的关系:媒介竞人择,适应人类需要者存。他将人看成媒介存活和进化的环境。在《手机:挡不住的呼唤》中,他指出:"我们就是媒介种类的环境,媒介的进化不是自然选择,而是我们人的选择——也可以说是人类的自然选择。适者生存的媒介就是适合人类需要的媒介。"❸这句话显然是强调人类理性在媒介进化过程中所起的决定作用。

但是,莱文森一方面强调媒介进化是人类理性选择的决定性作用;另一面却认为"意外的后果"是媒介进化过程中经常出现的现象,媒介进化常常出乎人类的理性控制。要特别指出的是:"意外的后果"只是针对单个发明者的意图来说的,它并不能代表绝大多数人的意图。从某种意义上来说,发明者意图的"意外"却正是人类意图的"非意外"。因为当某一种发明者的意外媒介发明后,会迅速激起人类新的需求形成,而它最终在多方全力的影响下满足这种新的需求。因此,意外的出现还是符合媒介人性化趋势的,是人类理性的选择。下面是他的四段论述:

发明的意图和对它终极的应用之间有一定的距离,这是技术史令人着迷

---

❶ 保罗·莱文森. 真实空间:飞天梦解析[M]. 何道宽,译. 北京:中国人民大学出版社,2006:48.
❷ 张咏华. 媒介分析:传播技术神话的解读[M]. 上海:复旦大学出版社,2002:80.
❸ 保罗·莱文森. 手机:挡不住的呼唤[M]. 何道宽,译. 北京:中国人民大学出版社,2004:12.

的惯例但不是例外。在有些情况下,甚至在许多情况下,发明者解决一个特定问题而发明一个装置所产生的技术,可能会大大超过预期的应用范围,产生大大超过预期的影响。❶

在进化的过程中,不存在稳操的胜券,也没有安全的保障,无论自然进化还是技术进化都有胜算。❷

犯错技术包括核武器如果没有失去人的控制,都不会成为一坏百坏的技术;同理,任何技术都不会成为一好百好的技术。无论是好是坏,人的指引对一切技术都具有决定性的作用。❸

人类所有的技术开始于人脑——不仅因为大脑发明技术和引导其用途,而且因为生物大脑是所有技术媒介的一个模板或模式。人脑的运作方式和最突出的特点是,它有如是一个体积小巧而强大的融合机器。……说人脑强大而且有如一个融合机器是因为这个仅一公斤左右的物质却支配着我们所有的感觉:看、听、嗅觉、味觉、触觉、梦想、计划、回忆;也就是说,我们所有传播过程都由我们人脑这个轻便的指挥中心处理。因此,正如我们创造的传播技术是完全自然化的,我们发明的机器,就像我们的人脑一样,集成了许多处理过程。手机是当前这种机器的典范,也是有史以来最好的例子。❹

显然,第一段、第二段论述将媒介进化过程中的某些现象推出了人类的理性控制范畴,认定它们具有一定的自律性;特别是第二段话明显表现出人类的理性对于媒介技术的进化并不能完全操控,暗示了媒介技术有自身的一套特殊媒介进化规律。但要明白:这种背离人性化的"意外的后果"只是人类理性的暂时失控,从媒介进化整个历史来看,它最终要回归到人性化的、人类理性控制的轨道上来。然而,莱文森突出"意外的后果",这表明他将暂时的现象看成了一个根本性的规律,把人类的理性选择和技术作用等同起

---

❶ 保罗·莱文森. 宇宙只会拯救自助者:技术实现的历史模式,如何在太空应用这些模式以实现人类的发展[M]//莱文森精粹. 何道宽,编译. 北京:中国人民大学出版社,2007:117.

❷ 保罗·莱文森. 手机:挡不住的呼唤[M]. 何道宽,译. 北京:中国人民大学出版社,2004:13.

❸ 保罗·莱文森. 代表人类:技术之刃[M]//莱文森精粹. 何道宽,编译. 北京:中国人民大学出版社,2007:130.

❹ Levinson, Paul. The Little Big Blender: How the Cellphone Integrates the Digital and the Physical Everywhere. Kavoori, Anandam& Arceneaux, Noah [M]. The Cell Phone Reader: Essays in Social Transformation. New York:Peter Lang Publishing, Inc., 2006.

来。第三段论述则以"如果"的假设方式界定人类是媒介技术进化的决定力量，也以隐性的形式表明媒介技术也有不受人类理性支配的特例。而第四段论述则完全把人脑和我们发明的机器等同起来。因此，莱文森在对媒介技术和人类社会之间"谁决定谁"的问题上态度游移不定，流露出坚持"人"和"媒介"两个中心的立场。这不能不说是莱文森媒介进化理论的一个硬伤。

（二）没有彻底摆脱硬媒介决定论的影响

数字媒介日新月异，它给人类带来了巨大影响。莱文森不单看到了这一面，清楚新媒介以令人匪夷所思的速度出现，给社会和人类行为带来了变革性影响；他也强调数字新媒介涌现的动力主要来自人类社会需求的刺激。例如，莱文森像王宏一样，认为互联网的出现给人们生活方式带来巨大影响主要表现在三个方面：其一，工作和生活的界限已经不像过去那样分明；其二，互联网上提供给人们的资讯和娱乐比例大大提高；其三，使得人们的生活更为方便，通过互联网可以随时随地进行网上购物、预订车票等。❶

麦克卢汉并不是威廉姆斯眼中十足的媒介技术决定论者。在《媒介定律》里，他指出人类的意愿是改变事物情状的决定性关节，认为"只要你愿意去注意，就不存在不可避免的东西"❷。媒介进化理论的建构过程中，莱文森积极接纳麦克卢汉媒介思想中非技术决定论的思想，倡导人的主体地位和能动作用，"如果媒介发展拥有越来越多的人类功能，这些越来越接近这种模式的媒体自然就越容易抵抗新来者的竞争或承受这个竞争压力"❸。这句话表明，经过人类理性选择后的媒介越来越拥有人类的功能，越来越人性化，也就越来越具有竞争力和生命力。

突出人在媒介进化过程中的主动性和主体地位，是莱文森的媒介进化理论的落脚点。媒介在进化过程中所遵循的路线，是人类理性的选择。但是，莱文森对新媒介、新新媒介以及宇宙征服的过程中，过分强调人类的理性选择，表现出人类沙文主义、人类中心主义的情绪。这种情绪会导致媒介进化的人为操控失去理性而失控，最终得出莱文森式的"意外的后果"这种媒介

---

❶ 王宏.数字技术与新媒体传播［M］.北京：中国传媒大学出版社，2010：158-159.

❷ 詹姆斯·莫理逊.马歇尔·麦克卢汉：现代两面神［M］//林文刚.媒介环境学：思维沿革与多维视野.何道宽，译.北京：北京大学出版社，2007：147.

❸ 保罗·莱文森.软边缘：信息革命的历史与未来［M］.熊澄宇，等译.北京：清华大学出版社，2002：3.

不受人类理性控制的悖论。

因此，虽然莱文森提出人是媒介进化的决定力量而不是媒介自身的媒介进化观，但是在理论建构过程中，他最终没能跳出麦克卢汉的硬媒介决定论倾向的窠臼，常陷入"人"和"媒介"二律背反的矛盾之中。例如，论及何为媒介时，莱文森说："媒介是未经我们同意、处在我们知觉之外的操纵我们的东西。"❶而且在论及如何克服媒介的负面影响，如何减少或消除新媒介给我们带来的不适和问题时，他认为第三条途径就是技术自身的不断改进，而不是立法和惯习。❷这样的表述虽然在坚持人对媒介的理性选择，但是它将人类如何降低或消除媒介带来的负面影响的社会学、法学等学科里的有效手段排除在外，表现出一定的片面性。又如，他说："任何信息技术所产生的影响都是复杂的意料之外的结果，加上我们能够对信息技术所产生的影响进行评价和可能的调整——我们登上了一个有关信息技术发展历史和发展未来的旅程，一个信息技术的发展如何对我们的世界产生影响的旅程，一个信息技术的发展将如何影响未来世界的旅程。"❸这段话同样流露出了媒介技术决定论的倾向。

可见，莱文森的软技术决定论只是对硬技术决定论的不彻底改造，并非革命性的；技术中心主义的逻辑在莱文森这里仍有市场。胡翼青可谓一语中的，指出了他软媒介决定论的不彻底性。胡翼青说："软技术决定论的观点把人和人性放在一个相当重要的位置——甚至与技术同等重要，这是一种具有人本主义色彩的技术主义主张，标明了技术决定论向人本主义的转向。……但是根据技术主义的视角，该范式很难真正将人作为其研究核心。因为在硬技术决定论者看来，与技术相比，人只是技术应用的中介，人永远不是最需要关心的。即使是软技术决定论视野中的人与技术二元并陈的关系，归根到底也还是本末倒置的；这种研究视角'主张科技是个人发明的，有本身的逻辑……科技仍是造成传播效果的不可避免的重要原因，只不过传

---

❶ 保罗·莱文森. 数字麦克卢汉：信息化新纪元指南[M]. 何道宽，译. 北京：社会科学文献出版社，2001：286.

❷ Levinson, Paul. The Little Big Blender: How the Cellphone Integrates the Digital and the Physical Everywhere. Kavoori, Anandam & Arceneaux, Noah[M]// The Cell Phone Reader: Essays in Social Transformation. New York: Peter Lang Publishing, Inc., 2006.

❸ 保罗·莱文森. 软边缘：信息革命的历史与未来[M]. 北京：清华大学出版社，2002：10.

播效果的本质受各种社会力量所控制'。"❶

另外，由于对媒介技术发展的过度乐观，对人类理性选择的过分自信，莱文森忽略了媒介与人类文明之间的其他方面，有"顾此失彼"之嫌。如在《数字麦克卢汉：信息化新纪元指南》的结尾部分，他写道：

> 在新的数字地球村里，是没有野蛮人的。作为新时代的公民，我们享有前所未有的——虽然不是无限的——权力去阻止不符合我们利益的逆转。至少，我们有权力迟滞这种逆转前进的步伐，以保存和开发我们喜欢的媒介环境。……在我们的数字时代，媒介的活力正在转换成为人的活力，这种活力是人类业已得到增强和提升的控制能力。❷

以一种技术乐观主义的情绪给媒介进化的历程唱出了一首欢愉的赞歌。他虽然看到了人类在技术面前的主观能动性，而且在他的所有著作中经常强调人对技术与媒介的理性把握，但是，无论乐观主义抑或悲观主义的思想，如果一味地坚持一个方面而不能克服片面性，无疑会走向极端，要么盲目乐观，要么极度悲观。

正如有学者所强调的："面对着媒介技术革命对人类生活方式的或好或坏的影响，我们必须努力寻求一种代表了人类幸福方向的媒介化生存道路。无论后果如何，媒介生活的轨迹都将从人类现实的'此在世界'延伸到虚拟的'他者世界'。"❸只有坚持客观的立场，正确认识乐观主义和悲观主义，才能有助于我们更为全面地认识媒介的作用和影响，培育和提高我们的媒介意识，促进媒介更好地服务于人类，才能更好地促进媒介进化。

二、某些结论的主观臆断性

媒介环境学的传统研究方法就是运用直觉直观把握媒介进化对人类行为和社会变革的重要作用。范龙称这种研究方法为"媒介的直观"。这种研究方法不像经验学派那样要求严格的科学论证，一般只凭直觉和观测得出结论，带有学者研测的痕迹，具有较强的主动推测性。这是一种非完全归纳的研究方法，它得出的结论往往带有"以偏概全"的倾向。而且媒介环境学学

---

❶ 胡翼青. 传播学：学科危机与范式革命［M］. 北京：首都师范大学出版社，2004：212.

❷ 保罗·莱文森. 数字麦克卢汉：信息化新纪元指南［M］. 何道宽，译. 北京：社会科学文献出版社，2001：289.

❸ 唐魁玉. 作为一种生活方式的媒介主义［J］. 学海，2006（5）.

者对媒介的考量常常是阶段性的，很少做出通史式把握，只根据一类或几类媒介现象推测出结论。因此，某些结论具有一定的主观臆断性是避免不了的。梅罗维茨指出："媒介理论不像内容研究，它研究的效果一般很难运用社会科学的方法进行证实。如要再现印刷文化以备观测或实验操作，事实上是不可能的。调查的方法对于媒介理论用处也不大，因为媒介理论往往是考察结构变化的类型和影响因素。……绝大多数，特别是其中宏观层次的媒介理论，很大程度上依赖思辨、历史分析和宏大模式的考量。虽然大多数媒介理论不是从系统的定量分析获得的，但是全面选择证据，特别是搜集一些可以进行反证的例子是一种最好的研究方法。一些人觉得这比传统的内容分析更有趣，让人着迷；一些人则认为不科学，令人难以接受。"❶这段话，梅罗维茨明确了直观把握研究方法的长处和不足，也亮明了人们对这种方法的矛盾态度。

莱文森的媒介进化理论同样采用直觉观测的研究方法，在理论建构和阐释过程中也难免不表现出主观臆断性，界定和表述都不够严谨。如在论述到象形文字与西方拼音文字的优劣时，他认为中国的象形文字的烦冗比之于拼音文字的简便无疑是技术进化最大的制约，称"象形文字及其派生文字是进化的死胡同"❷。简单地把中国在唐宋时期就出现了雕版、活字印刷术而最终没有发展出大规模的印刷技术的原因归结为象形文字的繁复。其实，虽然这种繁复可能制约了印刷技术的发展，但是社会的需求、政治制度的约束才是更为直接的原因。中国两千多年来的封建制度对科技不但不重视，而且还极为鄙视。科技在中国统治者的眼中是末技。这种轻视科技的态度是极不利于其发展的。而西方，经过了文艺复兴以后，崇尚科学、追求民主。科学与民主已成了社会发展的两大主题：社会重视科学的发展，统治阶级鼓励科学的进步。

另外，莱文森在理论内涵的界定上常常表现出无限放大的倾向，有意模糊概念的边界，这给人造成一种缺失理论严谨、表达随意的感觉。如对新新媒介的界定，其标准是根据互联网出现形构赛博空间、造成与真实空间相对的第二人类生存空间为边界。他认为，所有赛博空间出现之前的媒介都是旧媒介。然后，根据人们在这个空间进行信息传播的不同地位和表现划分成新

---

❶ Meyrowitz, Joshua. Medium Theory. In D. Crowley and D. Mitchell（eds）[M]// Communication Theory Today. Fruugo：Polity Press，1994：70.

❷ 保罗·莱文森. 思想无羁：技术时代的认识论[M]. 何道宽，译. 南京：南京大学出版社，2003：163.

媒介和新新媒介，本书认为这种划分还比不上波斯特二分法：第一媒介和第二媒介时代的做法科学。表现出更为随意的是，在《新新媒介》一书的结尾处莱文森竟然将人脑列入新新媒介，认为是新新媒介的终极版。其理由是，"我们的大脑阅读、写作、观看和聆听——能接收并生产新新媒介的一切内容，姑且不论大脑还有思考、感知、相信、做梦、幻想等功能。……我们的大脑拥有从事多重任务的功能；未来，这一功能凯歌高奏时，至少我们有些人的大脑将直接接受新新媒介的语词、形象和声音，而不必靠眼睛和耳朵先加工形象和声音的内容"❶。在这段描述中，他将人类大脑与智能化人脑等同起来，混淆了两者之间的区别。人类大脑是一切思想和媒介的生产地，而智能化人脑是通过媒介改造了人类大脑，非人类大脑。诸如类似的模糊界定，影响了莱文森媒介理论阐释的严谨性，这是常为人诟病的一个原因。

概言之，莱文森的媒介进化理论其实质就是以人为本的媒介乐观主义，关注媒介技术之于人类的正价值，将人类的主体地位和理性选择媒介的能动作用摆到了媒介研究的首要位置。然而玉亦有瑕，他虽然承认媒介进化是多因素共同作用和选择的过程，但在立论过程中却忽略了多因素的分析，不仅有将问题简单化的倾向，也摇摆在"人"和"技术"两个中心之间，且没有彻底摆脱技术决定论的影响。同时，媒介进化理论从人性化的角度阐释媒介进化，解释媒介进化与人类社会变化的关系，虽然提供了新的研究视角，也能使人们正确把握人与媒介之间的主次关系，但是，他媒介乐观主义的过度自信，也使得他对媒介带给人类一些负面影响，总是过于乐观地认为通过媒介就能得到解决，反而把人本身的作用忽略了。这使媒介进化理论陷入了人和媒介二元中心论的泥淖。其实，不管媒介如何进化，人类自身的问题最终还是需要自己来解决。正如王宏等学者所强调的："媒介技术的发展可以解决部分问题，但是最终的关于人生意义的问题，还是需要人自己去寻求解决之道。"❷

第三节　媒介进化理论的意义

媒介进化理论不仅从人和人性显现的角度对媒介进化史做出了整体性把

---

❶ 保罗·莱文森. 新新媒介[M]. 何道宽, 译. 上海: 复旦大学出版社, 2011: 192.
❷ 王宏. 数字技术与新媒体传播[M]. 北京: 中国传媒大学出版社, 2010: 159.

握，也对电子媒介、数字媒介的未来做出了预测。因此，媒介进化理论不仅在媒介环境学里具有十分重要的理论意义，对把握媒介技术的发展也具有一定的现实指导价值和启示意义。

一、媒介进化理论在媒介环境学理论谱系中的地位

莱文森以软技术决定论作为理论基座，提出了媒介进化理论，与硬媒介决定论一道构成媒介环境学理论的一体两翼。软技术决定论和硬技术决定论成为媒介环境学媒介研究的两个立场。

前文已经论述，在媒介环境学理论谱系中，硬媒介技术决定论阵容庞大。伊尼斯、麦克卢汉、波兹曼、梅罗维茨等大多数媒介学者都可以归属于硬媒介技术决定论的行列。他们大都将注意力集中在媒介对人类行为和社会发展造成的重大影响上，几乎把媒介技术看成人类文明发展的决定因素。如波兹曼曾在《纽约大学年报（1976—1977学年）》中强调说："媒介环境学研究人的交往、人交往的讯息及其讯息系统。具体地说，媒介环境学研究传播媒介如何影响人的感知、感情、认识和价值。它试图说明我们对媒介的预设，试图发现各种媒介迫使我们扮演的角色，并解释媒介如何给我们所见所为的东西提供结构。"❶然而，站在软媒介决定论阵营的却在少数，只有莱文森、凯瑞等学者。莱文森是软媒介决定论者的代表。他坚持人类的理性选择之于媒介进化的重要意义，媒介只能为人类行为和社会发展提供一种可能，如果没有人类的利用，这种可能就有可能不能实现，再先进的媒介也只是一种毫无意义的工具。可见，软媒介决定论在很大程度上纠正了硬决定论认为人类在技术面前无能为力的偏执。他坚持人类才是媒介进化过程中的决定性因素，高扬人类的主体地位和能动作用，将媒介与人类关系的研究引向关注人类能动作用的维度。可以说，莱文森用突出人类的主体地位和能动性、坚持媒介进化的人性化这条主线，深描出一条媒介进化轨迹，将深刻影响媒介环境学的媒介研究的视角。

林文刚就是突出的受影响者。他肯定了莱文森的软媒介决定论在媒介环境学理论谱系中的重要地位，积极吸收软媒介决定论和硬媒介决定论两者的合理成分，提出了一条自己的"中间路线"，即文化/技术共生理论的媒介主

---

❶ 林文刚. 媒介环境学的思想沿革初探[M]//林文刚. 媒介环境学：思想沿革与多维视野. 何道宽，译. 北京：北京大学出版社，2007：23.

张。他明确指出,软决定论、硬决定论和文化/技术共生理论三者是一个理论连续体。文化/技术共生论处于连续体的中部位置,既不对技术也不对人的因素抱任何偏见,认为人类文化是人与技术或媒介不间断的、互相依存、互相影响的互动关系。❶同时在文化/技术共生论的理论设定中间接肯定了媒介进化理论在媒介环境学派理论发展中具有结点式的重要地位。

因此,媒介进化理论是媒介环境学理论谱系中两翼之一,代表着媒介研究的人本主义立场。在数字媒介瞬息万变的时代,在媒介环境学影响不断推进的今天,莱文森的媒介理论具有十分重要的理论意义和现实意义。

二、理论意义:为媒介研究提供了新维度

媒介进化理论不仅闪烁着大量学者灼见的光芒,也彰显出莱文森的理论独创精神,对媒介研究视阈具有开拓性理论意义。特别是在数字媒介以令人匪夷所思的速度进化的今天,莱文森的思想无疑是媒介环境学研究领域的新扩张,为重新打量媒介技术与人类关系提供了新的理论启示。有文章认为,媒介进化理论"不但有利于了解目前媒介生态的基本情况,同时也能掌握媒介进化规律,提早预测媒介发展趋势,充分保障人类社会的信息需求和信息传播的平衡、公正等"❷。而且,媒介进化理论凸显出了研究媒介规律、危机和趋势三个方面研究的主要价值:掌握媒介进化规律有助于考察媒介个体、组织以及系统的变异、选择和进化;研究危机有助于掌握媒介进化中媒介自身以及媒介环境可能对人类社会造成的危害;而通过媒介进化研究可以提早预测媒介进化的未来走势,寻求媒介进化对整个社会系统发展的积极意义,从而有效地促进各种媒介类型、媒介活动以及媒介形态的可持续发展。

梅琼林教授也论述道:"在传播学兴起的初期,传播学学者们所关注的是传播媒介的信息内容及其所产生的效果,而媒介技术本身的产生、发展、特征以及媒介技术的形态变化与人类文明的发展之间的关系等,却没有引起足够的重视。当然,现在看来,这种状况已经有所改观,尤其是在麦克卢汉之后,传播技术理论已经逐渐在传播学领域中站稳了脚跟,并呈现出越来越强劲的发展势头。"❸可见,在这个发展强劲的势头中,媒介进化理论发挥了

---

❶ 林文刚.媒介环境学的思想沿革初探[M]//林文刚.媒介环境学:思想沿革与多维视野.何道宽,译.北京:北京大学出版社,2007:32.

❷ 杨陶玉.媒介进化论:从保罗·莱文森说起[J].东南传播,2009(3).

❸ 梅琼林.传播技术理论的现代历程及其文化反思[J].东南大学学报,2006(4).

推波助澜的作用，而且将媒介研究推进到人本主义的层面上。虽然它最终摇摆在人和媒介两个中心之间，但毕竟突出在媒介进化过程中人类的决定性地位，突出人类的能动性和主体地位。这本是莱文森的媒介进化理论的落脚点和意义旨归。

而且，莱文森的媒介进化理论告诉我们，媒介的发明、进化都必须遵循人类的利益，符合人类自身的生理特性。这就为我们如何利用媒介、如何把握媒介进化提供了规尺。人类生存发展的关键不在媒介进化而在其自身。莱文森的媒介进化理论为我们跳出经验学派的实证和数据分析、批判学派纠结于媒介对人性的束缚和毁灭提供了有益的启迪，也为媒介环境学派跳出技术决定论和悲观主义的泥淖提供了思路。

在我国，邵培仁等学者提出的"媒介生态学"虽然是用生态学的观点和方法来探索和揭示人与媒介、社会和自然之间的相互关系及其发展变化的本质和规律[1]，其内容包括媒介的生存策略和经营管理等，与媒介环境学有着不同的研究视阈和路线，但是它显然受到媒介环境学理论谱系的影响[2]。在媒介生态学的理论建构中，邵培仁等明显将媒介环境学的理论谱系列为自己的理论基点之一，莱文森的媒介进化理论入列其中。这就说明，媒介环境学的理论谱系，包括莱文森的媒介进化理论对媒介生态学的生成具有积极的建构意义。

要言之，莱文森的媒介进化理论的意义在于：开拓了媒介环境学派从人的能动性视角研究媒介对人类行为、社会发展的重要推动作用，为媒介分析提供了新的研究领域。媒介进化理论本身在一定程度上也有效地克服了对技术的盲目崇拜，对克服单一的技术决定论提供了理论参照。

三、现实意义：为数字化时代的媒介研究提供标尺

21世纪，人类已经进入数字化时代，各种数字新媒介以令人匪夷所思的速度更替、发展。然而任何新媒介、新技术都是双刃剑，给人类文明带来的影响都具有两面性，有利也有弊。绝大多数的研究者热衷于新媒介新技术的

---

[1] 邵培仁等. 媒介生态学：媒介作为绿色生态的研究［M］. 北京：中国传媒大学出版社，2008：5.

[2] 崔保国在《媒介是条鱼：理解媒介生态学》的文章中认为媒介生态学是中国学者的原发，而不是引进的说法有欠妥当。参见：崔保国. 媒介是条鱼：理解媒介生态学［J］. 中国传媒报告，2003（2）.

负面影响，特别是它们刚刚问世时。西奥多·罗斯扎克（Theodre Roszak）有一段描述清晰说明了计算机崇拜的逻辑：

这是一种能力、一种脑力、一种最大的脑力，是正确地处理无限信息的能力。我们生活在需要这种能力的信息时代。谋职、发迹意味着拥有这种能力。机器有这种能力；你没有。随着时间的推移，机器将拥有越来越多的能力。它应当有这种能力，因为它比人脑更适合于这个世界。❶

不少研究还认为：人极有可能退化为一个信息接收终端器。过度依赖媒介必然忽视内在自我的开发，事实上，人的身体、生命本能乃至经验、思维和情感并没有得到相应的延伸，甚至出现了某些萎缩和退化的迹象。中国学者王荣江也指出："数字化的结果，使你时刻不能离开电脑终端而生活。因为你只能在电脑所给予你的信息之下去选择、去生活。在这种情况下，你除了手脑和眼睛在动外，身体的其他器官都处于一种'停滞'的状态。久而久之，你的双腿甚至不能支撑你的头脑的重量。身体在'停滞'中变得越来越衰弱。"❷然而，在当前这样一片媒介技术悲观主义的叹息声中，莱文森媒介进化理论洋溢出的乐观主义情愫显然能令人精神振奋，促使人们满怀自信地利用和开发新的媒介、推动媒介的不断进化，使之为人类服务。因此，它无疑是害少而益多的。

在数字化媒介时代，虽然人们在现实生活中对现代数字媒介的依赖越来越强，一切交流活动、一切生活事务似乎须臾都离不开它们；但是它们最终都只是在人的需求和社会刺激下的人类的理性发明，人类有能力克服由媒介带来的不利影响。众所周知，技术的每一次迅猛发展都必然引起人类社会政治、经济、文化以及人们日常生活惯习的急剧嬗变。技术给人们以迷思，也激发人们揭去迷思面纱的热情；发明新技术，却又产生新的迷思。也就是说，任何媒介的出现，既是一个"祛魅化"的过程，又是一个"重新魅化"的过程。"祛魅化"与"重新魅化"都是人们围绕"技术"这个核心词语展开的活动。因此，媒介与人类的关系中，人类应该成为现代数字化传媒生活中的重要话题。

莱文森结合媒介乐观主义、人类沙文主义以及达尔文的自然选择理论等，把人比喻为自然环境，把媒介置于人这个环境中进行考察；同时认为媒

---

❶ 西奥多·罗斯扎克.信息崇拜：计算机神话与真正的思维艺术[M].苗华健，陈体仁，译.北京：中国对外翻译出版公司，1994：60.

❷ 王荣江."数字化生存"提出的问题[J].江苏社会科学，2000（4）.

介的进化服从于人的理性,有无穷的发展潜力,更加人性和合理化。而且媒介进化理论再次强化了媒介环境学"以人为中心"的主题,突出人本主义考察视角。因此,媒介进化理论有助于人们克服对技术的盲目崇拜,能有效抑制极端的技术悲观主义的抬头;使人们在看到媒介之于人类作用越来越重要的同时,更能看到人类理性作用之于媒介进化的重要性也越来越大,人类最终是媒介进化的引领者,使之更好地服务于自己。正如雪莉·贝尔吉(Shirley Biagi)引述道:"当宇宙在屏幕之后扩展时,塑造这种新机器灵魂的,将是站在前列的人们。"[1]另外,在数字化新媒介涌现如雨后春笋的当下,莱文森的媒介乐观主义情怀同样具有重要的现实意义。它使人类不至于陷入技术悲观论的泥淖,而充分认识自身的主体地位和能动作用,唤起人们对美好未来的憧憬,促进人类自身与媒介朝向和谐共进的未来。

---

[1] 雪莉·贝尔吉. 媒介与冲击:大众媒介概论[M]. 赵敬松,译. 大连:东北财经大学出版社,2000:420.

结　语

　　托马斯·库恩（Thomas Kuhn）说："获得新范式、做出这些基本发明的人，几乎总是非常年轻的人，或者是新进入一个其范式将由他们所改变的领域的人。"❶莱文森提出媒介进化三阶段理论的时候正是而立之年，完成《人类历程回放：一个媒介进化理论》，确立媒介进化人性化趋势理论时也才三十有二。而这些理论却为他在传播学界、媒介环境学里赢得了声誉，也为媒介伦理学的研究树起了一根新标杆。

　　莱文森能在传播学界取得如此成就，与他具有"海纳百川"的学术胸怀有关。媒介进化理论是建立在跨学科的基础上的，莱文森大胆地吸收生物学、哲学、伦理学、社会学、经济学等学科的理论资源，同时对传统的传媒观点有鉴别地接纳、扬弃，有破有立。例如，在媒介和人类与社会的关系问题上，莱文森不只停留在说明技术与社会相互作用、相互影响上，还进一步探究了媒介进化的本质问题。媒介进化是人类需求的不断技术化，技术的不断革新化；人类的需求必须转化成物质的媒介，技术的不断革新必然推动物质化的媒介朝向满足人类的需求方向进化，呈现人性化的趋势。因此，如果说麦克卢汉的学说是把人的身体当作媒介技术的本原❷，那么莱文森的媒介进化理论则成体系地发掘了这个本原，这个本原就是要求媒介的进化必定以符合人类感官交流特性和满足人类需求为旨归。

　　莱文森对待前人的研究成果能批判地继承。例如，其博士生导师波兹曼是典型的技术悲观主义者；但他也是媒介环境学的定调者，其媒介理论中充满着强烈的现实关怀和人文关怀。莱文森既摒弃了导师的技术悲观主义情

---

　　❶　托马斯·库恩. 科学革命的结构［M］. 金吾伦，胡新和，译. 北京：北京大学出版社，2003：83.

　　❷　其实最早提出类似媒介技术本原是人的身体的学者是亚里士多德，而现代则是德国的恩斯特·卡普（Ernst Kapp，1808—1896）。1877年，他在《技术哲学纲要》一书中提出"器官投影说"，把技术看成人体器官的一种投影，即形式和功能的延伸与强化。

绪，又举起导师现实关怀和人文关怀的接力棒，沿着他指出的"在媒介和人性化进步的一般问题上，还有其他许多问题可以提出来讨论"[1]的媒介环境学线路披荆斩棘，发掘出媒介进化理论。他的媒介进化理论不像其他媒介环境学者那样只作断代史式的研究，而是纵向关照整部媒介进化史，考察各种媒介孕育、产生、发展、融合、消亡的动态序列结构进程以及不同媒介间竞争、互动、共生等关联结构状态，考察媒介与人和社会的关系以及人在媒介进化过程中的角色和作用。

2011年，麦克卢汉100周年诞辰，莱文森作为麦克卢汉思想的忠实继承者发表了多场讲话，风头出尽。[2]更值得我们注意的是，他是一个大胆积极的媒介实践者，媒介进化理论谱系中的理论和论证事例均来自他本人的媒介实践。因此，他能对媒介的未来进化做出合理的、科学的大胆预测。如《人类历程回放：一个媒介进化理论》中的一段文字：

便携式的无绳媒介的进化将继续推进，任何人都可以通过它随时获取到任何地方的信息。无论室内还是户外的信息，而且哪怕是地球外的太阳系甚至在整个广邈的宇宙中的信息也一样能够轻松获取到。在汽车里安装收音机、在飞机里欣赏电影和电视，这些"无系统化"系统才刚刚起步。最终它能使地球上的每个人机会均等地无限制获得信息，在无间的真实环境里享用信息。[3]

这段文字无疑是莱文森对数字媒介的预测性描述。他描述了一种人类通过它能获无限的、随心所欲地获取信息的"便携式的无绳媒介"，这正是如今的"第五媒介"、有人称为"个人移动多媒体"的手机媒介的特性。媒介进化理论中不少预测的科学性在后来现实生活中都得到证实。

而且，莱文森对待人类的媒介进化始终持有一种乐观态度，这正是他积极实践新媒介重要动力之源。他的这种乐观的心态正是我们在数字化媒介时代所需要的。如果回到当下的生活，媒介要对人类行为和社会进步产生重大影响，它在人们日常生活中的推广和普及是一个重要的因素。推广和普及

---

[1] 尼尔·波斯曼. 媒介环境学的人文关怀[M]//林文刚. 媒介环境学：思维沿革与多维视野. 何道宽，译. 北京：北京大学出版社，2007：50.

[2] 何道宽. 麦克卢汉热有三次高潮[EB/OL]. http://www.chinadaily.com.cn/hqgj/jryw/2011-07-11/content_3156290.html.

[3] Levinson, Paul. Human Replay: A Theory of the Evolution of Media[M]. New York: New York University. Ph. D., 1979：275-276.

率越高，媒介的影响就会越大，就越具有普适性和公共性。对于媒介技术，我们应该接受这种乐观主义的态度，"说到底可以用一个非常简单的试金石来检验：任何新媒介、任何技术的发展都是利大于弊。无论我们怎样谴责电视庸俗，它是有史以来最为完善的声像同步传播，开阔了最大多数人的眼界"❶。

在我国，不少学者强调媒介生态、人的能动性等，如邵培仁、黄升民等传媒学者。他同样强调人的因素在媒介进化过程中起着决定作用，尤其是数字化媒介时代新媒介的进化更取决于人的素质。黄升民认为：媒介的存活"不是技术的好坏问题，而是选择技术的人的思维和能动性问题"❷。这些观点与莱文森的媒介进化理论显然是殊途却同归。

当前，莱文森的媒介进化理论虽然在传播学界尚未引起足够重视，但是，随着数字时代继续推进，数字媒介进一步进化，无论国外还是中国，都必然会有越来越多的研究者关注。

---

❶ 何道宽. 从纸媒阅读到超文本阅读：我们为什么离不开纸媒书和深度阅读？[EB/OL]. http://media.people.com.cn/GB/40628/4127384.html.

❷ 黄升民. 新媒介观[M]. 北京：中国市场出版社，2011：255.

后 记

这是我的第一本专著,在我2012年博士毕业论文的基础上稍作修改而成。

很多年前,有出版社联系我出版,但我当时尚无此意。

我仰慕大师,欣羡大师著作等身,常常为他们炉火纯青的学术造诣折服。因为如此,我不敢在他们面前造次,生怕有辱大师名誉。保罗·莱文森是媒介环境学派的大师,何道宽先生是媒介环境学派理论著作的译介大师,我冒昧地在书中对他们的观点进行"指手画脚",未免有些放肆。但我想:他们是大师,胸怀何其宽广,会原谅我这个无名小子的"不敬"。

丑媳妇总得见家婆。思虑再三,直到八年后的今天我才决定将其交付知识产权出版社出版,也算是对自己这些年敬仰大师的一个交待吧。

莱文森先生欣然赐序,彭喜英编辑精心编校,父母、亲人和朋友默默付出,我在此一并表示谢忱!

一路走来,很多事很多人都被定格成最深情最励志的回忆。

是为记。